西安石油大学优秀学术著作出版基金资助
西安石油大学油气资源经济与管理研究中心资助
西安石油大学博士科研启动项目青年科技创新基金资
陕西省社会科学基金项目资助（2019D040）

国际原油期货、现货价格互动引起现货价格泡沫实证研究
——基于商品便利收益视角

姚小剑 著

GUOJI YUANYOU QIHUO, XIANHUO JIAGE HUDONG
YINQI XIANHUO JIAGE PAOMO SHIZHENG YANJIU
——JIYU SHANGPIN BIANLI SHOUYI SHIJIAO

中国财经出版传媒集团
经济科学出版社
Economic Science Press

图书在版编目（CIP）数据

国际原油期货、现货价格互动引起现货价格泡沫实证研究：基于商品便利收益视角／姚小剑著．—北京：经济科学出版社，2021.12

ISBN 978 - 7 - 5218 - 3283 - 9

Ⅰ.①国… Ⅱ.①姚… Ⅲ.①石油价格 - 物价波动 - 研究 Ⅳ.①F407.225

中国版本图书馆 CIP 数据核字（2021）第 254016 号

责任编辑：杨晓莹
责任校对：王肖楠
责任印制：张佳裕

国际原油期货、现货价格互动引起现货价格泡沫实证研究
——基于商品便利收益视角
姚小剑　著

经济科学出版社出版、发行　新华书店经销
社址：北京市海淀区阜成路甲 28 号　邮编：100142
教材分社电话：010 - 88191309　发行部电话：010 - 88191522
网址：www.esp.com.cn
电子邮箱：bailiujie518@126.com
天猫网店：经济科学出版社旗舰店
网址：http://jjkxcbs.tmall.com
北京密兴印刷有限公司印装
710×1000　16 开　12 印张　210000 字
2021 年 12 月第 1 版　2022 年 1 月第 1 次印刷
ISBN 978 - 7 - 5218 - 3283 - 9　定价：48.00 元
(图书出现印装问题，本社负责调换。电话：010 - 88191510)
(版权所有　侵权必究　打击盗版　举报热线：010 - 88191661
QQ：2242791300　营销中心电话：010 - 88191537
电子邮箱：dbts@esp.com.cn)

前　言

　　国际原油贸易大多以现货价格结算，在近年国际原油价格剧烈波动背景下，国际原油现货价格泡沫研究已成为原油金融领域的热点问题之一。已有国际原油价格泡沫研究的不足一方面是只涉及国际原油期货价格，不涉及现货价格；另一方面是仅研究实证金融投机与国际原油期货价格相关性，缺乏对国际原油现货价格泡沫产生机理的研究。理论上，期货价格具有价格发现现货价格的功能，并且两者存在互动关系。所以，从期货与现货价格互动视角，在机理上揭示国际原油期货价格发现的现货价格是否含有泡沫则需要进一步研究。

　　本书以国际原油便利收益作为国际原油期货与现货价格互动关系的衡量变量，对本问题展开深入研究。第一，在对国际原油市场特征介绍及其现货价格波动性检验基础上提出本书研究问题。第二，实证国际原油期货与现货价格互动存在性，并构建国际原油期货现货价格蛛网互动模型。第三，在实证国际原油金融属性后，一方面运用行为金融理论构建金融投机者操纵国际原油期货价格的正反馈交易模型；另一方面利用资产价格泡沫理论检验国际原油现货价格泡沫存在性。第四，结合正反馈交易模型结论和国际原油市场蛛网互动模型揭示国际原油期货与现货价格互动产生现货价格泡沫的原因。第五，实证国际原油现货价格泡沫对我国经济增长的影响。本书不仅揭示了国际原油期货与现货价格互动引起现货价格泡沫的机理，丰富了期货仓储理论和原油金融理论，而且能为我国企业规避国际原油现货价格泡沫风险提供理论指导。本书主要创新性工作和结论如下：

　　一是，发现了国际原油在样本不同阶段具有不同属性。本书基于价格波动是价格泡沫的形成基础，而国际原油现货价格波动性却不一致的实际提出研究问题，克服以往研究中割裂供求分析与金融投机分析的不足，在理论上提出综合运用期货仓储理论与原油金融理论研究国际原油现货价格泡沫问题。具体来说，本书将样本细分为六个阶段后，通过国际原油便利收益的期权特性、影响因素分析，以及利用国际原油便利收益实证国际原油金融属性等方法，得出样本阶段1和阶段3具有显著金融属性，样本阶段5具有脆弱金融属性；样本阶段4和阶段6具有实物属性，样本阶段2具有脆弱实物属性。上述研究结果揭示了供求与金融投机对国际原油价格影响程度的对比决定了国际原油在样本不同阶段的属性。

二是，发现了国际原油期货市场交易者的互动行为以及金融投机者操纵国际原油期货价格的机理。本书在理论上提出了通过引入套期保值者，放松理性交易者与正反馈交易者数量相等的假设，构建国际原油期货市场的正反馈交易模型。具体是，从行为金融角度揭示了国际原油现货市场供求失衡是理性投机者操纵国际原油期货价格的基础。因为套期保值者对国际原油期货价格的影响与理性投机者相反，所以，消极投资者的数量多少成为决定理性投机者能否主导国际原油期货价格的砝码。如果理性投机者能主导国际原油期货价格，其会利用正反馈者关于国际原油期货价格上涨形成的正反馈效应进一步加大对国际原油期货价格操纵，最终带来国际原油期货价格的持续上涨。

三是，发现了虽然国际原油期货具有价格发现的形式，但因为原油期货市场存在程度不一的金融投机，所以在国际原油的不同属性下，国际原油期货现货价格互动会引起不同程度的现货价格泡沫，并且不同类型的蛛网互动模型可以揭示国际原油期货现货价格互动引起现货价格泡沫的产生机理。其中，可用发散性蛛网互动模型解释具有金融属性的样本阶段1和样本阶段3的国际原油现货价格含有泡沫的比例较高。样本阶段5尽管也具有发散性蛛网互动特征，但该阶段国际原油具有的脆弱金融属性决定其现货价格含有泡沫比例在全样本最低。样本阶段4的国际原油具有实物属性，以及封闭性蛛网互动特征，从而该阶段国际原油现货价格含有泡沫比例低于样本阶段1和样本阶段3。尽管样本阶段2具有收敛性蛛网互动特征，但该阶段国际原油脆弱实物属性使其现货价格含有泡沫比例与样本阶段4相近。样本阶段6的国际原油具有实物属性以及收敛性蛛网互动特征，但同期的新冠肺炎疫情极端冲击国际原油市场，使其显著异常，导致该阶段国际原油现货价格含有泡沫比例却是全样本最高。

四是，发现了国际原油现货价格泡沫对我国经济增长的影响结果。在国际原油现货价格对经济增长影响机制基础上，构建包含国际原油现货价格、经济增长、物价水平、货币供给、固定资产投资的SVAR（5）模型，实证检验国际原油现货价格泡沫对我国经济增长的影响。结果认为国际原油价格波动进而泡沫风险会在短期对我国经济产生正向影响，但是一旦价格泡沫破灭，油价暴跌，上述正向影响将反向表现为我国短期经济增长率降低，以及物价水平长期低位运行而产生通缩影响，从而又给我国扩张性货币和财政政策实施提出要求。

目　录

第1章　绪论 ·· 1
　1.1　研究背景及研究意义 ·· 1
　1.2　研究内容与研究方法 ·· 6
　1.3　技术路线图 ··· 9
　1.4　研究创新点 ··· 10
第2章　文献综述 ·· 12
　2.1　国际原油期货价格发现研究文献综述 ··· 12
　2.2　国际原油便利收益研究文献综述 ··· 24
　2.3　国际原油价格泡沫研究文献综述 ··· 32
第3章　国际原油市场特征及其现货价格波动性检验 ······························· 43
　3.1　国际原油市场特征 ·· 43
　3.2　国际原油现货价格波动性检验 ·· 51
第4章　国际原油期货与现货价格互动关系检验与互动机理研究 ················ 63
　4.1　国际原油期货与现货价格溢出效应协整分析 ································ 63
　4.2　国际原油期货与现货价格波动溢出 BEKK 模型检验 ····················· 70
　4.3　国际原油期货与现货价格互动机理分析 ······································ 73
第5章　国际原油便利收益特性与国际原油金融属性检验 ························· 79
　5.1　国际原油金融属性定义 ··· 79
　5.2　国际原油便利收益特性 ··· 81
　5.3　国际原油金融属性检验 ··· 92
　5.4　国际原油金融属性产生原因 ··· 94
第6章　国际原油期货市场正反馈交易模型 ·· 106
　6.1　引言 ··· 106

6.2　国际原油期货市场正反馈交易模型构建……………………… 107

第 7 章　国际原油现货价格泡沫实证检验与原因分析 ……………… 121
　　7.1　引言 …………………………………………………………… 121
　　7.2　模型介绍 ……………………………………………………… 122
　　7.3　国际原油现货价格泡沫检验…………………………………… 124
　　7.4　国际原油现货价格泡沫风险测度……………………………… 133
　　7.5　国际原油现货价格泡沫产生原因分析………………………… 135

第 8 章　国际原油现货价格泡沫对我国经济增长影响与对策 ……… 147
　　8.1　国际原油现货价格泡沫与我国经济增长关系理论分析……… 147
　　8.2　结构向量自回归模型（SVAR）……………………………… 151
　　8.3　国际原油现货价格泡沫对我国经济增长影响
　　　　 SVAR 模型检验 ……………………………………………… 152
　　8.4　我国应对国际原油现货价格泡沫对策建议…………………… 157

第 9 章　结论与展望 …………………………………………………… 161
　　9.1　结论 …………………………………………………………… 161
　　9.2　研究不足与展望………………………………………………… 163

参考文献 ………………………………………………………………… 164

第1章 绪 论

1.1 研究背景及研究意义

1.1.1 研究背景及问题提出

历史上，在不同国家曾先后爆发过一些著名的资产价格泡沫事件，时间较远的有 17 世纪中期的荷兰郁金香泡沫事件、18 世纪上半期的法国密西西比股市泡沫事件、1920 年的英国南海股票泡沫事件、美国 1929 年的股市崩盘；近期则有 20 世纪 90 年代的日本房地产泡沫事件、1997 年的亚洲金融危机、2000 年的美国纳斯达克股市泡沫以及 2008 年的美国金融危机等。资产价格泡沫事件，尤其是近期影响程度深、波及范围广的这些资产价格泡沫事件的出现，一方面扭曲了正常的市场价格，助长了金融投机行为；另一方面加剧了经济增长中的通货膨胀效应，从而使本国宏观经济的平稳运行面临很大风险。因为，当这些资产价格泡沫最终膨胀破裂后，往往伴随金融危机、失业率显著上升和宏观经济衰退等一系列负面经济影响。

从上述资产价格泡沫历史事件可知，虽然不同标的资产价格泡沫产生有共性原因，但是不同时期宏观经济运行特征以及标的资产特性也是各类资产价格泡沫产生的个性原因。因此，尽管学者较早就展开对资产价格泡沫问题的研究，但是这种关注又会因宏观经济的动态非均衡，以及同时期内不同种类资产或商品价格的异常波动等表现而侧重点不同。

原油被称为现代工业的"血液"，其在国民经济中具有极其重要的战略地位，因此，确保原油安全是关系到一国经济持续增长的重大民生问题。目前世界上，除了少数原油出口国家外，大多数工业化和新兴市场化国家都需要进口相当大数量的原油来平抑其国内原油市场的供求矛盾。因此，能否以合理、稳定的价格在国际原油市场连续不断地获得充足的原油供应则显得异常重要，相应一国的原油安全也涉及原油供给安全、原油价格安全、原油运输安全等几方面内容。

在经济全球化背景下，正常时期一国可以通过原油贸易方式从多个原油出口国进口原油，并能安全运输至其国内，进而确保本国原油供给来源稳定。但是作为大宗国际贸易商品，国际原油的价格不但受国际原油市场的供给、需求等基本面因素影响，而且还受国际汇率市场、国际资本市场、地缘政治等多种非国际原油市场自身因素的影响，因此国际原油价格的频繁波动成为了国际原油市场的基本特点，从而给大规模进口国际原油的进口国的经济增长带来很大不确定性。首先，若国际原油价格上涨，会直接通过国际原油贸易方式增加原油进口成本，从而将通货膨胀因素甚至国际原油价格泡沫风险输入到原油进口国内；若国际原油价格暴跌，则会径直向原油进口国输入通货紧缩因素甚至国际原油价格泡沫破裂风险等。其次，国际原油价格风险也会通过金融途径溢出到原油进口国的金融市场形成金融冲击。在开放经济中，全球金融市场相互连通，因而金融风险是相互溢出的。2020年3月美国股票市场发生五次熔断现象的原因之一就是同期国际原油价格暴跌，随后，世界其他国家的资本市场普遍遭受冲击，即为例证。所以，目前对大多数原油进口国家而言，原油安全的关键不是买不到原油和运不回原油，而是以什么样的合理价格从国际原油市场上持续买油，从而原油安全的关注重点也在确保供给安全和运输安全的基础上更多地考虑原油价格安全。

20世纪70年代，石油输出国组织（OPEC）利用其掌握的国际原油定价权，主导了两次国际原油危机，其结果不但重创了西方发达国家经济，而且带来了国际原油贸易从长期贸易向短期现货贸易的转变。为了应对OPEC的挑战，美国和英国分别借助其发达的国际金融市场，在1983年和1988年相继成功推出了美国WTI原油期货交易和英国北海Brent原油期货交易，希望借助国际原油期货市场的价格发现和套期保值两项基本功能，能够引导当前与未来的国际原油现货市场的供求均衡交易，进而减少国际原油现货价格波动风险，以及实现确保本国原油价格安全的目标。此后，经过多年发展，伴随着这两个期货市场的国际原油期货合约交易量大幅增加，影响力日趋扩大，它们在稳定国际原油现货价格方面也确实起到了积极的作用。并且在20世纪90年代末和21世纪初，成功地将国际原油现货价格维持在10~30美元/桶的水平，从而国际原油定价体系也由过去的OPEC主导过渡到目前以美国与英国的国际原油期货市场主导的局面。

国际原油期货市场的价格发现功能是国际原油期货市场有效运行的基础，它是指国际原油期货价格能够比较真实地反映未来国际原油现货市场的供给需求关系和价格变化趋势，并引导国际原油现货交易者提前调整其生产经营活动，实现规避国际原油现货价格波动风险的目的。

21世纪初以来，国际原油现货价格波动剧烈，其既有长期持续走高进而暴涨的阶段，也有大幅暴跌进而长期低迷的时期，给许多国际原油进口国家的原油价格安全、宏观经济的平稳运行带来很大风险。以目前被作为国际原油定价基准之一的美国纽约商品期货交易所（NYMEX）交易的WTI原油为例，从2003年初开始，WTI原油现货价格从32美元/桶飙升至2008年7月的147美元/桶历史上最高价，随后受美国金融危机爆发的负向冲击，该价格开始了自由落体式暴跌，当年12月底骤降至34美元/桶，短短半年降幅就达到了近80%。此后，国际原油现货价格波动的总体趋势是上涨，并且价格长期维持在80美元/桶价位以上的较高水平。但是，当2014年6月的WTI原油现货价格上涨至106美元/桶的近年来最高价位后，却反向持续下跌，到2016年2月底已降至不足30美元/桶的低点，降幅超过60%。随后，经过国际原油市场的自我修复调整，国际原油现货价格开始缓慢回升。尤其是在2016年底，当OPEC与其他非OPEC原油出口大国（如俄罗斯）达成减产协议后，国际原油现货价格长期维持在50美元/桶的价位以上波动，其中，在2018年7月，该价格还上涨至70美元/桶的高点。但进入2020年，一方面受新冠肺炎疫情影响，全球原油需求大幅骤减；另一方面OPEC（以沙特阿拉伯为主）与俄罗斯在3月未达成新的减产协议，结果助长了国际原油市场巨量供给过剩的恐慌气氛，最终加剧了国际原油现货价格从2020年2月份开始的持续下跌。尤其令人不可思议的是，在2020年4月20日，国际原油现货价格竟从正的价格暴跌至历史上绝无仅有的-36.98美元/桶的负价格。可见，国际原油现货价格波动幅度之大令人惊讶。此后，在OPEC与非OPEC原油主要出口国家（主要是当今国际原油市场供给三巨头：沙特阿拉伯、美国、俄罗斯）达成新的OPEC⁺减产协议，以及一些国家的复工复产引致国际原油需求增加后，国际原油现货价格开始恢复性上涨，目前已升至接近40美元/桶的水平。

由于国际原油贸易是以国际原油现货价格结算，那么国际原油期货市场价格发现的国际原油现货价格就对国际原油进口国的经济平稳运行意义重大。

因为，它的高低不但会直接通过贸易渠道而且还会利用金融途径向该国输入经济不稳定因素。所以，面对近年来国际原油现货价格暴涨暴跌、价格风险加剧的现实，学者们开始更加关注大幅波动中的国际原油现货价格是否含有价格泡沫。因为当作为基础能源和重要化工原料的国际原油的现货价格拥有泡沫成分，就有可能产生类似于前述资产价格泡沫膨胀和破灭的影响，从而对原油进口国宏观经济造成一系列负向连锁冲击，而不仅仅只是通胀或通缩影响。因此，从国际原油价格安全考虑，研究国际原油现货价格泡沫，评判其风险，探讨价格泡沫形成机理，则显得十分必要。

1.1.2 研究意义

我国自 1996 年成为原油净进口国后，尤其是 21 世纪初以来，在宏观经济高速增长背景下，我国对原油需求呈现显著刚性增加。数据显示，2019 年我国原油需求总量达到 6.96 亿吨，同比增长 7.4%。但是，同期我国国内原油供给却增长缓慢，2012～2019 年，我国原油年产量基本在 1.9 亿～2.2 亿吨波动。其中，2019 年为 1.91 亿吨，较 2018 年仅增加 1.1%，但这还是近 4 年来我国原油产量的首次增长。因此，面对国内原油供给与需求数量的巨大缺口，我国只能通过更多依靠国际原油市场、增加国际原油进口来满足国内日益高涨的原油需求。在我国原油进口来源实现多元化基础上，到 2019 年我国原油进口总量已连续 3 年增加近 10%，其结果显著提高了我国原油对外贸易依存度，2019 年该数值已高达 72.45%，目前，我国已经是世界第一大原油进口国。

此外，我国国内的成品油定价机制也已与国际原油市场实现多年紧密接轨，并规定当国际原油价格在 40～130 美元/桶价位之间，在 10 个工作日内，如果所挂靠的三种国际原油价格波动的加权平均值超过一定范围，那么国内成品油价格就调整相应幅度。

另外，我国已于 2018 年 3 月 26 日在上海推出原油期货交易，由于国际原油期货市场存在联动性，所以国内的原油期货交易是在已有资本市场传播途径之外，又一条国际原油价格风险溢出到我国的金融路径。

可见，由于我国一方面对国际原油市场高度依赖，另一方面又不掌握国际原油定价权，所以在目前只能被动接受国际原油价格现实下，国际原油现货价格波动风险会通过多种途径传递至国内，从而对我国宏观经济的稳定运行造成冲击。这不但会通过价格效应和收入效应影响国内的原油消费，还会通过溢出效应波及我国金融市场稳定，而且也直接给我国原油开采行业的长期稳定发展带来极大不确定性。表现在，一方面，如果国际原油现货价格高涨则会刺激国内原油开采行业的投资需求，使开发成本高的项目得以实施，并且这种刺激效应当国际原油现货价格越高时越显著。另一方面，若国际原油现货价格上涨失去支撑而出现暴跌则会直接重创国内原油开采业利润，抑制其正常投资，而且由于原油供给短期缺乏弹性，那么过去高油价时代的巨额投资则会成为沉淀成本，从而使得国内原油产业面临寒冬。2008 年的国际原油现货价格如过山车般地骤升骤降，2014 年下半年开始的国际原油现货价格持续走低，以及 2020 年国际原油现货价格的暴跌对国内原油开采行业发展造成的严重负向冲击即为例证。其实，上述这些程度不一的国际原油价格暴涨暴跌的重复性事件的多次出现，都可以从国际原油现货价格膨胀、破灭的视角理解，都可以运用资产价格泡沫理论进行合理解释。

所以，针对原油这种极其重要的战略性商品，如果国际原油现货价格上涨而存在泡沫，那么它的价格风险和泡沫风险将会溢出到我国的众多市场，冲击我国经济增长，形成如前述资产价格泡沫破灭事件对宏观经济的严重负面影响。因此，相对合理、稳定的国际原油现货价格既有利于我国原油消费者又符合原油生产者的长远利益，也是我国宏观经济稳定运行的基础保证。

综上所述，国际原油贸易和国内成品油定价机制两条基本途径，以及国际原油价格风险溢出的金融渠道等，已将我国和国际原油市场紧密联系起来，而且这种联系随着我国原油对外贸易依存度的提高仍在日益加深。所以我国必须考虑国际原油现货价格波动风险影响，以确保我国原油价格安全，进而为国内宏观经济长期平稳增长创造一个良好的原油市场环境。因此，本书结合国际原油市场具有期货和现货两种价格的实际，并针对近年来国际原油现货价格剧烈波动的现实，来探讨曾经效果显著的国际原油期货价格发现功能在近年来是否依然存在；如果国际原油期货价格发现功能存在，那么其价格发现的结果是否合理、有效，发现的国际原油现货价格是否含有泡沫；如果有价格泡沫，其严重程度如何，其产生原因又是什么。对这些问题的研究和回答，对于准确判断国际原油期货价格发现的国际原油现货价格水平是否过高或过低，从而采取措施化解国际原油现货价格泡沫影响，以及确保我国原油价格安全，实现我国经济高质量增长有重要的现实意义。

另外，本书的研究结果也有助于国内石油企业认识国际原油价格风险及其来源，并从更深层面加深对我国原油价格安全的理解。此外，本书还发展丰富了国际原油期货价格发现理论。

1.2 研究内容与研究方法

1.2.1 研究内容

国际原油市场既有原油期货价格又有原油现货价格，理论上，因为作为商品的国际原油的未来现货价格是由国际原油期货价格发现，那么再利用国际原油期货市场的套期保值交易，可共同为国际原油现货商品交易者提供一种能化解国际原油现货价格波动风险的手段。但由于国际原油期货交易属于一种合约交易，从而为大规模金融资本进入国际原油期货市场进行投机交易提供了可能，最终可能会改变国际原油的商品属性。所以，现实中国际原油期货价格发现的国际原油现货价格的效果可能与理论预期有出入。因此，需要新的理论研究来解释这种差异是否存在，以及其产生的深层次原因。

不同于传统的仅仅研究单一的国际原油现货价格，本书结合国际原油拥有期货与现货两个市场的实际，既考虑国际原油期货与现货价格的互动关系，又综合运用反映原油商品属性的国际原油供求分析，以及国际原油金融属性，以新的视角研究国际原油期货价格发现的国际原油现货价格是否存在泡沫，以及价格泡沫形成机理等相关问题。其中，根据商品期货仓储理论和原油金融理论，将国际原油便利收益这一变量，创新性地作为国际原油期货与现货价格互动关系的衡量变量，以及国际原油是否具有金融属性的检验标准。

本书中，首先分析国际原油现货价格波动特征，引出研究其价格泡沫必要性；其次，实证国际原油期货与现货价格互动存在性，并构建国际原油期货现货价格蛛网互动模型；再次，在实证国际原油金融属性后，一方面深入国际原油期货市场微观交易者层面，运用行为金融理论构建金融投机者操纵国际原油期货价格的正反馈交易模型；另一方面利用资产价格泡沫理论实证检验国际原油现货价格泡沫存在性；最后，结合上述正反馈交易模型结论和国际原油市场蛛网模型揭示国际原油期货与现货价格互动产生现货价格泡沫的机理原因，评判国际原油期货价格发现的结果。具体内容包括以下9个部分：

第1章绪论。描述了本书的研究背景和研究意义、研究内容和方法、技术路线、研究创新点等内容。

第2章文献综述。从国际原油期货价格发现、商品便利收益、国际原油价格泡沫检验3个方面分别综述与本书相关领域的研究现状，分析已有研究不足，引出本书的研究视角。

第3章国际原油市场特征及其现货价格波动性检验。首先，从国际原油市场主体、市场分类、市场定价方式、原油贸易等方面描述国际原油市场特征，进而奠定本书研究的现实基础。其次，因为价格波动是价格泡沫的产生基础，通过GARCH族模型和FIGARCH族模型，从短期与长期分别检验国际原油现货价格波动的集聚性和非对称性，从而描述国际原油现货价格波动现状，相应提出研究国际原油现货价格泡沫问题的必要性，并引出不能仅依靠商品的供求理论研究国际原油现货价格波动的观点。

第4章国际原油期货与现货价格互动关系检验与互动机理研究。本章实证了从国际原油期货现货价格互动关系视角进行本书研究的依据，并构建互动机理模型。首先，运用协整理论，从价格一阶矩视角实证国际原油期货价格发现功能的存在性，检验国际原油期货和现货价格的相互引导关系、测度它们在价格发现中的贡献大小。其次，利用BEKK模型，从价格二阶矩视角实证国际原油期货与现货价格互动关系存在性。最后，根据期货仓储理论，建立国际原油期货与现货价格关于国际原油便利收益的蛛网互动模型。

第5章国际原油便利收益特性与国际原油金融属性检验。国际原油是否具有便利收益可以作为判断国际原油具有金融属性的标准。本章首先给出国际原油金融属性定义。其次，根据国际原油现货价格变化和其波动特征，将样本细分为六个阶段后，再通过国际原油便利收益的期权估值和影响因素检验，实证样本各个阶段的国际原油便利收益变化是否由国际原油现货市场供求决定。再次，利用国际原油便利收益检验样本各个阶段的国际原油是否具有金融属性。最后，从国际原油经济特征、国际原油期货市场的三个金融交易特征、国际金融市场与国际原油期货市场波动溢出效应检验等几方面共同说明国际原油金融属性产生原因。

第6章国际原油期货市场正反馈交易模型。从国际原油期货市场角度，不但引入套期保值者，而且放松理性交易者与正反馈交易者数量相等假设，将原用于描述股票市场交易的正反馈交易模型引入国际原油期货市场，并构建数理模型，从行为金融角度揭示国际原油期货市场内部理性投机者、消极投资者、套期保值者、正反馈交易者的互动交易行为以及理性投机者操纵国际原油期货价格的机理。

第7章国际原油现货价格泡沫实证检验与原因分析。首先，通过国际原油便利收益，构建国际原油现货价格超额收益率，再从非对称、非线性角度，利用门限自回归模型实证国际原油期货和现货价格互动背景下，国际原油现货价格周期破灭性泡沫存在性及其严重程度。其次，结合前述正反馈模型的结论以及国际原油期货与现货价格蛛网互动模型，揭示在样本六个阶段内，国际原油现货价格泡沫的产生原因。

第8章国际原油现货价格泡沫对我国经济增长影响与对策。根据国际原油现货价格泡沫对我国经济增长影响机制，建立包含国际原油现货价格、经济增长、通货膨胀、货币供给、固定资产投资等5个变量的SVAR（5）模型，揭示国际原油现货价格泡沫对我国经济增长的动态影响，并提出我国规避国际原油现货价格泡沫风险的对策建议。

第9章结论与展望。总结本书的结论并指出本书的不足以及后续的研究方向。

1.2.2 研究方法

本书主要采用文献整理与数据收集、理论分析与实证检验相结合、定性描述与定量分析相结合等方法展开相关研究，具体如下：

①文献整理与数据收集。通过对国际原油期货价格发现、国际原油便利收益、国际原油价格泡沫三个研究领域文献的阅读、归纳、整理，奠定了本书的理论基础、掌握了研究领域的发展动态、厘清了研究视角、构建了研究框架。前期大量相关数据的搜集整理是本书研究顺利展开的保证。本书的相关数据主要来源于美国能源信息署网站、美国期货交易委员会网站、美联储网站、BP公司网站、中国国家统计局网站以及Wind数据库等。

②理论分析与实证检验相结合。本书总体涉及商品期货仓储理论、原油金融理论、资产价格泡沫理论三个方面，但在研究过程中又具体深入价格波动理论、期货价格发现理论、期货现货价格互动理论、商品便利收益理论、价格风险溢出理论、周期破灭性价格泡沫理论以及价格泡沫影响等多种理论，并综合运用这些理论分析国际原油市场的实践。本书先后运用GARCH族模型、FIGARCH族模型、协整检验、BEKK模型、期权特性检验、门限自回归模型、SVAR模型等多种计量经济学工具，实证检验上述理论分析结论的正确性。

③定性描述与定量分析相结合。本书在定性描述国际原油期货、现货市

场、国际原油现货价格波动基础上，构建包含国际原油便利收益的国际原油期货、现货价格互动蛛网模型，以及国际原油期货市场正反馈交易模型等数理模型，定量分析国际原油期货现货价格互动并最终导致国际原油现货价格产生泡沫的机理。

1.3 技术路线图

本书的技术路线见图1-1。

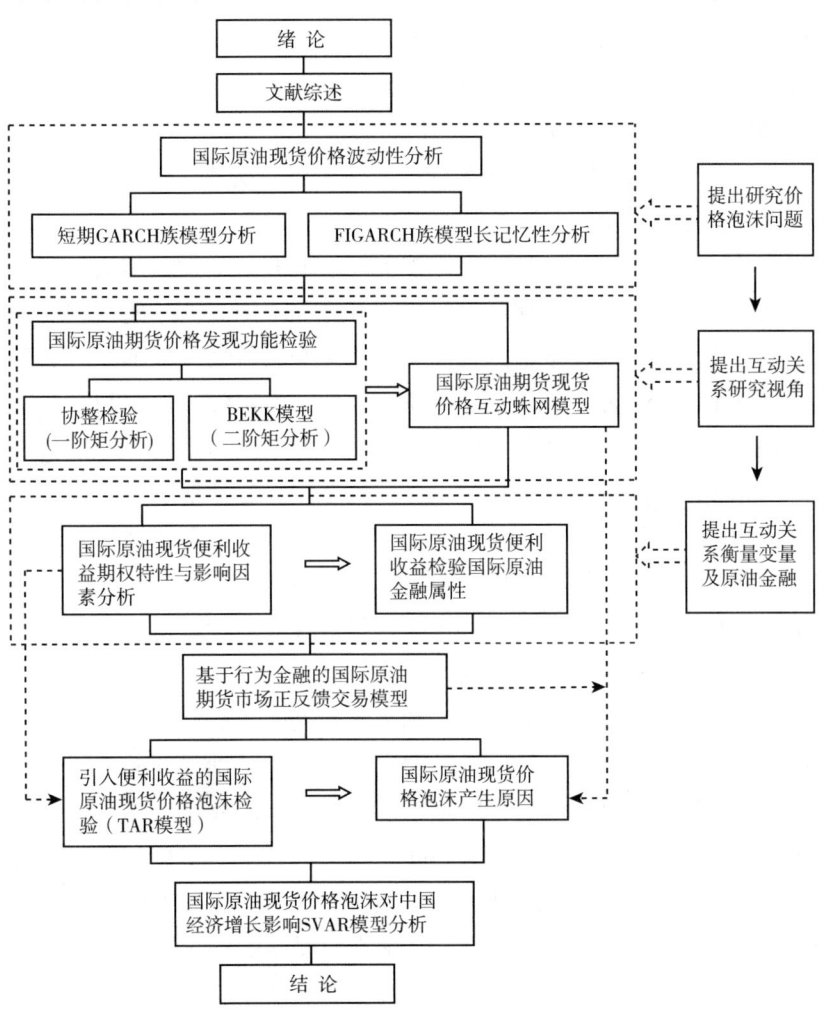

图1-1 技术路线

1.4 研究创新点

(1) 从国际原油期货与现货价格互动视角研究国际原油现货价格泡沫问题

已有关于价格泡沫研究仅涉及一个市场、一种价格,但是国际原油却存在期货和现货两个市场、两种价格,并且它们还存在互动关系。因而结合国际原油市场实际,从国际原油期货与现货价格互动关系出发,探讨期货价格发现的国际原油现货价格是否含有泡沫,是不同于已有价格泡沫的研究视角。基于此,本书构建国际原油期货现货价格蛛网互动模型,揭示了这两种价格互动导致国际原油现货价格泡沫产生的机理。

(2) 以国际原油便利收益作为国际原油期货与现货价格互动关系的衡量变量,并展开相关研究

已有关于商品便利收益的研究大多关注便利收益的期权估值计算、便利收益变动规律、便利收益的期货定价模型等方面。因为商品便利收益包含了商品期货与现货价格的互动信息,并且商品便利收益变化根本受商品现货市场供求关系影响。因此,不同于已有研究,本书将国际原油便利收益作为国际原油期货与现货价格互动关系的衡量变量,并以此为主线展开核心内容的研究。首先以国际原油便利收益为中介,构建国际原油期货现货价格蛛网互动模型,阐述国际原油现货价格泡沫产生原因;其次,利用国际原油便利收益实证国际原油金融属性;最后,利用国际原油便利收益实证国际原油期货与现货价格互动背景下,国际原油现货价格泡沫存在性。所以说,国际原油便利收益的引入是本书的突出特色。

(3) 结合商品期货仓储理论与原油金融理论展开研究

已有商品期货仓储理论是以商品的实物属性为基础展开相关研究,并不涉及商品价格泡沫问题。而已有国际原油价格泡沫研究仅通过实证国际原油期货市场是否存在金融投机行为来判断国际原油价格泡沫存在性,从而该研究忽视了国际原油商品实物属性的基本性质。因此已有关于国际原油价格泡沫的研究,商品期货仓储理论与原油金融理论是割裂的。但由于国际原油既具有商品实物属性又存在金融属性,并且由商品期货仓储理论提出的商品便利收益可被视为类似金融资产的红利。因此,不同于已有研究,本书将商品

期货仓储理论与原油金融理论相结合，从供给需求与金融投机两个方面共同展开对国际原油现货价格泡沫的研究。例如认为国际原油的具体属性来自国际原油供求关系与金融投机这两种因素对国际原油价格决定力量的对比；国际原油期货价格的变化来自理性投机者与套期保值者力量的对比；国际原油期货现货价格蛛网互动的不同结果取决于国际原油具有商品实物属性还是金融属性。所以相比于已有研究，本书丰富了国际原油期货市场理论和原油金融理论。

（4）利用行为金融理论构建国际原油期货市场正反馈交易模型，从微观交易者层面揭示金融投机者操纵国际原油期货价格的机理

已有国际原油价格泡沫的研究简单地将国际原油期货市场存在金融投机等同于存在价格泡沫，缺乏对金融投机通过什么样的作用机理影响国际原油价格，进而形成国际原油价格泡沫的研究。本书结合国际原油期货市场实际，通过引入套期保值者以及假设正反馈交易者与理性交易者数量之比是变化基础上，构建国际原油期货市场正反馈交易模型，揭示了理性投机者与其他三类交易者的互动行为导致国际原油期货价格波动的机理。并得出由于理性投机者与套期保值者对国际原油期货价格波动的影响方向相反，所以消极投资者数量成为决定上述二者谁主导国际原油期货价格波动的砝码的新观点。

第 2 章 文献综述

2.1 国际原油期货价格发现研究文献综述

虽然价格发现既是商品期货市场的两大基本功能之一（另一个功能是套期保值），又是商品期货市场存在和发展的基础，但是学者对商品期货市场的价格发现功能却从不同视角给出了不同定义。例如一些学者认为由于商品期货市场具有特殊的微观结构，能充分反映市场信息，从而商品期货价格会发现和预测未来商品现货价格。于是他们在仅强调商品期货市场对价格发现的主导作用下，从理性预期角度，根据商品期货价格是否是未来商品现货价格的无偏估计来检验商品期货价格发现功能（Samulson，1965；Brenner et al.，1995）。但是在现实中，由于交易成本的存在以及商品期货市场微观交易者的有限理性，商品期货价格往往不是未来商品现货价格的无偏估计（陈蓉和郑振龙，2008）。因此，更多学者是在考虑了商品现货市场对价格发现的作用后，从商品期货与现货价格引导关系，以及它们在价格发现过程中分别起作用的角度揭示商品期货的价格发现功能（华仁海和钟伟俊，2002；严敏等，2009）。但该观点仅是从商品期货与现货价格互动关系的角度定义商品期货价格发现功能，其并没有涉及商品期货价格发现的本质，即缺少对商品期货价格发现结果的审视。

因为推出商品期货市场的目的是希望利用其有效率的定价机制形成合理的、稳定的、符合商品内在价值预期的期货价格，从而为未来的商品现货价格提供参考基准，进而平抑商品现货市场的供给需求矛盾。所以，本书在商品期货与现货价格相互关系的基础上，从商品期货价格发现的本质出发，认为商品期货价格发现是指商品期货市场能借助公开竞价的交易制度，比较真实地反映未来现货商品供求关系和价格变化趋势，从而引导现货商品交易者调整生产经营活动，规避商品现货市场价格波动风险。

国际原油市场按照交易类型分为国际原油期货和现货市场，相对应存在国际原油期货价格和现货价格两种价格。于是针对国际原油市场这两种价格分类，以及国际原油贸易多以现货价格结算的特点，并结合近年来国际原油现货价格显著大幅波动的实际，学者们自然而然地开始关注国际原油期货市场是否仍然具有价格发现功能？在价格发现过程中，国际原油期货与现货市场之间具有怎样的价格信息传递关系？在价格发现过程中，国际原油期货与现货价格的贡献度分别是多少？最终，国际原油期货市场的价格发现结果是否反映了真实的国际原油现货价格，是否对稳定国际原油现货市场起到积极作用，是否达到了推动国际原油期货市场的目的？从而综合衡量国际原油期货市场运行效率。围绕这些问题，国内外学者对国际原油期货与现货市场之间价格发现领域的研究从以下几个方面展开。

2.1.1 国际原油期货价格发现理论

在早期，学者是从商品期货价格形成机制角度展开对商品期货价格发现的研究。如凯恩斯（Keynes，1930）针对商品期货正向市场现象（即商品期货价格高于现货价格）和商品期货反向市场现象（即商品现货价格高于期货价格）分别提出了持有成本和正常交割延期费用理论。持有成本理论适用于商品期货正向市场现象的解释，认为尽管交易者持有商品期货合约增加了商品的流动性，但因为交易者持有商品现货还要承担商品的存贮成本，所以，商品期货价格应等于商品现货价格与该商品存贮成本之和。此外，由于临近商品期货合约交割期时，现货商品的存贮成本会降至零，从而最终商品现货价格与期货价格将趋于一致，结果期货价格就发现了该商品未来的现货价格。

正常交割延期费用理论则是从商品供给者角度解释期货反向市场存在的现货溢价现象。该理论假设没有存贮成本，认为生产者为了规避商品现货价格风险，在期货市场上更多选择空头交易的套期保值策略，但期货市场上的投机者却大多从事多头交易。于是，只有在商品期货价格低于该商品未来现货价格的预期值情况下，才能保证投机者获得风险补偿，从而生产者才可以将商品现货价格风险转嫁给期货市场的投机者。凯恩斯（1930）将上述期货与现货价格之间的差额称为正常交割延期费用，但是由于临近期货合约交割期时，该差额将逐渐减少至零，从而商品期货价格会升高到与未来现货价格相等，结果现货价格也发现了该商品期货价格。

卡尔多（Kaldor，1939）、沃金（Working，1948，1949）等提出的商品期货仓储价格理论从仓储价格角度分析了期货价格发现过程。该理论在完全竞争市场假设下，认为商品现货市场内不同仓储量的供给与需求关系决定了正向期货市场或反向期货市场现象。该理论用边际持仓成本代表仓储价格，并认为该成本由边际仓储成本、边际风险成本以及边际机会收益三部分构成；用基差（商品现货价格减去期货价格）的相反数表示边际持仓收益，根据仓储收益最大化原则，边际持仓成本应等于边际持仓收益。因此，当现货商品供给大于需求、现货价格下降、现货市场的仓储量增多时，边际仓储成本增加，边际持仓收益也会增加，结果商品期货价格高于现货价格。当现货商品供给小于需求、现货价格上涨、现货市场的仓储量减少时，边际持仓储成本降低，边际持仓收益也会降低，从而商品期货价格低于现货价格。当商品现货市场供给需求均衡时，虽然仓储商的边际仓储净收益为零，但其总净收益最大，从而获得了最优仓储量，相应商品期货和现货价格也维持均衡。此外，随着商品期货合约交割期的临近，商品边际持仓成本会逐渐减少至零，边际持仓收益也会相对应降低，进而商品期货与现货价格的基差值也将缩小至零，最终商品期货价格与现货价格将会趋于一致。可见，商品期货仓储价格理论通过仓储价格的中介作用，描述了商品期货价格与现货价格的动态关系，从而以该视角揭示了商品期货市场具有价格发现功能。

总之，因为商品期货与现货市场之间存在套利者，那么最终在无套利均衡下，商品期货与现货价格之间不会出现大幅偏差，并且随着时间推移，它们会以相近的波动趋势向前运动，最后在期货合约到期日趋于相同，这正是商品期货价格发现功能和价格发现理论的前提条件。

2.1.2 国际原油期货价格与现货价格引导关系检验

商品期货、现货市场分别包含大量商品信息，并且商品期货、现货价格也是对商品信息的反映。如果商品期货、现货的市场环境相似，那么具有共同商品内在价值的商品期货、现货价格将会对商品信息做出同步反映，因而这两种价格之间不存在相互引导关系。由于商品期货市场具有保证金制度、卖空机制等特有的微观交易制度，其降低了交易成本，提高了市场流动性，结果使商品期货市场对商品信息的反映不同于传统的商品现货市场，从而在价格发现过程中，商品期货和现货价格就出现了领先滞后的引导关系。所以，研究商品信息如何在国际原油期货和现货市场之间传递，可以揭示国际原油的这两种价格之间的引导关系，从而能回答国际原油期货价格是否发现未来现货价格。

比格曼和戈德弗拉布（Bigman & Goldfrab，1983）使用普通线性回归方法，最早检验了美国商品期货与现货价格的引导关系，并认为美国的大豆、小麦、天然橡胶三类商品期货不存在价格发现功能。但是学者们发现由于该研究直接使用非平稳时间序列数据建立模型，检验商品期货与现货价格的引导关系，导致实证结果会出现"谬误回归"现象，并得出错误结论。于是，此后学者们在对研究方法改进基础上，主要从以下两个研究方向展开对国际原油期货与现货价格引导关系检验。

2.1.2.1 协整检验

恩格尔和格兰杰（Engle & Granger，1987）、约翰森和朱斯柳斯（Johansen & Juselius，1990）提出的协整检验理论克服了非平稳时间序列建立回归模型存在"谬误回归"的难题。协整关系指虽然相关变量间在短期内可能会偏离均衡水平，但由于它们之间存在某种稳定的联系，从而这些变量在长期仍然具有均衡关系。由于国际原油期货价格反映的是未来价格预期，所以相比于国际原油期货市场，反映现期的国际原油现货市场更易受到地缘政治、气候变化、工厂罢工等同期突发事件的冲击，因此在短期，国际原油现货价格会比国际原油期货价格波动性强。但是一方面由于国际原油现货市场内部存在供给与需求自动调整恢复到均衡的机制；另一方面，在国际原油期货现货市场之间无套利机制作用下，国际原油期货与现货价格的波动方向与波动幅度也将一致，从而它们两者之间在长期也应存在稳定的均衡关系。所以，国际原油期货与现货价格之间具有协整关系是国际原油期货价格发现的基础。于是，学者们开始从该视角检验国际原油期货和现货价格是否存在长期均衡关系，并在此基础上再利用格兰杰因果检验二者之间的相互引导关系，从而检验国际原油期货价格发现功能。

卡拉尔德等（Kallard et al.，1999），科波拉（Coppola，2008），李成昌和曾吉红（lee & Zeng，2011），王和吴（Wang & Wu，2013）等采用协整理论，分别检验了美国WTI原油期货与现货价格在不同时期的协整关系，均认为这两个变量具有长期均衡关系，从而可用国际原油期货价格预测未来的国际原油现货价格。

但是2008年美国金融危机爆发后，学者们开始更多关注金融投机是否对国际原油期货与现货价格已有的协整关系造成了冲击。丁浩元等（Ding et al., 2014）采用格兰杰因果检验后认为尽管WTI原油期货市场内过度的金融投机行为带来了WTI原油现货价格不稳定，但是WTI原油期货价格仍然引导WTI原油现货价格。蒙吉（Mongi, 2018）采用自回归分布滞后模型和向量自回归模型实证了美国金融危机前后WTI原油期货市场有效性，认为虽然WTI原油期货价格与现货价格在短期不具有均衡关系，但在长期仍存在均衡关系。

斯维特拉娜和罗素（Svetlana & Russell, 2009）经过研究后认为，传统Johansen协整检验方法隐含假设了协整向量具有时间不变性，从而其未考虑结构冲击的影响，所以使用该方法实证出变量间的长期均衡关系是稳定不变化，而这与现实中经常出现国际原油期货与现货价格的异常波动是不符合的。于是，他们改用格雷戈里和汉森（Gregory & Hansen, 1996）提出的基于残差的协整检验模型，实证了包含结构冲击的国际原油期货与现货价格引导关系，然而他们同样也得出这两种价格具有协整关系，并且是国际原油期货价格发现现货价格的结论。

此外，陈磊和曾勇（Chen Lei & Zeng Yong, 2011）还实证了2007~2009年金融危机期间，英国北海Brent原油的期货和现货价格关系，也认为二者具有长期均衡关系，并且存在前者对后者的单向引导关系。另外，赵鲁涛等（Lu-Tao Zhao et al., 2017）的研究不但得出了相类似的结论，而且认为宏观经济发展以及国际原油价格波动程度等两个因素是影响北海Brent原油期货价格发现功能的主要原因。

与上述研究结论相反，葛兰（Gülen, 1998）、于玲等（Lean Yu et al., 2008）的研究却认为，WTI原油期货价格和现货价格以及北海Brent原油期货价格和现货价格之间都不存在协整关系，从而他们认为这两个期货市场也不具有价格发现功能。

国内的一些学者也利用协整检验方法实证研究了国际原油期货市场具有价格发现功能，并比较了不同国际原油期货市场的价格发现能力。例如王晓宇等（2015）对比了美国WTI原油期货市场与英国北海Brent原油期货市场的价格发现能力，认为由于原油现货市场的规模和流动性存在差异，使得北海Brent原油期货价格发现能力稍强于WTI原油期货。

另外，还有一些学者检验了我国上海燃料油期货市场的价格发现功能。如李治国和周得田（2013）利用协整理论研究后发现我国上海燃料油市场的期货与现货价格呈现双向、互为引导关系。但是周慧羚等（2016）在协整理论基础上利用 GS 模型研究后认为，由于我国上海燃料油期货交易市场的规模小、推出时间短，虽然其期货与现货价格存在长期均衡关系，但更多的是现货价格引导期货价格，上海燃料油的价格发现功能主要由现货价格完成。董莹和李素梅（2017）的研究也得出了类似的结论。

最后，还有一些学者利用协整理论开展了我国与国外原油期货市场价格发现能力的对比研究，如，卜林等（2020）将我国 2018 年 3 月新推出的上海原油期货市场的价格发现能力与已经非常成熟的 WTI 原油、Brent 原油期货市场进行比较，发现上海原油期货市场的价格发现功能尚未充分显现。

2.1.2.2 非线性检验

虽然上述线性协整检验是研究国际原油期货价格发现问题的基本方法，但是由于国际原油市场存在噪声交易、非线性交易成本以及国际原油期货、现货市场微观结构效应等因素，导致国际原油期货与现货价格之间的因果联系可能会改变并且是非对称的，所以传统的线性协整实证研究国际原油期货与现货价格引导关系的方法可能会得出错误的结论（Beckmann et al.，2014）。于是一些学者开始从非线性角度实证检验国际原油期货和现货价格的引导关系。

彼奇洛斯和迪克斯（Bekiros & Diks, 2008）分别从线性和非线性两个角度实证了 1991 年 10 月 ~ 1999 年 10 月以及 1999 年 11 月 ~ 2007 年 10 月两个阶段的 WTI 原油期货与现货价格引导关系。结果表明，在样本两个阶段都存在期货与现货价格的双向线性引导关系，但是在第二阶段却存在期货价格引导现货价格的非线性单向引导关系。黄柏农等（Bwo-Nung huang et al., 2009）检验 WTI 原油期货与现货价格的非线性因果关系后认为，在价格发现过程中国际原油现货价格也起作用，从而国际原油期货与现货价格存在双向引导关系。西尔弗里奥和斯基奥（Silverio & Szkio, 2012）利用卡尔曼滤波方法实证了 WTI 原油期货市场价格发现功能，认为 2003 ~ 2008 年由于 WTI 原油期货价格显著引导现货价格，从而其期货价格发现功能得到了增强。但是，马玛察基斯和雷蒙德斯（Mamatzakis & Remoundsos, 2011）认为，由于研究样本区间可能包含一些重大的对国际原油价格有影响的事件，因此研究国际原油期货与现货价格引导关系的模型中应考虑样本的结构断点问题。于是梅赫迈特等（Mehmet et al.，2015）考虑了研究样本的因果关系的时变性，采用基于马尔科夫转移的向量误差模型对 WTI 原油期货与现货价格发现功能进行检验，认为二者之间仅存在短暂的领先滞后关系，并且在整个样本期间它们不具有彼此相互预测的能力。此外，常春平和李建江（Chun-ping chang&Chien-chiang lee，2015）采用小波相干分析方法实证了国际原油期货与现货价格的因果联系，结果认为虽然国际原油期货与现货价格在长期具有均衡关系，但在短期，交割期短的国际原油期货价格相比交割期长的国际原油期货价格而言，其与国际原油现货价格存在更显著的因果联系。

2.1.3 国际原油期货价格发现作用大小检验

虽然协整理论及以其为基础发展起来的其他模型能够检验国际原油期货和现货价格的均衡关系和它们相互引导的因果联系，但这些模型无法实证在价格发现过程中国际原油期货和现货价格具体的贡献程度分别是多少，即究竟是期货价格的作用大，还是现货价格的作用大？

甘巴德和西尔伯（Garbade & Siber，1983）提出了实证商品期货价格发现及其贡献度的 GS 模型。他们首先通过分析 $t-1$ 期基差（现货价格减去期货价格）变动对 t 期期货与现货价格变动的影响，建立起商品期货和现货价格的动态关系模型，然后再通过估计一阶自回归模型系数，分别测算出商品期货和现货价格在价格发现过程中的贡献度。席尔瓦布伦和穆萨（Silvapulle & Moosa，1999）最早使用 GS 模型检验了 WTI 原油期货价格发现功能，并认为由于存在 WTI 原油期货价格对现货价格的单向线性引导关系，所以国际原油价格发现由国际原油期货价格主导。但是穆萨（2002）再次利用 GS 模型检验 WTI 原油期货与现货价格关系，却发现在价格发现过程中，WTI 原油期货价格的贡献度仅为 60%。此外，薛庆等（2014）利用 GS 模型实证了美国商品期货交易所交易的汽油期货的价格发现功能，结果认为美国汽油期货与现货价格存在长期均衡关系，并且前者在价格发现中的贡献度为 68%。陈洪涛和陈良华（2014）利用 GS 模型比较了美国 WTI 原油、英国 Brent 原油以及中国上海燃料油三类商品期货价格在价格发现过程中的贡献度大小，结果认为虽然这三个市场的期货与现货价格都存在长期均衡关系，但是美国 WTI 原油期货市场的价格发现功能最强，英国次之，中国燃料油市场期货价格功能最弱。

哈斯布鲁克（Hasbrouck，1995）提出的IS模型（Information-Share，信息份额模型），首先把商品期货与现货价格变化趋势进行方差分解，这样就将外部市场冲击影响分解到该商品的期货与现货市场，然后再分别检验这两个市场的信息对共因子方差分解所做的贡献，这样就能识别商品期货和现货价格在价格发现功能中分别所占比例的大小。

IS模型建立在协整分析基础上，相比于基于一阶回归分析的GS模型，其适用对象更广泛，研究结果更精确。目前学者们更多地采用该模型研究国际原油期货和现货价格分别在价格发现过程中的贡献度。如宋玉华和林治乾（2007）使用IS模型研究了2000年1月~2006年10月的WTI原油价格，并认为在价格发现过程中，WTI原油期货价格贡献比例高达99%以上，而现货价格贡献度不足1%。陈明华和陈蔚（2010）利用IS模型实证了2000年1月~2010年2月的WTI原油价格，结果发现WTI原油期货在价格发现中起到98.58%的主导作用。张跃军和王子毅（Yue-Jun Zhang & Zi-Yi Wang，2013）使用同样方法实证了2005~2011年WTI原油期货价格发现贡献度，结果认为WTI原油期货价格在价格发现过程中起到95.71%作用。但是，王群勇和张晓桐（2005）利用IS模型对1983年4月~2004年10月的WTI期货、现货价格发现进行分析，结果发现WTI原油期货价格在价格发现过程中的贡献比例只有54.27%，其余为WTI原油现货价格所贡献。什雷斯塔（Shrestha，2014）同样利用IS模型实证1983年3月~2013年12月WTI原油期货价格发现功能，结果也认为WTI原油期货价格与现货价格共同参与价格发现过程，其中WTI原油期货对价格发现的贡献度仅为54.56%，其余45.44%是原油现货价格的贡献。

综上可知，虽然上述研究的方法相同，但因选取样本区间不同，最终得出关于国际原油期货价格发现作用大小的结论也相异。

2.1.4 跨区域国际原油期货价格发现研究

伴随着原油工业的全球化以及原油国际贸易的开展，在商品"一价律"机制作用下，全球各个地区的原油价格具有共同的变动趋势。这意味着尽管存在地理上的分隔，但是全球某一个地区的原油市场信息会很快溢出到其他原油市场。并且不同国际原油市场的价格波动顺序取决于信息流的传播速度，即信息流先抵达的国际原油市场，其原油价格先发生波动，然后再通过波动溢出效应，最终将该市场的价格波动信息传递至世界其他地区的原油市场。于是率先出现价格波动的国际原油市场的价格可作为国际上其他原油市场的基准，从而发现它们的原油价格。目前国际上有美国纽约、英国伦敦和阿联酋迪拜三大国际原油期货市场和多个原油现货市场，所以不同于前述研究对象仅局限于同一个交易市场内部研究国际原油期货和现货市场的价格发现问题，一些学者是从跨越区域的角度，开始研究全球不同地区间的国际原油期货价格发现问题。

阿德尔曼（Adelman，1984）最早研究不同国际原油市场之间的关系，其将国际原油市场视作一个整体后，认为不同国际原油市场会体现出一体化的特点。罗德里格斯和威廉姆斯（Rodriguez & Williams，1993）验证了上述观点，并揭示了各种原油价格之间的传导机制。进入21世纪后，伴随着经济全球化的深入，从跨越区域角度研究国际原油市场之间的价格发现问题成为热点。哈穆德和阿莉莎（Hammoudeh & Aleisa，2004）研究发现纽约NYMEX交易的汽油期货价格单向引导着鹿特丹、新加坡的汽油现货价格。罗伯特和本（Robert & Ben，2009）通过实证中东、欧洲、北美、非洲的原油期货与现货市场的价格溢出效应，认为如果仅从投机角度研究，纽约NYMEX交易的WTI原油期货价格引导全球其他地区的原油期货与现货价格。但如果是从供求角度分析，则是迪拜原油现货价格引导全球其他地区的原油期货与现货价格。安海中等（Haizhong An et al.，2014）采用复杂网络模型实证了美国WTI原油期货价格与中国大庆原油现货价格之间关系，认为虽然两者存在确定的互动关系，但是在不同经济阶段，它们之间仍存在不同的价格互动特征。贾晓良等（Xiaoliang Jia et al.，2015）在灰色关联理论基础上利用最优小波分析实证了英国北海Brent、阿联酋Dubai、印度尼西亚Minas三种原油价格与中国大庆原油价格的互动性，认为各类原油价格波动既有区域性特点又具有全球相关性，但是，油价波动剧烈的原油市场在其他原油价格动态调整过程中起主导作用。并且，中国大庆原油价格波动均受这三种原油价格影响。姬强和范英（Qiang Ji & Ying Fan，2015）研究了国际主要原油市场之间的价格引导关系，发现2000~2010年，国际主要原油市场的价格之间存在长期均衡关系。但是自2010年以后，由于WTI原油价格更多反映了美国本土的原油供给需求关系，从而其不能价格发现其他国际原油市场价格。于是英国Brent原油价格从2011年开始成为国际原油的价格引导者。但是埃尔德等

(Elder et al.，2015）在对哈斯布鲁克（1995）模型修正基础上，实证了美国 WTI 原油价格与英国北海 Brent 原油价格之间的动态关系，并得出前者引导后者，并且 WTI 原油价格在价格发现 Brent 价格的贡献度超过 80%。

国内学者中，马超群和李科（2004）研究后认为，国际原油价格与我国大庆原油价格之间不但有较高的关联度，而且两者还存在长期均衡关系。但是在引导关系中，仅存在前者对后者的单向影响。李海英等（2007）研究发现，美国 WTI 原油期货价格、新加坡燃料油现货价格与我国上海燃料油期货价格分别都具有协整关系，并且它们对我国上海燃料油期货价格的价格弹性分别是 0.22 和 0.58。王湘（2014）协整检验了国际原油价格与我国成品油价格的动态关系，认为我国成品油价格变化不但受国际原油价格的单向引导，而且还存在价格响应的结构性延迟。

2018 年 3 月，我国上海期货交易所成功推出人民币计价的原油期货交易后，学者们开始关注我国原油期货在国际原油市场上的跨区域价格发现功能。曹剑涛（2019）使用向量自回归模型实证了美国 WTI 原油期货价格对我国上海原油期货价格存在显著的正向影响。高丽和高世宪（2019）进一步使用结构向量自回归模型和 GS 模型研究后认为，尽管美国 WTI 原油期货市场与英国北海 Brent 原油期货市场分别对我国上海原油期货市场具有单向价格溢出效应，但是我国上海原油期货价格对我国大庆原油现货价格具有微弱的引导关系，表明上海原油期货市场已初步具有价格发现功能。严佳佳等（2019）实证了我国上海原油期货市场与阿曼原油现货市场的关系，认为一方面这两种原油市场价格存在长期均衡关系；另一方面，在两者的价格发现过程中，是阿曼原油现货价格对上海原油期货价格发挥着引导作用。上述研究表明，相比于成熟的三大国际原油期货市场，由于推出时间短、交易规模小，所以我国上海原油期货交易市场的国际原油期货价格发现能力还需培养和提升。

2.1.5 国际原油期货价格发现波动溢出效应检验

市场溢出效应分为价格溢出和波动溢出两类。前者指一个市场的价格变化不仅受自身市场供求变化影响，而且还受其他市场价格变化影响。并且前述基于协整理论检验国际原油期货价格发现的方法都是从价格一阶矩的视角研究国际原油期货市场与现货市场之间的价格溢出效应。

由于一个市场的价格波动包含许多信息，例如价格风险，并且通过投资者的跨市场交易，这些信息还会传递至其他市场产生并引起该市场的价格波动。因此，波动溢出效应衡量了不同市场间价格波动的信息传播，即一个市场价格波动不仅受该市场本身价格波动影响，还受其他市场价格波动影响，从而，波动溢出体现了价格波动和市场信息传递之间关系。因此罗斯（Ross，1989）认为，市场波动与价格信息传递密切相关，并且市场间价格波动溢出方向反映了价格信息传递方向。由于市场价格风险大小可以通过价格波动性衡量，而价格波动性又往往用代表价格二阶矩的方差度量，因此价格二阶矩就内涵了市场价格波动风险。于是学者开始从基于价格二阶矩的格兰杰（Granger）因果关系角度，分析国际原油期货与现货价格之间的波动溢出效应和风险传递，从而进一步深入研究国际原油期货的价格发现功能。

针对大多数商品市场的价格序列的分布呈现尖峰厚尾，以及其价格波动具有集聚等特征，波勒斯勒夫（Bollerslev，1986）提出的 GARCH 模型能较好地以条件方差这种价格二阶矩的形式反映市场价格波动性。所以在研究方法上，学者大多使用 CARCH 族模型实证国际原油期货与现货市场的波动溢出效应。

哈穆德等（Hammoudeh et al.，2003）采用基于 GARCH 模型两步法研究，认为美国 WTI 原油期货市场存在向该原油现货市场的波动溢出效应，所以 WTI 原油期货具有价格发现 WTI 原油现货价格的功能。刘丽和万洁秋（Li Liu & Jieqiu Wan，2011）采用滚动检验方法实证也认为，存在长期的美国 WTI 原油期货向现货市场的波动溢出效应。

此外，GARCH 模型还被应用在研究国际原油期货市场跨地域波动溢出效应方面。如林和塔姆凡基斯（Lin &Tamvakis，2001）利用 GARCH 模型实证了美国 WTI 原油期货市场和英国 Brent 原油期货市场的信息传递，认为这两个市场之间存在双向的波动溢出效应。另外，方英等（Fang et al.，2008）使用 GED-GARCH 模型实证了美国 WTI 原油期货价格与英国 Brent 原油期货价格的动态关系，也认为这两者之间存在显著的双向波动溢出效应。还有，常佳林等（Chang et al.，2010）使用 VARMA-GARCH 模型研究认为，美国 WTI 原油期货市场存在对阿联酋迪拜原油期货市场的单向波动溢出效应。

在国内，潘慧峰等（2005）使用 GARCH 模型与方差间格兰杰因果检验法研究发现，因为国际原油市场已基本实现一体化，所以对我国而言，国际原油价格波动信息传递顺序是：从美国纽约到新加坡再到我国。周少甫和周家生（2006）使用 MGARCH 模型研究了国际原油市场与我国原油市场波动溢出关系，并认为存在前者向后者的单向波动溢出效应。

我国燃料油期货于 2004 年 8 月 25 日在上海商品期货交易所正式交易，陈志英（2013）选取了 2004 年 8 月 25 ~ 2011 年 12 月 31 日的数据，使用 TGARCH 模型和 DCC 模型实证了我国燃料油期货市场内部的期货价格与现货价格的波动溢出效应，结果认为，这两种价格之间具有长期均衡和双向的波动溢出关系，并且期货价格在燃料油价格发现中起主导作用。

从以上国际原油期货价格发现部分的国内外研究现状可知，已有国际原油期货价格发现研究主要集中在对期货和现货价格动态关系进行实证检验，且存在以下不足：

第一，在引导关系检验方面，选用不同的方法得出的结论往往相异，即线性检验大多认为是国际原油期货价格单向引导现货价格，而非线性检验却认为国际原油期货价格与现货价格互为引导，所以已有研究缺少学者普遍公认的检验国际原油期货价格发现的方法。

第二，已有引导关系检验往往与国际原油期货价格发现贡献度的研究割裂。即在引导关系检验中得出期货价格与现货价格存在长期均衡关系后，就直接得出期货具有价格发现功能的结论，但该结论忽略了进一步关于期货在价格发现功能中作用大小的研究。因此需要一个一体化的方法能将期货与现货价格引导关系检验与它们分别对价格发现贡献度的测度包含起来，综合分析国际原油期货价格发现功能。

第三，在研究视角上，已有国际原油期货价格发现的研究更多局限于价格一阶矩的分析。从价格二阶矩的视角，也更多是研究不同国际原油市场间的价格波动信息传递，而对同一个原油市场内部的原油期货和现货价格之间的风险传递和价格波动溢出的研究还有所欠缺，而这也是一个很好的探讨国际原油期货价格发现的方法。

第四，已有研究所涉及的样本大多在 2014 年之前，但在 2014 年下半年之后，国际原油市场发生了根本性转变，尤其是 2020 年受新冠疫情影响更甚，因此已有研究结论不能有效反映最新的国际原油期货市场的价格发现功能的现状。

第五，已有研究不管采用什么样的方法和选取不同的研究样本研究国际原油期货价格发现功能，均回答了国际原油期货和现货价格具有什么样的动态关系，以及期货和现货价格在价格发现中的作用分别是多少。但这些研究都没有涉及对国际原油期货价格发现的这个现货价格的结果评价，没有思考发现的现货价格是否合理、是否含有泡沫。即已有研究仅是从期货价格发现的定义就价格发现而研究国际原油价格发现，没有从推出国际原油期货交易的目的是规避国际原油现货价格波动风险，即缺乏从价格发现的结果是否合理、是否含有价格泡沫这方面反思国际原油期货的价格发现功能以及期货市场的运行效率。而这才是期货价格发现功能的本质，但国际原油期货价格发现方面的已有研究却未涉及这方面内容。

总之针对以上不足，已有关于国际原油期货价格发现功能的研究需要在研究方法上完善、在研究样本上延伸，更重要的是在研究内容上引入对国际原油期货价格发现的国际原油现货价格是否含有泡沫的分析，从而反思国际原油期货价格发现的结果，并回答国际原油期货价格发现功能是否真正存在。

2.2　国际原油便利收益研究文献综述

在商品价格发现过程中，存在期货溢价和现货溢价两种非均衡状态，于是不同于凯恩斯提出的持有成本和正常交割延期费用理论，卡尔多（1939）、沃金（1948，1949）、布伦南（Brennan，1958）等开创和发展了商品期货仓储理论并阐述了商品期货与现货价格的动态关系，为此后研究商品期货定价的便利收益模型奠定了基础。该理论主要通过引入商品便利收益这一新的变量，论证了其不但是决定商品期货价格的重要因素，而且认为商品便利收益是实现商品期货价格与现货价格均衡的重要变量，它的大小和变化影响着商品期货与现货价格的动态关系。从而根据商品期货仓储理论可知，商品便利收益是联结商品期货价格与现货价格的纽带。因此，研究国际原油便利收益，分析其行为特征，对于揭示国际原油期货与现货价格的互动关系特点有重要意义。目前，关于商品便利收益研究，主要从以下几方面展开。

2.2.1　商品便利收益内涵

从商品库存角度描述商品期货和现货价格动态关系的商品期货仓储理论是研究期货商品定价的基础理论，并且学者一般认为该理论始自卡尔多

(1939)。不同于持有成本理论认为商品交易者在做出持有商品现货决策时仅考虑购买现货商品资金的机会成本、现货商品的仓储费用等，卡尔多(1939)认为还需考虑因为持有现货商品而在未来可能取得的收益，并且其将这种收益首次命名为商品便利收益。此外，卡尔多还给出了引入商品便利收益后，商品期货价格与现货价格均衡关系，见式（2.1）：

$$FP - SP = r + SC - CY \qquad (2.1)$$

式（2.1）中，FP 与 SP 分别是商品期货价格与现货价格，r 是资金使用成本，SC 是商品现货的存储成本，CY 是商品便利收益。

沃金（1948，1949）随后在农产品期货市场上，就卡尔多（1939）提出的商品便利收益特征进行实证，并认为当商品现货出现短缺而导致期货市场价格倒挂时，商品便利收益会增大。

布伦南（1958）进一步发展了商品期货仓储理论。他认为商品便利收益主要来自现货商品稀缺导致商品价格波动所产生的现货价格溢价，并总结了商品便利收益产生的三方面原因。一是投机收益。即当商品价格受到供求冲击而上涨时，持有现货商品可为交易者带来的投机收益即是便利收益。二是避免缺货。由于生产中发生缺货会带来很大损失，但是持有现货则可以平滑生产，降低未来商品供求不确定带来的损失。所以从保障生产连续性角度，持有现货商品引发的现货溢价就是便利收益。三是避免市场交易成本。交易者持有现货商品能满足其对该商品的随时需要，尤其是在现货短缺之际，从而避免了此后因相关需要而产生的市场交易。因为市场交易会伴随交易成本出现，并且在不完全市场下交易成本会增大。所以只要商品市场不完全，持有现货商品的便利收益就存在。

因此，布伦南（1958）给出了商品便利收益的明确定义，即商品面临供求冲击、存在缺货风险时，交易者持有现货并能在未来现货价格上涨中获得的收益。

此外，布伦南（1958）还认为商品期货与现货价格的差异来自商品的边际存储成本，而边际存储成本又等于边际存储费用加上边际资金成本再减去持有存货的边际便利收益。随后，其利用无风险利率、仓储费用、便利收益再次验证了在一些农产品市场上，商品期货仓储理论的存在性。

于是，以商品期货仓储理论为基础，连续复利率形式的，在无套利均衡条件下的商品期货和现货价格的动态均衡关系见式（2.2）（Hull, 2006）。

$$FP_{t,T} = SP_t \cdot e^{(r_{t,T}+sc_t,T-cy_{t,T})} \tag{2.2}$$

式（2.2）中，FP、SP 分别是商品期货和现货价格，r 是无风险利率，sc 是商品仓储费用，cy 是商品便利收益率。

综上所述，商品期货仓储理论通过引入商品便利收益这一变量，将商品现货价格与期货价格动态关系联结起来，从而能成功解释商品期货市场的期货溢价以及市场倒挂现象，即若商品便利收益小于仓储费用与无风险利率之和，则期货价格高于现货价格；反之，则期货价格低于现货价格。所以虽然在价格发现过程中，商品期货价格与现货价格是动态变化的，但在无套利均衡机制约束下，商品期货价格与现货价格要满足式（2.2）的均衡关系。于是在无风险利率以及仓储费用一定条件下，商品便利收益的大小和变化反映了商品期货与现货价格从非均衡状态向均衡状态的互动调整，并最终实现价格发现。由此可见，商品便利收益内涵了商品期货与现货价格互动信息，从而吉布森和施瓦兹（Gibson & Schwartz，1990）、金村（Kanamura，2010）认为商品便利收益的动态变化是反映商品期货和现货价格互动关系的重要纽带，因此本书采用商品便利收益这一代理变量实现对国际原油期货和现货价格互动关系的刻画研究。

2.2.2 商品便利收益影响因素

卡尔多（1939）发现当库存水平低于企业正常需求时，随着库存的再降低，商品便利收益会大幅增加；但是当库存水平高于企业正常需求，随着库存的再增加，商品便利收益会显著降低。特尔泽（Telser，1958）实证了小麦和棉花的便利收益与库存关系，并得出了季节性商品的库存量水平与商品便利收益相关，即当该类商品收割之前，其便利收益高，但收割后商品库存充足，便利收益则降低。另外，布伦南（1958）还将商品便利收益看作持有商品库存的一种经济补偿。此后，在对商品库存与便利收益的实证检验中，萨缪尔森（Samulson，1965）根据商品期货仓储理论，提出当库存水平较高时，商品现货价格与期货价格波动水平相近，但当库存水平较低时，商品现货价格波动程度要大于期货价格的假说。法玛和弗伦奇（Fama & French，1987）以铝等六种金属商品为例验证了萨缪尔森假说，并得出商品便利收益与库存水平存在反向变动关系的结论。平狄克（Pindyck，2001）实证了美国WTI原油、加热油和汽油等期货市场与现货市场的动态性，认为这三种商品的便利收益的变化受未预期到的供求变化影响,从而库存水平是决定其便利收益大小的重要因素。米洛纳斯和亨克（Milonas & Henker,2001）研究国际原油市场后发现,由于供求不均衡,国际原油便利收益具有很强的季节性,并且它是国际原油库存水平的反函数。希尼（Heaney,2006）研究了伦敦金属交易所交易的铜、铅、锌等标的物 1964~2003 年的数据,发现这些商品的便利收益与它们的库存水平具有非线性的负相关关系。

昝松等（Zan et al.,2006）实证了美国天然气市场的便利收益与期货或现货溢价之间的关系,得出的研究结论也符合商品期货仓储理论。此外,西梅奥尼迪斯等（Symeonidis et al.,2012）选取了 21 种商品,实证出这些商品的便利收益是它们库存的减函数。斯特帕尼克（Stepanek et al.,2013）选取了铝等五种金属,实证了通过这些商品库存的变化,它们的便利收益不但可以作为其商品供给风险的指示器,而且能预测未来商品的现货价格。梅森和威尔莫特（Mason & Wilmot,2020）在考虑了价格波动的跳跃性和时变性基础上,利用 WTI 原油期货与现货价格构建了 WTI 原油便利收益决定模型,并根据该模型解释了当 WTI 原油现货大量囤积的时候,其便利收益值相对平稳。但是在 2015 年底当美国政府取消原油出口禁令后,WTI 原油便利收益开始大幅波动的原因,其结论进一步验证了 WTI 原油库存是影响 WTI 原油便利收益的重要因素。此外,塞维（Sévi,2015）借助商品库存变动、条件波动率、跳跃性三个变量构建了 WTI 原油便利收益的动态决定模型,并实证出这三种因素能解释大约 61% 的 WTI 原油便利收益的变动。

由上可知,根据商品期货仓储理论,商品库存是影响商品便利收益的重要因素,因此从库存视角可以探讨国际原油现货商品便利收益以及国际原油期货现货价格互动演变的逻辑。

2.2.3 商品便利收益期权特性

因为商品便利收益仅是商品现货持有者获得的收益,而商品期货合约持有者不拥有,并且该收益又是来自商品现货稀缺性导致商品期货与现货价格波动所产生的额外风险溢价,所以商品便利收益是一个不可观测的变量,现实市场中也没有关于其的统计数据,因此,如何度量商品便利收益成为一个难题。但是商品便利收益又是衡量商品期货价格和现货价格差异的关键变量,于是准确估计商品便利收益数值大小,研究其行为特征,对于交易者预测商品价格，调整交易策略，规避商品价格波动风险具有重要意义。

尽管已有研究从商品库存角度为度量商品便利收益找到了一种思路，但是因为一方面许多大宗商品的库存数据不易获得，从而制约了从该视角化解商品便利收益测度难题，并且另一方面，即使能获取商品库存数据，但库存也不应成为唯一影响商品便利收益的因素（郑尊信、唐明琴，2013）。

期权定价理论的提出为商品便利收益的度量提供了新的视角。因为根据商品期货仓储理论，持有现货商品获得的便利收益可被视为一份关于商品库存的看涨期权，即如果商品现货市场因为商品短缺、库存不足而导致商品价格上涨，那么商品现货持有者就具有以高价出售该商品获取便利收益的权利。相反，如果商品现货市场因商品供给增多、库存剩余而导致商品价格下降，于是交易者可以反方向操作，选择做空现货而持有期货。因此，交易者持有商品现货而获得的便利收益可被认为是其在持有商品现货或期货合约两者之间进行转换的一种选择权益，并且可用期权定价公式估算这种选择权益，也即商品便利收益数值大小。

海因克尔（Heinkel et al.，1990）以一个两阶段动态规划模型提出若不考虑市场利率和商品存储成本，那么持有商品现货超过期货多头合约的价值等同于执行价格随机的看涨期权价值，并且其收益来自商品需求的增加，从而开辟了对商品便利收益用期权估值的新思路。另外，该研究还提出商品便利收益与商品的边际生产成本存在正相关关系，商品便利收益与商品现货价格波动率也具有正相关关系等两个商品便利收益变动的基本特征。此后，不同期权理论的相继应用丰富了对商品便利收益期权特性的检验。如米洛纳斯和托梅达基斯（Milonas & Thomadakis，1997）用修正的 B-S 期权定价公式实证了美国的小麦、玉米和大豆等可存储商品的年便利收益具有看涨期权的特征。希尼（2002）认为持有商品现货的目的在于可以在现货与期货市场之间进行交换，因此其将商品便利收益看作是资产交换期权，采用朗斯塔夫和弗兰西斯（Longstaff & Francis，1995）提出的交换期权简化了商品便利收益的计算，认为商品便利收益仅与现货价格波动率以及期货合约到期日这两个变量有关，并用伦敦金属交易所交易的铜、石墨、锌等商品数据进行实证检验，发现商品便利收益对期货价格以及利率调整基差均有影响。出于对米洛纳斯和托梅达基斯（1997）使用年度数据得出研究结论的质疑，艾哈迈德（Ahmet，2004）使用交换期权与标准 B-S 期权两种方法估计美国期货市场中的原油、加热油等六种商品的日度便利收益，并对结果进行了比较，发现前者估计的便利收益是其实际值的无偏估计,而后者估计的便利收益会导致高估,因此,用交换期权能更好地解释日度便利收益的变化。威廉和段(William & Duan, 2007)修正了米洛纳斯和托梅达基斯(1997)的模型,建立商品便利收益的期权模型,并利用月度数据研究了供求冲击下的北海 Brent 原油便利收益,发现其不但季节性特征明显,而且显著大于持有成本模型下计算的原油便利收益。

总之,将期权理论运用到商品便利收益的研究,简化了关于商品便利收益计算数据的获取,从而使交易者能根据该变量的变化灵活调整商品期货与现货的交易策略,并有效降低价格波动导致的交易风险。

2.2.4 商品便利收益动态变动规律

上述研究,无论是从商品库存还是期权视角,关于商品便利收益的研究并未涉及其动态过程。但若从该角度研究商品便利收益则需要考虑商品便利收益的随机性和风险等因素,才能揭示商品便利收益的变动规律。目前在该领域,学者们主要运用随机过程理论,在对商品期货定价的建模研究中,逐渐关注商品便利收益的动态变动规律。

布伦南和施瓦兹(Brennan & Schwartz, 1985)提出的单因素模型是早期的期货定价模型,其认为商品期货价格只与商品现货价格这唯一的随机变量有关。虽然商品便利收益作为该模型的外生变量,但以商品库存水平为中介,商品便利收益与商品现货价格正相关。因而商品便利收益与商品现货价格具有函数关系,进而影响商品期货价格。此单因素模型不能像商品期货仓储理论一样能解释商品期货溢价或现货溢价现象。于是施瓦兹(1997)、科塔萨尔和施瓦兹(Cortazar & Schwartz, 2003)以商品期货仓储理论为基础,把商品便利收益内生化,认为其是影响商品期货价格的另一个重要状态变量,运用金融衍生品定价理论将商品便利收益描述为遵循均值回复过程的随机变量,如式(2.3)所示,并分别建立了商品期货定价的两因素、三因素模型(第三个状态变量是商品现货价格收益)。并且,他们还运用卡尔曼滤波方法实证了美国的 WTI 原油、黄金、铜等商品的便利收益特性,结果认为它们均具有较强的均值恢复特点。

$$dCY = k(\mu - CY)dt + \sigma_{cy}dz_{cy} \quad k, \sigma_{cy} > 0 \qquad (2.3)$$

式（2.3）中，CY 是商品便利收益，μ 为商品便利收益的均值，k 为调整速度，σ_{cy} 是商品便利收益波动率，z_{cy} 是服从标准布朗运动的随机过程。

此外，尼尔森和施瓦兹（Nielsen & Schwartz，2004）实证研究后认为商品便利收益是商品现货价格随机波动率、商品现货价格风险溢价、商品便利收益随机波动率这三个变量的函数。另外，卡萨叙和科琳（Casassus & Collin，2005）使用高斯三因素模型研究商品期货定价，结果认为由于商品便利收益依赖于商品现货价格和无风险利率，这也会导致商品便利收益具有均值回复特征。刘和唐（Liu & Tang，2011）通过对美国 WTI 原油和铜等商品的便利收益实证研究后发现，商品便利收益动态过程具有异方差性，从而商品便利收益波动性和商品便利收益数值大小正相关。不同于已有研究要么认为商品便利收益是个常数，要么认为商品便利收益具有服从均值回归的随机波动特征，奥曼苏尔（Almansour，2016）认为商品便利收益具有区制转移的特征，并以此为基础构建了包含便利收益的 WTI 原油期货的期限结构模型。

以上关于商品便利收益变动规律的研究，要么需要求解偏微分方程进行理论推导，要么需用卡尔曼滤波方法估计多个参数并对状态变量进行实证，所以研究方法复杂。另外，由于该领域研究不是基于商品供给需求变化或者库存决策的均衡分析，从而对模型生成的商品期货价格缺乏必要的经济学解释（Volmer，2011）。因此，目前关于商品便利收益动态变动规律领域的研究还不太成熟，近年来商品便利收益在该方面建模研究进展不大。

2.2.5 商品便利收益国内研究

目前国内对商品便利收益更多的是将其视作商品期货和现货价格动态关系构成中的一个因素进行理论描述，较少对其进行定量研究。安宁和刘志新（2006）运用修正的 B-S 期权定价模型对我国的小麦、大豆和铜等商品便利收益进行测度，并检验了它们的看涨期权性质。邹绍辉（2008）将煤炭资源的采矿权等同于复合看涨实物期权后，运用随机过程分析理论，研究了便利收益与煤炭采矿权价值之间的关系。吕永琦（2009）考虑商品期货和现货价格的动态关系，将商品便利收益视为一种交换期权，实证检验了国内五种大宗商品便利收益的期权性质以及变化规律。危慧惠等（2012）利用随机便利收益，研究了不完全市场下的期货定价模型，并用我国交易的铜期货数据进行实证，结果认为铜期货价格波动主要由商品铜的随机便利收益引起。常凯等（2011）研究了国际碳排放便利收益，并实证其与国际碳排放的期货价格、现货价格分别呈现负相关和正相关关系。王苏生等（2012）根据期货市场的持有成本理论，运用修正的交换期权定价模型，实证了欧洲碳排放市场的碳排放便利收益具有明显的期权特性。唐齐鸣等（2015）基于商品便利收益视角构造出商品期货期限结构、期货回报模型，并选取我国三大商品期货交易所数据，实证出商品期货期限结构、展期收益和便利收益能准确预测商品现货价格变化。张茂军等（2016）根据商品便利收益是商品期货与现货价格长期均衡关系的主要影响因素，研究了便利收益对商品期货套期保值策略的影响，得到了包含商品便利收益的最优套期保值比率。魏宏杰和刘锐金（2016）通过构建包含动态商品便利收益的投机套利模型来度量投机行为对商品价格的影响，并以我国天然橡胶市场的投机情况进行验证。邹绍辉和张甜（2017）实证了我国郑州商品交易所交易的煤炭便利收益具有看涨期权特性，并且该期权的价值还与资产转换周期、标的资产波动率等因素成正比。

  以上研究验证了，商品便利收益是商品期货仓储理论的核心，商品供求变化是决定商品便利收益大小的根本因素；且可用期权模型简化对商品便利收益估值计算，并对其进行变动规律的研究。但是这些研究还存在以下不足：

  首先，国外关于商品便利收益研究较多，而国内较少。其次，已有研究更多地关注农产品、金属期货市场，而对国际原油便利收益的研究，近年来较少涉及。最后，尽管商品便利收益是连接商品期货和现货价格的纽带，但是已有研究更多地侧重对商品便利收益的影响因素和其自身变动规律的研究，并未从国际原油便利收益变动的角度思考国际原油期货与现货价格互动发现的现货价格的结果是否有效，是否含有泡沫，是否现在仍能真正达到当初寄希望于推出国际原油期货交易的目的在于稳定国际原油价格这一国际原油期货市场的核心问题。

  由于在商品交易中，商品期货和现货价格是互动相关的，而商品便利收益作为商品期货定价中的一个重要构成因素，反映了商品期货与现货两种价格的动态差异，因而本书在已有研究基础上，将国际原油便利收益作为国际原油期货和现货价格互动关系的衡量变量，并以该变量作为桥梁研究国际原油期货和现货价格互动背景下，价格发现的国际原油现货价格是否有泡沫，从而也丰富了商品便利收益的研究内容。

2.3 国际原油价格泡沫研究文献综述

2.3.1 资产价格泡沫理论

2.3.1.1 资产价格泡沫定义

关于资产价格泡沫定义，学术界普遍认为金德尔伯格（Kindleberge）最早给出了资产价格泡沫定义："泡沫就是一系列资产的价格在一个连续过程中陡然上涨，开始的价格使人产生价格还要上涨的预期，于是又吸引了新的买主——这些人只是想通过这些买卖牟取利润，而对资产本身的使用和产生盈利的能力是不感兴趣的。随着涨价常常是预期的逆转，接着就是价格的暴跌，最终以金融危机告终"（张晓蓉，2004）。该定义虽然明确了资产价格泡沫是由投机造成的基本观点，但是该定义只是描述了泡沫的生成过程和原因，缺乏对资产价格泡沫现象核心内涵的表述。斯蒂格利茨（Stiglitz，1990）是从资产价格与资产预期价格相比较的角度定义资产价格泡沫，认为如果投资者相信某种资产在未来，能以超过预期的价格出售，那么最终这种资产的价格就会因上涨而出现泡沫。但是该定义只给出了资产价格泡沫的另一个产生原因，也未涉及如何衡量资产价格泡沫。此外，因为资产价格泡沫是与稳态时的经济情形相对立的一种现象，所以三木谷良一（1998）认为，资产价格泡沫就是资产价格大幅偏离实体经济的暴涨、暴跌的过程。

此后，学者们更多从资产价格泡沫内涵，即资产价格与资产内在价值关系定义资产价格泡沫。如加布（Garbe，2000）认为市场基本面决定资产价值，所以资产价格泡沫的本质特征是资产价格波动中含有不能用基本面变动解释的部分。罗瑟（Rosser，2000）将资产价格泡沫定义为在一定时期内，不是随机冲击导致资产价格偏离资产内在价值的现象。扈文秀和席西民（2001）认为由于局部的投机需求是一种虚假需求，它导致资产价格脱离资产内在价值的现象即是资产价格泡沫。

上述资产价格泡沫定义带来一个问题是，由于受多种因素影响，现实中的价格波动是常态，从而资产价格与其内在价值不一致是经常存在的，那么按照上述定义，则会认为资产价格应该时时刻刻、普遍都存在泡沫，这样就扩大了资产价格泡沫的范围。

由于我们平常所关注的往往是那些受投机作用使得资产价格不断走高，最终无法支撑而破裂的资产价格泡沫现象。因而，本书认为资产价格泡沫应突出"度"的衡量，应是由金融投机引起的资产价格脱离其内在价值而持续上涨的一种价格波动现象。

2.3.1.2 理性价格泡沫和非理性价格泡沫

随着20世纪70年代理性预期学派的兴起，学者们开始在该思想指导下，在标准金融框架下建立各种数理模型描述资产价格泡沫的产生。如布兰查德和沃森（Blanchard & Watson, 1979）开创性地建立了一个理性预期泡沫模型，认为即使在理性预期下，资产价格仍然会含有泡沫，并称其为理性投机泡沫。随后布兰查德和沃森（1982）提出了爆炸性泡沫模型，刻画了由于资产价格持续上涨而出现泡沫，并且价格泡沫最终崩溃的情况。梯若尔（Tirole, 1982）构建了无限期下的有限交易者模型，达尔斯（Tirles, 1985）将其演化为具有世代交叠解的资产价格泡沫模型。迪巴和格罗斯曼（Diba & Grossmann, 1988）通过最优投资行为模型分别证明了一般均衡与局部均衡条件下的理性泡沫解的存在性。弗鲁特和奥布斯特菲尔德（Froot & Obstfeld, 1991）提出了内生泡沫模型，认为资产价格泡沫来自资产价格与市场基本面的非线性关系，并且资产价格泡沫程度取决于资产的基本价值，并是后者的确定性函数。格兰杰和斯旺逊（Granger & Swason, 1994）采取随机鞅理论不但得出了理性泡沫解，而且认为该理性泡沫解是学者此前提出的所有理性泡沫解的集合。

理性泡沫理论是以市场有效性为前提，以理性预期为假设，认为资产的价格不仅包括其基本面的价值，而且还含有理性泡沫的成分。并且理性泡沫的存在不是错误定价的结果，而是上述前提假设下，所允许的资产价格对市场基本面的持续偏离（欧阳志刚等，2018）。但是一方面由于信息不对称，交易者可能出现预期差异，以及市场异常现象的频繁发生，从而显得理性预期的假设过于苛刻，需要放松假设。另一方面，尽管理性泡沫模型大多都认为价格是由投机推动的，但是，它们并未描述投机是如何形成，以及投机者在价格泡沫形成中的作用机理，因而该理论得出的结论还有待深入研究。

于是，学者逐渐放松理性预期假设，开始从交易者的非理性角度研究资产价格泡沫的成因。其中，行为金融理论从社会学、心理学、行为学角度研究了资产价格如何偏离资产内价值，例如投资者异质性理论、过度自信理论等，从而在一定程度上揭示了资产价格泡沫形成机理，此外，行为金融理论的经典模型还有德隆等（Delong et al.，1990a）的噪声交易模型。其通过代际交叠模型，提出因为股票市场含有非理性的噪声交易者，那么即使没有基本面冲击，股票交易价格也会偏离股票内在价值而出现价格泡沫。德隆和施莱费（Delong & Shleifer，1990b）又针对交易者的从众行为提出了四个阶段的股票市场正反馈交易模型，其认为在第二阶段的获利预期下，理性投机者会操纵推高股票价格，诱使正反馈交易者在第三阶段开始购买股票，并形成关于股票价格的正反馈效应，从而持续推高股票价格。正反馈交易者作为噪声交易者，不具有内在价值的信息劣势，结果在第四阶段，理性投机者能获利清仓，正反馈交易者却受损。另外，埃弗里和泽姆斯基（Avery & Zemsky，1998）基于羊群行为（从众行为）的视角研究了资产价格泡沫形成，其认为金融市场普遍存在羊群行为，即投资者对交易资产未来价格预期的形成主要依赖于其他投资者的行为，但是羊群行为指导下的投资方式容易诱发自我强化式的资产价格波动，从而导致资产价格泡沫现象发生。

2.3.1.3 资产价格泡沫检验方法

对资产价格泡沫实证检验研究方面，目前分为直接检验和间接检验两类。直接检验在计算资产内在价值基础上，通过衡量资产价格与资产内在价值的偏离辨别资产价格是否含有泡沫。运用该类方法较早的有希勒（Shiller，1981）提出的超常易变性检验，其通过比较股票价格的标准差与股票内在价值的标准差，来判断股票价格是否存在泡沫。此后，韦斯特（West，1984）提出的两步检验法，迪巴和格罗斯曼（1986）提出的基于协整的价格泡沫检验法进一步丰富了直接检验方法。但是该类检验方法的关键是如何确定资产的内在价值，于是埃文斯（Evans，1991）提出的周期破灭性泡沫检验、周爱民（1998）提出的动态自回归检验、潘国陵（2000）提出的股息贴现模型、吴世农和许年行（2002）运用CAPM模型确定股票的内在价值等方法，分别从不同角度计算股票内在价值，从而完善了资产价格泡沫直接检验方法。

资产价格泡沫间接检验是与资产内在价值无关的检验方法。如布兰查德和沃森（1982）提出的自相关法，麦克奎恩和索利（Mcqueen & Thorley，1994）提出的持续期依赖检验，奥尔森（Ohlson，1995）提出的剩余收益模型，这些方法都是通过对股票收益的统计特征分析来间接衡量价格泡沫。此外，国内学者还从股票市场的市盈率以及广义货币供给量等指标的统计特征来检验股票价格泡沫。但是间接检验法由于一方面不涉及资产内在价值的分析，从而不能度量资产价格泡沫的大小；另一方面，不同类资产的价格变化有其自身特征，因此用于检验股票价格泡沫的相关指标的统计特征不一定适用于其他类资产价格泡沫检验。所以，用间接检验方法实证资产价格泡沫存在性的方法仍值得商榷。

2.3.2 国际原油价格泡沫检验

关于国际原油价格泡沫的检验研究更多是在2008年国际原油价格暴涨暴跌背景下，借鉴金融资产价格泡沫检验理论展开的，但是由于所采用的检验方法各异，其研究结果也未取得一致。

吉尔伯特（Gibert，2010）首先使用上确界 ADF 检验（SADF）方法实证了从1990年1月到2008年10月的国际原油现货价格月度数据，认为同期国际原油现货价格不存在投机泡沫。但是换成日数据后，其认为在2008年中期国际原油现货价格却存在短期的爆炸性泡沫。可是，菲利普斯和余（Phillips & Yu，2011）仍然使用 SADF 方法研究了1990年1月到2009年1月的国际原油现货价格月度数据，结果发现从2008年3月到7月间存在爆炸性泡沫。苏迟伟等（Su et al.，2017）采用广义 SADF 检验方法分析了的美国 WTI 原油现货价格，结果得出其1990年、2005年、2006年、2008年、2015年等多个时期含有内在价格泡沫，并且认为价格剧烈波动是 WTI 原油现货价格泡沫形成的基础。其中，短期原油现货价格泡沫产生原因主要来自国际地缘政治紧张，长期原油现货价格泡沫产生原因主要来自 WTI 原油市场的投机行为。夏尔马和埃斯科巴厘（Sharma & Escobari，2018）分别使用 SADF 检验和广义 SADF 检验两种方法，实证了 WTI 原油现货价格等8类能源价格序列在样本的多个阶段均存在爆炸性泡沫，例如海湾战争、亚洲金融危机以及2007～2009年的美国金融危机。伊莎贝尔等（Isabel et al.，2020）分别选取了国际原油价格在2007～2008年暴涨以及2014～2016年下跌两个阶段，利用上确界单位根检验方法（SADF）分别实证了美国 WTI 原油与英国北海 Brent 原油期货价格在上述两种不同的价格波动趋势下的泡沫情况。结果认为在2008年5月中旬到7月中旬的国际原油价格上涨阶段，以及2014年11月到12月的国际原油价格下跌阶段，国际原油期货价格都存在泡沫。然而，霍姆和布雷尔通

（Homm & Breltung，2012）使用了同样的上确界 ADF 检验（SADF）方法研究了 1985 年 1 月到 2008 年 7 月的国际原油现货价格，却发现即使选取日、月度以及年度数据，都不存在国际原油现货价格泡沫。

可见，不同学者即使使用了同样的上确界 SADF 方法检验国际原油现货价格泡沫，也会因研究样本选取的区间、频率不同而结果相异。所以，目前关于国际原油价格泡沫的检验方法不具有统一性。

另外，一些学者还使用了其他方法来实证国际原油现货价格泡沫存在性。

温特等（Went et al.，2012）基于随机利率调整基差，通过持久依赖期检验方法，实证了 28 种商品的理性投机泡沫存在性，结果认为 WTI 原油等 11 种商品价格含有泡沫。但是，由于该方法在辨别国际原油价格泡沫数据时易产生遗漏，从而其实证结果缺乏说服力。

德罗兹等（Drozdz et al.，2008）、索内特等（Sornette et al.，2009）使用对数周期幂律（LPPL）模型研究了国际原油价格泡沫存在性，结果也认为 2008 年中期国际原油价格存在泡沫。但是该模型一个不足之处是，其没有构建一个明确的变量来检验泡沫，而只是将泡沫视为给定的，从而不能预测国际原油价格泡沫在什么时候会破裂。此外，张跃军和姚婷（Yue-jun zhang & Ting Yao，2016）在对状态空间模型的 D - 检验方法改进之后，使用对数周期幂律（LPPL）模型实证了 WTI 原油、美国柴油以及汽油的价格泡沫存在性，并认为它们的价格泡沫仅存在于 2001 年 11 月到 2008 年 7 月，并且 WTI 原油与美国柴油价格泡沫还推动着它们各自价格的上涨，但是美国汽油价格上涨仅受市场供求基本面影响。

穆罕默特（Mehmet et al.，2014）利用指数拟合这种间接类价格泡沫检验方法实证了国际原油期货价格泡沫存在性，并认为在 1986 年到 2013 年内，有 1991 年 4 月到 1991 年 10 月、1998 年 11 月到 2000 年 11 月、2001 年 11 月到 2008 年 7 月以及 2009 年 1 月到 2011 年 4 月这四个阶段，WTI 原油期货具有价格泡沫。此外，Brent 原油价格泡沫的产生时间也紧随 WTI 原油期货价格之后。

特斯塔诺夫等（Tsvetanov et al.，2015）在理性泡沫框架下，根据迪巴和格罗斯曼（1986）提出的价格泡沫检验方法，实证了 WTI 原油期货价格的月度和周数据，结果认为伴随着大量的金融投资者以及对冲基金进入国际原油期货市场，在 2004 上半年至 2008 下半年，WTI 原油期货价格存在泡沫。

格龙瓦尔（Gronwald，2016）采用前向递归的单位根检验方法实证了

1986~2016年的WTI原油价格，认为其在1990~1991年、2005~2006年、2007~2008年这三个阶段都含有价格泡沫。

以上研究方法都是直接将检验金融资产价格泡沫的计量模型移植到单一的国际原油期货市场或者现货市场，实证国际原油期货或现货价格泡沫存在性，并没有将这些方法结合国际原油市场特点进行调整。由于国际原油有期货与现货两个市场，而这两个市场互为基础，相应国际原油期货与现货价格是动态相关的，而这又是与金融资产价格仅由单一金融市场决定的根本区别，所以，国际原油价格泡沫检验应考虑国际原油两个市场的价格互动关系。

马克等（Marc et al.，2013）虽然考虑到国际原油市场的实际，即首先根据股利贴现模型，将反映国际原油期货与现货价格互动关系的国际原油便利收益看做类似股票的红利后，其次通过状态空间模型把国际原油价格泡沫分为平稳增长与爆炸破裂两种状态，最后再利用贝叶斯方法，以及基于马尔科夫的蒙特卡洛模拟，研究了1983年4月到2011年4月的WTI原油现货价格，结果认为2008年中期的WTI原油现货价格存在爆炸性泡沫。但是，由于该文的数理推导过于复杂，且研究结果又与他人相似，因而，应用该文的研究方法检验国际原油现货价格泡沫的现实操作性不强。

2.3.3 国际原油价格泡沫产生原因

价格波动是价格泡沫产生的基础，于是一些学者开始从商品供求角度研究国际原油价格波动进而研究国际原油价格泡沫的产生原因，例如基利安（Kilian，2009）、基利安和墨菲（Kilian & Murphy，2014）研究认为国际原油价格波动的主要原因在于全球经济的周期性繁荣引致的国际原油需求增加。徐鹏和刘强（2019）的研究也得出了相似的结论。另外，韩立岩等（2017）研究认为21世纪以来，国际原油价格波动主要受全球GDP、国际贸易总额以及美元指数这三个因素影响。

但是目前，国际原油供给和需求量分别长期维持在90mb/d左右的水平，而供给需求的失衡量大多在2mb/d以下。所以相对于国际原油供给与需求总量而言，上述供求的缺口量就显得微不足道。由于根据传统商品供求分析，这一微小的供求失衡仅能得出国际原油现货价格将小幅波动的结论，却无法解释21世纪以来国际原油现货价格的大幅波动（张跃军和王京，2015）。因此，针对这一质疑，学者开始从其他角度分析国际原油现货价格显著上涨从而产生泡沫的原因。

近年来，国际原油市场的一个显著特点是，金融机构大规模进入国际原油期货市场进行交易。调查显示在2008年中期就有2600亿美元的对冲基金进入国际原油期货市场，规模是2003年的20倍，并且其在纽约商品期货交易所（NYMEX）的持仓量占到WTI原油期货合约总数的48%（张跃军，2013）。考夫曼（Kaufmann，2011）也从2004年起的美国私人原油库存显著增加、基于套利均衡的原油现货与期货价格的协整关系多次被打破、基于市场基本面的原油价格预测模型失效等三方面的论证得出金融投机是近年来国际原油价格上涨的主要因素。此外，一些学者针对2007年中期的美国低利率与国际原油期货市场处于正向市场（期货价格高于现货价格）并存现象（Tokic，2010），以及主要国际石油公司编制的油价指数大幅偏离一般市场指数（Khan，2009），国际原油价格与国际资本市场的长期稳定的均衡关系被打破（Miller & Ratti，2009）等背景，认为国际原油市场是一个非常复杂的系统，从而它的价格受很多风险因素影响，因此用传统供求分析方法很难全面解释国际原油价格波动，于是他们开始关注国际原油市场的金融投机，并认为金融投机是国际原油价格泡沫产生的主要原因。

基于此，花旗集团（2006）先后调查了美国能源、农产品、金融产品等六类商品价格波动并发现，这些商品价格上涨的主要原因是金融投机头寸的增加，其中，原油与天然气的金融投机最严重。埃克考斯（Eckaus，2008）根据2000年1月到2009年7月的数据分析认为，从国际原油现货市场的供给需求关系不能解释国际原油价格的上涨与泡沫，因为原油价格泡沫主要由国际原油期货市场内各类基金疯狂的金融投机引起。毛伯特（Mobert，2009）认为金融投机对国际原油价格有明显的影响，并且其引导国际原油价格波动。基弗莱利和帕拉迪诺（Gifarelli & Paladino，2010）认为国际原油市场上日益增多的金融交易者会导致基于外推预期的交易策略扩散，而这种策略会促进正反馈交易，并使国际原油价格大幅偏离国际原油内在价值而产生泡沫，同时他们也实证了国际原油市场上存在正反馈交易者。唐和熊（Tang & Xiong，2012）认为自2000年以来，日益增加的美国商品市场投资行为引起商品期货价格显著波动。其中，基金管理者把国际原油看作一种较好的金融投机或投资工具，其结果是国际原油价格出现暴涨暴跌。辛格尔顿（Singleton，2014）认为金融投机者进入原油期货市场，使得原油指数基金和机构投机头寸增加，最终显著影响国际原油价格上涨。布雨可沙辛和罗布（Büyükşahin & Robe，

2014）实证了美国商品期货市场上的投机行为，认为 2000 年该市场投机资本所持合约在全部合约中所占比例仅为 11%，可是到 2008 年该比例显著上升至 40%~50% 左右，相应投机资本的大规模流入原油期货市场，结果导致 2008 年国际原油价格暴涨而出现泡沫。李海琦等（Li et al.，2015）采用新的时变系数方法研究，也认为在 2008 年，是金融投机行为主导了国际原油期货市场，从而导致同期国际原油价格大幅上涨。易宪容（2015）认为国际原油的期货交易最终改变了国际原油定价体系，使得实物属性的国际原油转变为金融属性的金融投资品，从而其定价基础不再是传统的供求均衡，而是取决于当前国际原油市场投资者的预期。田利辉和谭德凯（2015）实证了国际原油价格的影响因素后认为，金融投机是 2002 年以来国际原油价格持续上涨和 2008 年暴涨暴跌的主要原因。

在国际原油价格泡沫更多来自金融投机的观点取得一致后，学者主要从以下两方面具体实证检验金融投机与国际原油价格泡沫关系。

2.3.3.1 国际金融市场与国际原油期货市场波动溢出效应检验

该领域研究主要基于假设：若存在国际金融市场向国际原油期货市场的波动溢出效应，则说明原油期货市场存在金融投机，从而会产生国际原油价格泡沫，并实证该假设。如马里克和尤因（Malik & Ewing，2009）采用双变量 GRACH 模型实证了美国道－琼斯股票指数构成中的工业、金融、科技产业、消费服务、健康服务等五个部门的价格指数与国际原油价格的关系，结果认为，在跨市场资产组合实现风险分散思想下，美国股票市场的价格波动风险会传递到国际原油期货市场，进而冲击国际原油价格并产生泡沫。基弗莱利和帕拉迪诺（2010）用 GARCH-BEKK 模型实证了美国股市、汇市与 WTI 原油期货市场间具有溢出效应，并且是国际金融市场波动造成了国际原油价格上涨并产生泡沫。金洪飞和金荦（2008）运用 VAR 与二元 GARCH 模型实证了美国标准普尔股票市场与国际原油期货市场存在双向波动溢出关系。布罗德斯托克和菲利斯（Broadstock & Filis，2014）通过 BEKK 模型实证认为国际原油价格与美国股票市场收益率有显著的时变联系。纳兹利奥卢等（Nazlioglu et al.，2015）研究了金融危机前、金融危机中（2008 年）、金融危机后三个样本期间 WTI 原油价格与克利夫兰金融压力指数的波动溢出效应，并认为金融危机前的波动风险是从原油价格转移至金融压力指数，金融危机后则相反。张跃军等（2017）基于 GARCH 模型采用门槛动态条件相关检验方法实证 WTI 原油市场与美国股票市场的波动溢出效应，结果认为这两个市场价格波动存在相互溢出关系。郦博文等（2017）运用非参数时变 Copula 方法检验英国北海 Brent 原油价格与美国、中国等 6 个国家股票市场间的相关关系，结果显示虽然国际原油价格与股票市场间的波动相关性随着时间变化而发生变化，但是这种相关性在经济动荡或金融危机期间会显著增强。张程和范立夫（2017）基于石油金融视角利用结构向量自回归模型（SVAR）检验了全球流动性与我国货币政策对国际原油价格的影响，结果认为我国流动性对国际原油价格的间接性影响日益增强。温丰华等（Wen et al.，2019）利用 TVP-VAR 模型实证了 1997~2016 年四类金融因素对国际原油市场的影响，认为国际金融市场对国际原油市场的溢出效应得到加强。其中，在 2008 年金融危机前，国际原油价格主要受美元汇率波动影响，金融危机后，则主要受金融投机因素影响，黄金市场和股票市场的影响次之。与此相反，德米雷尔和费雷尔（Demirer & Ferrer，2020）从国际原油价格的波动溢出效应角度实证了 WTI 原油市场与 21 个国家主权债券市场的联通性，认为国际原油价格可以作为联通全球金融市场的驱动力。

2.3.3.2 原油期货市场非商业净多头头寸与国际原油期货价格关系检验

由于当前国际原油市场大多采用期货定价，而美国商品期货交易委员会（CFTC）发布的国际原油期货持仓报告中，将期货交易者分为商业交易者与非商业交易者两类。另外，学者在研究过程中，一般将期货市场的套期保值者视为商业交易者，其交易目的是对冲商品现货市场交易过程中存在的价格风险；将期货市场的投机者看作是非商业交易者，其交易目的是在短期内获得高额利润。

于是，凯斯琦（Kesicki，2010）、考夫曼（2011）、马登科和张昕（2010）等学者把研究视角转向国际原油期货市场本身，并提出一个基本假设：只要国际原油期货市场有金融投机，那么国际原油期货价格就有泡沫。他们用 WTI 原油期货市场的非商业交易者持有的净多头头寸作为金融投机衡量变量，协整检验该变量与国际原油期货价格关系。结果他们都认为其研究样本区间内的该头寸数量大幅增加，并且它与国际原油期货价格存在同向变动关系。所以国际原油期货市场存在金融投机，相应国际原油价格含有泡沫。张跃军和吴耀兵（2019）利用线性和非线性两种格兰杰检验方法实证了 WTI 原油价格与对冲基金的关系，认为对冲基金的净多头寸是以线性的方式影响

WTI 原油价格收益，但是当对冲基金的净多头寸增多引起 WTI 原油价格波动性增强时，WTI 原油价格则开始显著上涨并出现泡沫。

但是，宋玉华等（2008）利用 VAR 模型实证了国际原油期货市场内的对冲基金净头寸、套期保值净头寸以及国际原油商业库存与国际原油期货价格不存在均衡关系，说明对冲基金的金融投机活动不是推动国际原油价格上涨的原因。此外，法图等（Fattouh et al., 2013）、马内拉等（Manera et al., 2016）也对金融投机影响国际原油价格波动的效果表示质疑。

传统协整检验属于线性分析，但由于受噪声交易等因素影响，国际原油价格波动往往会表现出非线性特征，所以一些学者虽然仍用国际原油期货市场的非商业净多头头寸作为金融投机的衡量变量，但他们却是从非线性角度研究金融投机对国际原油价格的影响。温特等（2012）基于随机利率调整基差，通过持久依赖期检验方法，实证了是金融投机导致国际原油价格含有泡沫。隋颜休和郭强（2014）采用了结构断点检验方法实证了 2000 年 1 月到 2013 年 9 月的 WTI 原油期货价格，结果认为由于存在结构性变化，从而国际原油期货市场存在长期的投机活动，并显著影响国际原油价格上涨和泡沫产生。陈明华等（2014）运用动态优化和一般均衡方法研究后认为，在短期，金融投机会对国际原油价格有突出影响，但在长期，其影响减弱。但是柳松等（2017）的研究却提出了相反的观点，认为投资者情绪是影响国际原油期货市场收益的重要因素，于是从投资者情绪角度展开研究，得出虽然对冲基金的投机活动已成为国际原油期货价格变动的引导者，但是其情绪波动对国际原油市场收益波动的影响系数为负，说明对冲基金代表的国际原油市场的投机力量已起到稳定国际原油市场价格的作用。

此外，也有学者结合了基本面分析和金融投机的观点，分析国际原油价格泡沫来源。如谭小芬等（2015）基于因子增广视角，从国际原油市场的供给需求、金融投机以及货币因素三方面提取基本因子，并运用向量自回归模型实证了 2000 年到 2015 年的国际原油价格波动原因，发现供给需求以及金融投机的共同影响是国际原油价格泡沫产生的主要原因。

以上国际原油价格泡沫的金融投机研究尽管都强调金融投机是国际原油价格波动的关键，但都只是简单地将存在金融投机等同于存在价格泡沫来说明国际原油泡沫产生原因，只实证了国际原油市场金融投机的存在性，但对国际原油价格泡沫的定义、存在性，以及金融投机通过什么样的作用机理导致国际原油价格泡沫的产生则未涉及。所以，上述研究也仅属于对国际原油价格泡沫形成原因的市场层面的宏观背景分析，而并未深入到国际原油市场内部微观角度分析金融投机者的交易行为如何导致国际原油价格出现泡沫。

此外，在国际原油价格泡沫研究部分中，尽管这方面已有研究已涉及国际原油价格泡沫检验和泡沫产生原因等领域，可是它们的研究对象大多只涉及国际原油期货市场这个单一市场，而忽略了国际原油现货市场。因为，国际原油交易往往在现货市场与期货市场同时进行，所以结合国际原油不仅有期货市场而且有现货市场的实际，从国际原油期货和现货价格的互动关系中分析国际原油现货价格泡沫的研究还未涉及。

由于国际原油现货价格泡沫问题是关系到我国原油价格安全的重大问题，因而本书将结合上述国际原油期货价格发现、国际原油便利收益、国际原油价格泡沫等三方面已有研究的不足，以国际原油便利收益为纽带，从国际原油期货和现货价格的互动关系出发，运用资产价格泡沫理论，实证国际原油现货价格泡沫存在性及其严重程度，并从行为金融角度揭示该泡沫的微观产生机理，结合市场宏观层面和交易者微观层面总结国际原油现货价格泡沫产生原因，并最终回答在近期国际原油现货价格大幅波动背景下，国际原油期货价格发现功能是否存在，以及国际原油期货市场运行是否有效率这一国际原油市场的根本问题。

第3章 国际原油市场特征及其现货价格波动性检验

3.1 国际原油市场特征

3.1.1 国际原油市场主体

3.1.1.1 国际原油供给者

以国际原油供给者类型划分，国际原油市场供给者主要有 OPEC 与非 OPEC 两类。

（1）OPEC

石油输出国组织（Organization of Petroleum Exporting Countries，OPEC），成立于 1960 年 9 月，最初只有伊朗、伊拉克、科威特、沙特阿拉伯、委内瑞拉 5 个成员国。目前该组织已发展为除上述 5 国外，还有利比亚、阿尔及利亚、尼日利亚、阿拉伯联合酋长国、安哥拉、加蓬、赤道几内亚、刚果共和国共计 13 个成员国。OPEC 成员国拥有极其丰富的石油资源，2019 年该组织石油探明储量占全球石油探明储量的比例高达 70.1%，资源优势奠定了 OPEC 在国际石油供给市场长期的主导地位。作为一个拥有资源实力的国际经济卡特尔组织，OPEC 的宗旨是协调和统一成员国的石油政策，利用石油的价格卡特尔或产量卡特尔等手段来维护各成员国和 OPEC 共同的利益。

OPEC 在成立之初，其原油产量占全球原油产量的比例接近 50%，丰富的产能使得 OPEC 在国际原油市场占据举足轻重的地位，历史上两次国际"石油危机"的爆发即为例证。但是近年来，随着一些成员国要么被制裁，要么国内经济形势堪忧而导致原油产量下滑，使得具有显著寡头影响力的

OPEC 成员国只剩下沙特阿拉伯、阿联酋、科威特三国，相应 OPEC 原油供给量占全球原油市场份额也降至 2019 年的 29.4%。此外，由于 OPEC 成员国数量多，且它们的财政收入对原油出口依赖度较大，因此，多数 OPEC 成员国更多考虑自身利益，从而在执行 OPEC 政策时，主动协同性不够，结果使得 OPEC 组织松散，其政策效果经常大打折扣。所以，曾经在国际原油市场叱咤风云的 OPEC 发展到今天，其影响力大为降低，并开始与非 OPEC 国家合作，形成 OPEC$^+$ 机制来协调国际原油市场供给。

(2) 非 OEPC

非 OEPC 是指国际原油市场除 OPEC 之外的原油出口国或生产国的总称。近年来在国际原油供给市场上，非 OPEC 国家的原油供给量大幅增加，直接挤占了 OPEC 的国际原油市场份额，打破了已有国际原油供给内部的均衡。表 3–1 列出了 2019 年全球原油供给量最多的前 10 位国家中，可知除沙特阿拉伯、阿联酋、伊朗、科威特之外，其余六个国家均为非 OEPC 国家。其中，受益于页岩油的大规模成功商业开发，美国原油供给量在近十年实现了年均 8.5% 的高速增长，其已超越沙特阿拉伯成为世界排名第一的原油供给大国，并且占全球原油供给总量比例高达 17.9%，比位于第二位的沙特阿拉伯还多 5.5 个百分点。国内原油产量的剧增，也使得美国从长期的全球原油第一进口大国的身份反转为原油净出口国，该结果直接颠覆了已有国际原油供给格局以及贸易格局。

表 3–1　　　　　国际原油供给量排名前 10 位国家

	美国	沙特阿拉伯	俄罗斯	加拿大	伊拉克	阿联酋	中国	伊朗	科威特	巴西
2019 年供给量（千桶/日）	17045	11832	11540	5651	4779	3998	3836	3535	2996	2877
2019 年原油供给增长率（%）	11.0	-3.5	0.9	2.7	3.2	2.2	1.0	-26.4	-1.8	7.4
2008~2018 年原油供给年平均增长率（%）	8.5	1.4	1.4	5.1	6.7	2.3	—	0.8	0.9	3.6

续表

	美国	沙特阿拉伯	俄罗斯	加拿大	伊拉克	阿联酋	中国	伊朗	科威特	巴西
2019年占全球原油供给量比例（％）	17.9	12.4	12.1	5.9	5.0	4.2	4.0	3.7	3.1	3.0

资料来源：www.bp.com，2020年6月17日。

由表3-1可知，沙特阿拉伯作为OPEC的"领头羊"和其政策的坚定执行者，承担了OPEC剩余储备主力调节者的角色，从而近十年，其原油供给量年均增长率只有较低的1.4%，甚至在2019年还主动减产3.5%，结果只能以占全球原油供给总量12.4%的比例屈居全球原油供给第二大国。虽然俄罗斯的原油供给量在2019年排名全球第三位，但是其与排名第二位的沙特阿拉伯的原油供给量相差无几，并占有全球原油供给总量12.1%的份额。

从表3-1还可知，尽管全球原油供给排名第四、第五位的加拿大、伊拉克的原油供给量在近十年分别实现了5.1%和6.7%较快的增长，但是这两国以及排名随后的几个国家的原油供给量在规模上与排名前三位国家相差甚远，不在同一个数量级。目前，国际原油日均供给超千万桶的国家只有美国、沙特阿拉伯、俄罗斯三国，从而这三个国家之间的合作和博弈也开始从供给侧决定着今后国际原油市场的动荡与稳定。

3.1.1.2 国际原油需求者

（1）OECD与非OECD

在国际原油市场上，原油需求者也分为两大类：OECD与非OECD。

经济合作与发展组织（Organization for Economic Co-operation and Development，OECD），1960年由美国、加拿大以及欧洲经济合作组织成员国等20个国家发起成立的政府间国际经济组织，目前成员国已增加至38个。作为以发达国家为主的经济组织，OECD长期在国际原油市场扮演着需求主角，但是，随着环保意识的增强，发达国家的经济发展逐渐降低对原油这种化石能源需求的依赖。如表3-2所示，2019年OECD原油需求降低0.6%，近十年其原油需求总量年均增长率为-0.3%。此外，OECD组织中的欧盟地区2019年原油需求降低0.5%，其近十年的原油需求总量年均增长率降幅更大，为-1.1%。最终在2019年，OECD的原油需求量占国际原油需求总量的比例也降至46.6%。

表 3-2　　　　　　OECD 与非 OECD 国际原油需求对比　　　　　　单位:%

	2019 年原油需求增长率	2008~2018 年原油消费年平均增长率	2019 年占全球原油消费比例
OECD	-0.6	-0.3	46.6
非 OECD	2.4	3.1	53.4
欧盟	-0.5	-1.1	13.1

资料来源：www.bp.com，2020 年 6 月 17 日。

非 OECD 国家是以发展中国家为主，相应其经济增长的重任引致了它们对传统能源的需求，如表 3-2 所示，2019 年非 OECD 原油需求增加 2.4%，其近十年原油需求量年均增长率为更高的 3.1%，并且 2019 年其占国际原油需求总量的比例也上升至 53.4%，超过了 OECD 的原油需求总量占比，结果发展中国家目前成为国际原油需求增长新的主要动力。

在国际原油需求市场上，虽然发达国家与发展中国家对原油的需求出现了此消彼长，但这种需求地位在全球的对调却与它们的经济总量不一致，再加上未来清洁能源对原油需求的替代，使得国际原油的需求峰值提前出现。

（2）国际原油需求国家分布

表 3-3 列出了 2019 年国际原油需求量在全球排名前 10 位的国家，其中发达国家与发展中国家各有 5 位。2019 年，美国虽然以占据全球 19.7% 的原油需求量，稳居世界第一原油消费大国，但是近十年其原油需求量增长率年均只有 0.3%，可见美国的原油需求总量长期几近平稳。但是作为发展中国家的中国，近十年原油需求量年均增长率高达 5.4%，最终 2019 年以占全球原油需求总量的 14.3%，排名世界第二原油消费大国。紧随其后的印度尽管近十年原油需求量年均增长率达到了 5% 的快速增长，但较前两名其需求量的规模相对较小，仅以占全球原油需求总量的 5.4%，排名世界第三原油消费大国。日本原油需求量虽然位列世界第四原油消费大国，但是其原油需求量在显著萎缩，表现为近十年原油需求量年均增长率为 -2.3%。作为原油供给超级大国的沙特阿拉伯和俄罗斯分别以占全球原油需求总量的 3.9% 和 3.4% 位列世界第五和第六原油消费大国，其中沙特阿拉伯近十年原油需求年均增长率还实现了 3.7% 的较高增长。此外，韩国、加拿大、巴西和德国四国的原油需求量占全球原油需求总量均不足 3%，其中，加拿大与德国近十年原油需求量年均增长率还为较低的 0.6% 和 -0.7%。由此可见，在当今能源转型背景下未来发达国家的原油需求量增长空间是十分有限的。

表3-3　　　　　　　　　国际原油需求量排名前10位国家

	美国	中国	印度	日本	沙特阿拉伯	俄罗斯	韩国	加拿大	巴西	德国
2019年需求量（千桶/日）	19400	14056	5271	3812	3788	3317	2760	2403	2398	2281
2019年原油需求增长率（%）	-0.1	5.1	3.1	-1.1	0.5	1.1	-0.8	-1.7	0.9	0.9
2008~2018年原油需求年平均增长率（%）	0.3	5.4	5.0	-2.3	3.7	1.4	1.9	0.6	1.3	-0.7
2019年占全球原油需求比例（%）	19.7	14.3	5.4	3.9	3.9	3.4	2.8	2.4	2.4	2.3

资料来源：www.bp.com，2020年6月17日。

3.1.2　国际原油市场分类

目前，国际原油市场分为原油现货与原油期货两类。

3.1.2.1　国际原油现货市场

作为大宗国际贸易商品，早期的国际原油贸易以长期合同为主，价格也固定。但在20世纪70年代先后爆发的两次石油危机之后，国际原油贸易逐渐转变为以短期合同为主的现货贸易，相应国际原油价格也开始频繁波动。国际原油现货市场就是交易者以买卖原油实物为目的进行交易的场所，且一旦达成交易，在短期内就必须进行原油实物交割。国际原油现货交易成交的价格即为国际原油现货价格，它反映了国际原油供给、成本、利润、需求等市场信息，从而成为一些国家制定原油政策的重要依据。目前，国际上有美洲纽约、欧洲的伦敦和鹿特丹、亚洲新加坡等主要国际原油现货市场。

3.1.2.2　国际原油期货市场

因为是短期交易，所以国际原油现货价格具有易波动的特点，相应其价格风险也显现。因此，国际原油现货交易者需要一种新的交易机制能规避国际原油现货价格风险，于是类似于对国际原油现货交易价格进行保险的国际原油期货市场在20世纪80年代应运而生。国际原油期货市场是以标准化国际原油期货合约为标的进行交易的场所，其交易价格则为国际原油期货价格，反映了交易者在未来规定时间进行国际原油实物交割的价格。由于大多数期货交易者交易目的并不是真正获取原油实物，所以在期货合约到期前，他们往往通过反方向对冲交易进行平仓，因此国际原油期货交易可被视作为一种合约交易。但是因为原油期货市场存在实物交割制度，即如果期货合约到期但没有对冲，则必须进行实物交割，从而使得国际原油期货市场与现货市场发生紧密联系；临近国际原油期货合约到期日时，国际原油期货价格与现货价格将趋同，即国际原油期货价格发现了未来的国际原油现货价格，从而国际原油期货价格也反映了未来国际原油现货市场的供求预期。于是在国际原油期货市场价格发现功能基础上，国际原油现货交易者可以利用国际原油期货这种价格风险管理工具进行套期保值交易，以平抑国际原油现货价格波动风险。

目前国际上有美国纽约商品交易所（NYMEX）、英国伦敦洲际交易所（IPE）以及阿联酋迪拜商品交易所（DME）三大国际原油期货市场，其中，NYMEX和IPE既有国际原油期货交易又有国际原油现货交易。此外，我国上海期货交易所也在2018年3月推出以人民币为结算货币的国际原油期货交易。

3.1.3 国际原油市场期货定价

目前，由于国际原油市场价格种类繁多，既有石油输出国组织（OPEC）针对该组织7种原油实施的一揽子定价，也有某些非OPEC产油国结合本国实际制定的原油价格，还有各类国际原油现货和期货价格。所以国际原油作为大宗商品，在国际贸易中参照哪一种原油价格进行交易是非常重要的。国际原油期货市场具有交易者数量众多、采取公开透明的竞价方式等特点，使得资金流、信息流畅通，并且国际原油交易者能随时获取期货交易所发布的各类交易信息。国际原油期货市场的综合优势使其交易规模迅速扩大，影响力不断增强，结果国际原油期货价格目前成为大多数国际原油交易的定价基准，相应国际原油期货市场逐渐替代了国际原油现货市场的价格发现功能，从而步入了国际原油的期货定价时代。

目前，NYMEX 于 1983 年推出的 WTI 原油期货、IPE 于 1988 年推出的北海 Brent 原油期货在国际原油期货市场占有举足轻重的地位。这两个市场不但历史久，而且交易规模大，它们分别所在的美国纽约和英国伦敦都有发达的金融体系支持原油期货市场。由于 NYMEX 交易的纽约 WTI 原油期货合约量约占全球原油期货交易总量的 60%，所以 WTI 原油期货价格不仅是中东地区供应美国以及美洲地区内部原油交易的价格参照基准，而且被认为是国际原油价格最重要的风向标。另外，在国际原油贸易中有 50% 左右的贸易量是参照英国北海 Brent 原油期货价格进行定价，所以英国北海 Brent 原油期货价格不仅是中东地区供应欧洲地区以及欧洲地区内部原油贸易的价格参照基准，也是国际原油定价的另一重要基准。

3.1.4　国际原油贸易

国际原油贸易产生的根本原因在于国际原油需求与供给的地区分布不均衡。

3.1.4.1　国际原油供给的地区分布

由表 3-4 可知，在国际原油供给地区分布中，尽管 2019 年中东地区原油供给量减少 4.8%，但是原油资源十分富裕的该地区，仍以占全球原油供给总量 31.9% 的比例在全球原油供给地区分布中排第一位，并且近十年其供给量还以年均 1.8% 的比例正常增长，从而该地区也是国际原油最重要的供给地，并且该地区的沙特阿拉伯更是国际原油市场规则重要制定者之一。北美洲地区因为近十年原油供给量以年均 5.4% 的速率高速增长，2019 年更是达到了 7.3%，从而其以占比 25.9% 的比例在全球原油供给地区分布中位列第二位，其中，美国原油供给因为对该地区的显著贡献，使其成为近年来国际原油供给市场的一批黑马。国际原油供给地区分布排名第三位的是包含俄罗斯原油供给的中亚地区，其在全球原油供给总量中占比 15.4%。此外，非洲地区在全球原油供给总量中占比 8.8%，亚太地区在全球原油供给总量中占比 8%，中美洲地区在全球原油供给总量中占比 6.5%。欧洲地区的原油资源相对匮乏，大多集中在英国和挪威等国，从而其在全球原油供给总量中占比仅为较低的 3.6%，而且近十年该地区的原油供给量还以年均 -3.2% 的速率在下降。

表 3-4　　　　　　　　　国际原油供给地区分布　　　　　　　　单位:%

	北美洲	中、南美洲	欧洲	中亚	中东	非洲	亚太	合计
2019年原油供给增长率	7.3	-4.9	-3.4	0.6	-4.8	1.1	0.4	-0.1
2008~2018年原油供给年平均增长率	5.6	-1.3	-3.2	1.3	1.8	-2.1	-0.6	1.4
占全球原油供给比例	25.9	6.5	3.6	15.4	31.9	8.8	8.0	100

资料来源：www.bp.com，2020年6月17日。

3.1.4.2　国际原油需求的地区分布

国际原油需求在全球地区间的分布则与不同地区间的经济发展程度相一致，国际原油需求的地区分布排名与供给的地区分布排名存在明显差异（见表3-5）。2019年国际原油需求地区分布的前三名分别是亚太地区，其需求量占全球原油需求总量的36.8%；北美洲地区，其需求量占比23.9%，欧洲地区，其需求量占比15.2%。由表3-4和表3-5可知，北美地区的原油需求与原油供给的占比基本一致，相应该地区原油供给在数量上大致可以满足该地区原油需求。但是，全球经济增长最快的亚太地区以及经济发达的欧洲地区均为原油需求占比大幅超越其原油供给的占比，从而上述两地区的原油自我供给呈现显著短缺状态，结果这两个地区经济增长更多是依靠巨量的国际原油输入来满足原油需求，于是国际原油大规模流入亚太和欧洲地区是当今国际原油贸易流向的一个基本特征。此外，中东地区占全球原油需求总量比例仅为9.6%，远低于其原油供给占比，从而该地区显著过剩的原油供给只能通过贸易实现其经济价值，于是，大规模的国际原油从中东地区流出又是当今国际原油贸易流向的另一个基本特征。中亚地区具有和中东类似的原油供求矛盾，从而该地区也是近年来国际原油输出的重要地区。

表 3-5　　　　　　　　　国际原油需求地区分布　　　　　　　　单位:%

	北美洲	中、南美洲	欧洲	中亚	中东	非洲	亚太	合计
2019年原油需求增长率	-0.7	-0.4	-0.3	1.7	2.6	2.8	2.0	0.9
2008~2018年原油需求年平均增长率	0.2	0.6	-0.9	1.5	2.2	2.2	3.2	1.3

续表

	北美洲	中、南美洲	欧洲	中亚	中东	非洲	亚太	合计
占全球原油需求比例	23.9	6.0	15.2	4.3	9.6	4.2	36.8	100

资料来源：www.bp.com，2020年6月17日。

由表3-5可知，国际原油供给需求在全球各地区间分布是不均衡、不匹配的，使得国际原油只能在世界不同地区间以国际贸易形式来平抑国际原油的全球供求矛盾。于是国际原油价格的高低及其波动性，逐渐成为各相关国际原油贸易国家关注的焦点问题。因为它不仅决定着原油出口国能否获得长期稳定的超额收益，而且影响着原油进口国的原油价格安全。所以，那种有利于国际原油供求双方，合理、稳定的国际原油价格才是国际原油市场理性发展的基础，相应那种含有大量价格泡沫的国际原油价格则会带来国际原油市场的动荡，也不是国际原油供求双方所期望的。

3.2 国际原油现货价格波动性检验

国际原油现货价格波动性是国际原油市场的一个重要变量。因为，一方面，国际原油市场的定价、买卖交易等基本内容都涉及该变量的应用。另一方面，国际原油现货价格剧烈波动还是国际原油现货价格泡沫的生成基础，以及国际原油市场风险增大的诱因。所以通过对国际原油现货价格波动性精确测量和描述，既能反映国际原油现货价格波动现状，又可以间接检验国际原油现货价格泡沫存在可能，从而引出本书研究问题。

3.2.1 国际原油现货价格波动现状

由图3-1可知，以纽约商品期货交易所（NYMEX）交易的WTI原油为国际原油代表，其现货价格先后出现了2008年7月4日的142.52美元/桶的历史上最高价以及2011年4月8日的109.29美元/桶、2018年10月5日的75.13美元/桶、2019年4月26日的65.28美元/桶的阶段最高价；但是随后也出现了2008年12月26日的32.98美元/桶、2016年2月12日的28.14美元/桶、2019年1月4日的47美元/桶的阶段最低价，以及2020年4月24日的3.32美元/桶的历史最低价。可见，在该图形描述的时间阶段内，国际原油现货价格波动剧烈，不但历史上最高的 WTI 原油现货价格是其最低价格的 42.97 倍，而且即使在同一个国际原油现货价格波动周期内，国际原油现货价格最高价也与最低价相差很大。于是，面对国际原油现货价格没有维持一个长期稳定的价格水平的现实，人们直接会产生疑问：曾经高涨的国际原油现货价格是否合理和正常，其价格是否含有泡沫成分，国际原油现货价格暴跌是否又是价格泡沫破灭的一种表现，处于低点的国际原油现货价格是否就是国际原油的内在价值，合理的国际原油现货价格水平又是多少？

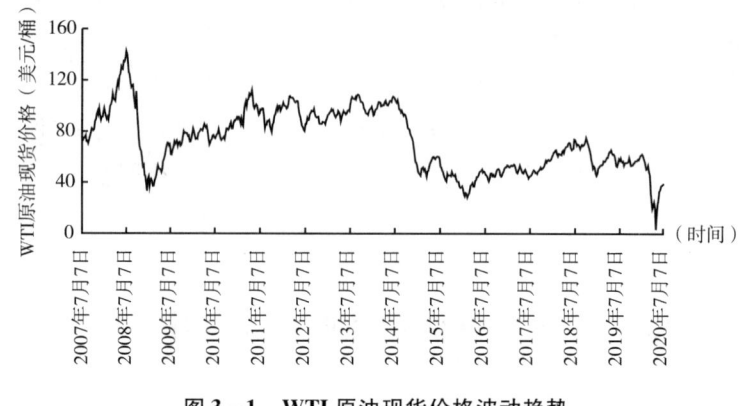

图 3-1　WTI 原油现货价格波动趋势

资料来源：美国能源信息署网站，www.eia.gov，2020 年 6 月 30 日。

价格的显著波动是价格泡沫产生的前提条件，因此，面对国际原油现货价格大涨大落而体现出的频繁巨幅波动，有必要通过定量分析来刻画国际原油现货价格波动特点，从而形成后续内容对国际原油现货价格泡沫的研究基础，进而释疑上述问题。

3.2.2　国际原油现货价格波动性研究现状

商品价格波动性是度量在一定时期内商品价格变化程度的指标，其大小可以通过商品价格收益率序列的方差来衡量。由于一些商品价格收益率的分布不但呈现尖峰、厚尾现象，而且虽然其收益率序列不具有相关性，但是其收益率平方却具有序列相关等特征。因此，基于标准正态分布的传统回归模型就不能很好地描述该类商品价格波动性。

于是，广义自回归条件异方差模型（GARCH），被广泛用于描述具有上述价格收益率特性的商品价格波动性，以及国际原油现货价格波动性的实证研究。如张（Cheong，2009）、莫哈马迪和苏（Mohammadi & Su，2010）、康和允（Kang & Yoon，2013）、陈双和冯成骁（2014）、陈和格兰特（Chan & Grant，2016）。但是，魏等（Wei et al.，2010）却认为 GARCH 模型不能全面描述国际原油现货价格波动性。因为某些商品的收益率表现出自相关函数的缓慢衰减，在相距较远的时间间隔内仍具有显著相关性，所以这些商品的价格波动具有长记忆性特征，因此仅侧重刻画短期价格波动性的 GARCH 模型就不能反映这些商品价格波动的长记忆性。于是，贝利（Baillie et al.，1996）通过把 GARCH 模型的一阶整数差分算子用分数阶的差分算子进行替代的方法，提出了 FIGARCH 模型，从而可以描述具有长记忆性的商品价格波动性。并且阿拉维和马布鲁克（Aloui & Mabrouk，2010）、王和刘（Wang & liu，2010）、萨尔蒂科等（Saltik et al.，2016）、王成等（Wang et al.，2020）也分别使用 FIGARCH 模型实证了国际原油期货价格波动存在长记忆性。

目前，国内关于价格波动性研究主要是应用各类 GARCH 族模型实证国内不同资产市场风险。所以，对国际原油现货价格波动性研究关注不够，即使有，也主要是应用多元 GARCH 族模型实证国际原油现货价格对中国经济的波动溢出效应（董秀良等，2014；姜永宏等，2019）。因此，通过实证国际原油现货价格波动特征，进而间接分析国际原油现货价格泡沫产生原因的相关研究还未涉及。

由上可知，商品价格收益率不但具有短期相关性，而且具有长记忆性等特征。所以，本书将首先采用 GARCH 和 FIGARCH 两个不同类别的模型分别描述国际原油现货价格波动的短期效应和长期效应。其次，通过 EGARCH 和 FIEGARCH 模型从短期和长期对国际原油现货价格的杠杆效应进行检验，从而对国际原油现货价格波动性进行短期和长期的全面描述，并最终解释国际原油现货价格泡沫形成的价格波动基础。

3.2.3　GARCH 族和 FIGARCH 族模型

3.2.3.1　GARCH 族模型

（1）GARCH(1,1) 模型

GARCH(1,1) 模型的具体形式见式（3.1）和式（3.2）：

$$y_t = \varphi \cdot x_t + \mu_t \quad (3.1)$$

$$\sigma_t^2 = \theta + \alpha \cdot \mu_{t-1}^2 + \beta \cdot \sigma_{t-1}^2 \tag{3.2}$$

式（3.1）是均值方程，它的右式含有残差项 μ_t。式（3.2）是条件方差方程，其左式 t 期的条件方差 σ_t^2 由右式 $t-1$ 期均值方程的残差项平方 μ_{t-1}^2（ARCH 项）和 $t-1$ 期的条件方差 σ_{t-1}^2（GARCH 项）两部分构成。此外，式（3.2）中的 α 和 β 都是系数，并且如果它们都大于零，说明 $t-1$ 期的外部市场冲击 μ_{t-1}^2 以及 $t-1$ 期市场本身的波动 σ_{t-1}^2 会共同正向引起 t 期的市场波动 σ_t^2，从而产生价格波动的集聚现象。GARCH(1,1) 模型平稳性要求 $\alpha+\beta<1$，如果系数 $\alpha+\beta$ 之和接近于 1，则意味该商品价格波动具有持续性，从而当前价格波动对未来价格波动有长期影响。

(2) EGARCH 模型

通常，市场会遭遇负面和正面两种外部信息的冲击，并且这两种信息对商品价格波动影响程度是不同的，于是把这种现象称为杠杆效应，它体现了商品交易者的风险厌恶特性。由于 EGARCH 模型（Nelson，1991）一方面是用对数形式表示式（3.2）的条件方差方程，另一方面也放松了 GARCH 模型要求系数 α 和 β 大于零的限制，因此其能够描述商品价格波动的上述非对称效应。EGARCH 模型的条件方差方程见式（3.3）：

$$\ln(\sigma_t^2) = \omega + \sum_{i=1}^{s} \alpha_i \frac{|\alpha_{t-i}| + \lambda_i \alpha_{t-i}}{\sigma_{t-i}} + \sum_{j=1}^{m} \beta_j \ln(\sigma_{t-j}^2) \tag{3.3}$$

式（3.3）中，ω 是常数，λ_i 是 EGARCH 模型的非对称性系数，若该系数不等于零，说明商品价格波动存在非对称效应。其中，如果 $\lambda_i>0$，说明市场外部的正向冲击对商品价格波动影响程度大于市场外部负向冲击，从而商品价格更多表现为下降。如果 $\lambda_i<0$，则相反。

3.2.3.2 FIGARCH 族模型

(1) FIGARCH(1,1) 模型

如果式（3.1）均值方程的残差项的平方 μ_t^2 满足差分方程式（3.4），

$$\psi(L)(1-L)^d \mu_t^2 = \pi + [1-\beta(L)]V_t \tag{3.4}$$

其中，d 是参数，且 $0 \leq d \leq 1$，V_t 为白噪声序列。$\psi(L) = 1 - \sum_{j=1}^{p} \psi_j L^j$，$\beta(L) = 1 - \sum_{j=1}^{q} \beta_j L^j$。$p$、$q$ 分别表示滞后阶数。

则称式（3.4）是分整广义自回归条件异方差模型（FIGARCH）。
此外，式（3.4）还可进一步表示为式（3.5）：

$$[1-\beta(L)]\sigma_t^2 = \pi + [1-\beta(L)-\psi(L)(1-L)^d]\mu_t^2 \qquad (3.5)$$

根据参数 d 的取值，式（3.5）可对应不同的模型。即如果 $d=0$，则该式还原为 GARCH 模型，说明当期市场信息对未来商品价格波动影响会以指数率的形式迅速衰减，结果商品价格波动存在短期效应。如果 $d=1$，则该式为 IGARCH 模型，说明当期市场信息对未来商品价格波动的影响不会随时间延续而减弱，结果商品价格波动存在永续性。如果 $0<d<1$，则该式为 FIGARCH，说明虽然当期信息对未来商品价格波动存在持续影响，但该影响会随时间延长而呈现双曲率的形式逐渐缓慢衰减，结果商品价格波动具有长期性。所以，参数 d 的取值可以作为检验商品价格波动是否存在长记忆性的依据，相应其记忆长度也是参数 d 的增函数。

（2）FIEGARCH(1,1) 模型

波勒斯勒夫和米克尔森（Bollerslev & Mikkelsen，1996）将 EGARCH 模型扩展到长记忆领域，提出了分整指数的 FIEGARCH 模型，从而可实证长期中价格波动是否具有杠杆效应。该模型的条件方差方程可表示为式（3.6）：

$$\ln(\sigma_t^2) = \pi + \psi(L)^{-1}(1-L)^{-d}[1+\psi(L)]g(e_{t-1}) \qquad (3.6)$$

式（3.6）中，d 是可以取分数的参数，并且若 $d=0$，那么 FIEGARCH 模型就还原为 EGARCH 模型。

式（3.6）中，$\psi(L)=0$ 的所有解都在单位圆外，其中，$f(e_t)=\theta e_t + \lambda[|e_t|-E|e_t|]$，并且系数 λ 反映随机冲击 e_t 对条件方差 σ_t^2 的影响是否具有非对称性。若该系数不等于零，说明商品价格波动在长期存在非对称效应。其中，如果 $\lambda<0$，说明在长期，市场外部的负向冲击对商品价格波动影响程度大于市场外部正向冲击，从而商品价格更多表现为上涨。如果 $\lambda>0$，则相反。

3.2.4 国际原油现货价格波动性 GARCH 族模型检验

3.2.4.1 数据选取及统计描述

（1）数据选取

纽约商品期货交易所（NYMEX）是全球交易规模最大的国际原油期货交易所，其交易的 WTI 原油既有期货也有现货交易，并且 WTI 原油期货价格还是国际原油市场最重要的定价基准,因此本书始终以 NYMEX 交易的 WTI 原油代表国际原油,相应以 WTI 原油现货价格代表国际原油现货价格,以 WTI 原油期货价格代表国际原油期货价格。

自 2006 年下半年 WTI 原油现货价格突破 70 美元/桶的关口后,十几年来,国际原油现货价格先后经历了 2008 年美国金融危机爆发前后的暴涨暴跌时期、危机过后的恢复调整时期、随后的相对稳定运行时期、供求失衡油价再次下跌时期、OPEC 市场干预时期以及疫情暴发油价急剧下跌等不同时期,于是,为了更好地刻画国际原油现货价格波动性,本书的样本区间选取 2006 年 7 月 1 日~2020 年 6 月 30 日这一较长时期,其包含了上述六种不同的国际原油现货价格波动阶段。此外,本书后续内容如无特殊说明,研究中所选取各个变量数据的样本区间同样也为 2006 年 7 月 1 日~2020 年 6 月 30 日。

本章选取 WTI 原油现货价格的周数据作为国际原油现货价格代表,记为 SP。数据来源于美国能源信息署网站。

(2) 国际原油现货价格收益率描述性统计

首先,按照式 (3.7) 计算国际原油现货价格收益率。

$$Re_t = (\text{Ln}SP_t - \text{Ln}SP_{t-1}) \times 100\% \tag{3.7}$$

式 (3.7) 中,SP 是国际原油现货价格,Re 是国际原油现货价格收益率。

其次,由表 3-6 国际原油现货价格收益率描述性统计结果可知,其偏度值是小于 0 的 -2.7564,峰度值是大于 3 的 215.0526,说明国际原油现货价格收益率序列是左偏分布,且其分布具有尖峰厚尾特征。从而该序列不服从正态分布(正态分布具有偏度值等于 0 和峰度值等于 3 的特征)。并且,在 1% 显著性水平下,JB 统计量也拒绝了该序列有正态分布的原假设。最后,在 1% 显著性水平下,$Q(12)$、$Q^2(12)$ 统计量分别拒绝了序列不存在自相关的原假设,说明国际原油现货价格收益率序列和收益率平方序列均具有自相关现象,因此国际原油现货价格波动存在集聚性,可用 GARCH 类模型分析国际原油现货价格波动性。

表 3-6　　　　　国际原油现货价格收益率描述性统计结果

均值	最大值	最小值	标准差	偏度	峰度	JB 统计量	$Q(12)$	$Q^2(12)$
-0.0009	1.5543	-1.8018	0.1013	-2.7564	215.0526	1366774***	41.193***	191.36***

注:1. Jarque-Bera(JB) 统计量是正态性检验统计量。下同。
    2. $Q(12)$ 和 $Q^2(12)$ 是 Ljung-Box Q 统计量。原假设是序列不存在自相关。下同。
    3. *、**、*** 分别表示 10%、5%、1% 显著性水平下显著。下同。

3.2.4.2 国际原油现货价格波动性 GARCH(1,1) 模型检验

(1) 国际原油现货价格收益率序列平稳性检验

GARCH 模型要求变量是平稳序列，因此，对国际原油现货价格收益率序列 Re_t 进行 ADF 单位根检验，结果见表 3-7。

表 3-7　国际原油现货价格收益率序列 ADF 检验结果

	ADF 统计量	检验形式 (c, t, L)	1% 显著性水平	5% 显著性水平	10% 显著性水平
Re_t 序列	-24.2504	(c, 0, 1)	-3.4391	-2.8653	-2.5688

注：检验形式 (c, t, L) 中，c, t, L 分别表示 ADF 检验方程中是否包含常数项、时间趋势项以及滞后阶数。0 表示无常数项、时间趋势以及滞后期。下同。

由表 3-7 可知，国际原油现货价格收益率序列的 ADF 统计量在 1% 显著性水平下显著，说明该收益率是平稳序列。

(2) 国际原油现货价格收益率序列的 AR 均值方程及 ARCH 效应检验

由国际原油现货价格收益率序列的偏相关图分析可知，见图 3-2，偏相关系数 (PAC) 分别在滞后 1 阶、2 阶、5 阶是显著的。

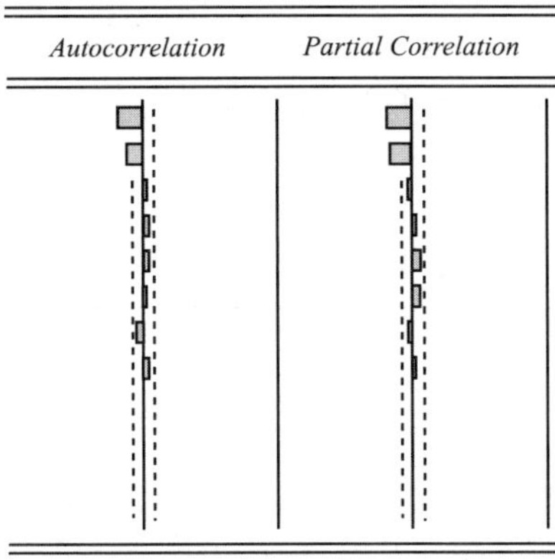

Autocorrelation	Partial Correlation		AC	PAC	Q-Stat	Prob
		1	-0.181	-0.181	23.868	0.000
		2	-0.121	-0.159	34.560	0.000
		3	0.026	-0.030	35.058	0.000
		4	0.036	0.017	36.017	0.000
		5	0.045	0.060	37.492	0.000
		6	0.019	0.053	37.771	0.000
		7	0.055	0.028	40.017	0.000
		8	-0.040	-0.031	41.182	0.000
		9	0.001	-0.001	41.183	0.000
		10	0.001	0.006	41.184	0.000
		11	0.000	0.001	41.184	0.000
		12	-0.003	-0.001	41.193	0.000

图 3-2　国际原油现货价格收益率序列偏相关图

因此，首先对该序列建立一个包含滞后 1 阶、2 阶、5 阶的 AR 均值方程，结果见式 (3.8)。

$$Re_t = -0.0012 - 0.2125^{***} \cdot Re_{t-1} - 0.1608^{***} \cdot Re_{t-2} + 0.0701^{**} \cdot Re_{t-5} + \varepsilon_t \tag{3.8}$$

$R^2 = 0.0617;\qquad D-W = 2.0116;\qquad AIC = -1.7896;$

$SC = -1.7642$； $Log\ likelihood = 651.8225$；

式（3.8）中，一方面由拟合度系数 R^2 接近于零可知该式的回归效果不理想。另一方面，从式（3.8）均值方程的残差图（见图 3-3）可知该残差序列较大幅度波动后面紧跟着较大幅度波动，较小幅度波动后面也紧跟着的是较小幅度波动，从而直观上看国际原油现货价格收益率序列具有波动集聚性特点，于是从定性分析可知，基于一阶矩的 AR 均值回归方程不能有效描述该序列的波动性。

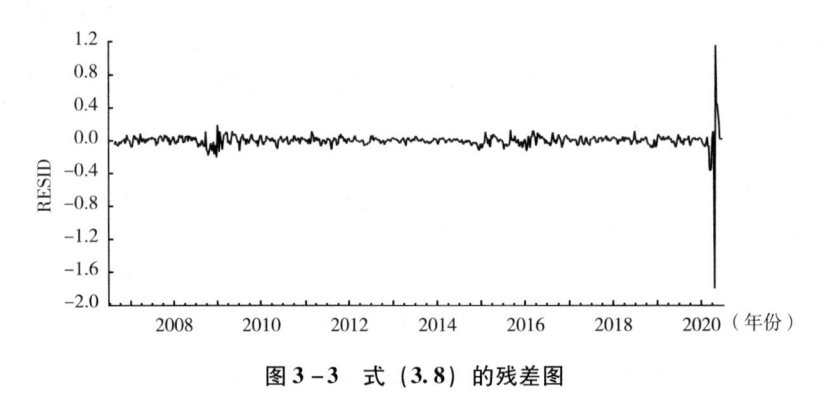

图 3-3 式（3.8）的残差图

此外，选取滞后阶数 $p = 5$，对式（3.8）回归方程的残差项 ε_t 进行 ARCH-LM 检验，从而定量判别其是否存在自回归条件异方差现象，结果见表 3-8。

表 3-8 式（3.8）残差项 ε_t 的 ARCH-LM 检验结果

F 统计量	25.8538	F 检验概率 P 值	0.0000
LM 统计量	110.3499	LM 检验概率 P 值	0.0000

由表 3-8 可知，F 统计量与 LM 统计量在 1% 显著性水平下，都拒绝了式（3.8）的残差序列 ε_t 的平方项不存在自相关的原假设，说明该残差项序列具有自回归条件异方差现象，因此，可采用基于二阶矩的 GARCH 模型分析国际原油现货价格波动性。

（3）国际原油现货价格波动性 GARCH(1,1) 模型

首先，根据式（3.1）的均值方程、式（3.2）的条件方差方程构建国际原油现货价格收益率序列的 GARCH(1,1) 模型，其中根据式（3.8）的结果，收益率均值方程选择不含常数项，但是含有滞后 1 阶、2 阶、5 阶的形式进行回归。

由于在 GARCH(1,1) 模型回归结果中，均值方程中滞后 2 阶项和 5 阶项的系数在 10% 显著性水平下均不显著，因此最终国际原油现货价格收益率序列的 GARCH(1,1) 模型包括：含有滞后 1 阶的均值方程、条件方差方程等两部分。其中，条件方差方程的具体形式见式 (3.9)。

$$\sigma_t^2 = 0.0001^{***} + 0.3066^{***} \cdot \mu_{t-1}^2 + 0.7506^{***} \cdot \sigma_{t-1}^2 + \varepsilon_t \quad (3.9)$$

$D - W = 2.6873;$ $AIC = -3.4886;$
$SC = -3.4633;$ $Log\ likelihood = 1273.838$

由式 (3.9) 可知，系数 α、β 在 1% 显著性水平下都显著，且都大于 0。此外，比较式 (3.8) 与式 (3.9) 的模型结果，发现 $Log\ likelihood$ 值从 651.8225 增加到 1273.838，AIC 统计量值从 -1.7896 降低到 -3.4886；SC 统计量值从 -1.7642 降低到 -3.4633，从而说明上述 GARCH(1,1) 模型中均值方程的滞后阶数选择合适，并且其整体的回归结果较式 (3.8) 能更好地描述国际原油现货价格的波动性。

其次，再对式 (3.9) 的残差项 ε_t 项进行滞后 1 阶的 ARCH – LM 检验，结果见表 3 – 9。

从表 3 – 9 可知，F 统计量与 LM 统计量在 10% 显著性水平下，都接受式 (3.9) 的残差序列 ε_t 的平方项不存在自相关的原假设，这说明上述 GARCH (1,1) 模型去除了国际原油现货价格收益率序列的条件异方差性，因此其能够刻画国际原油现货价格波动性。

表 3 – 9　式 (3.9) 残差项 ε_t 的 ARCH-LM 检验结果

F 统计量	0.3399	F 检验概率 P 值	0.5601
LM 统计量	0.3406	LM 检验概率 P 值	0.5595

最后，式 (3.9) 的 ARCH 项系数 α 为 0.3066，说明上一期国际原油现货市场的外部冲击对本期国际原油现货价格波动影响程度为 30.66%。GARCH 项系数 β 为 0.7506，体现了上一期国际原油现货价格波动对本期国际原油现货价格波动影响程度为 75.06%。此外 $\alpha + \beta = 1.0572$，大于 1，说明式 (3.9) 反映的国际原油现货价格的短期波动过程不具有平稳性而是具有发散性的特点，这也与样本区间内国际原油现货价格短期波动幅度日益增大的特点相适应。此外，α 与 β 之和大于 1，意味着过去的冲击对国际原油现货价格当前的波动有着放大的影响，那么随着时间的推移，国际原油现货价

格的波动也将持续下去。但是，这个结论是否正确，国际原油现货价格波动是否具有永续性，还有待我们在国际原油现货价格波动的长记忆性中检验。

3.2.4.3　国际原油现货价格波动性 EGARCH(1,1) 模型检验

为了研究国际原油现货价格短期波动的杠杆效应，根据式（3.3），并在式（3.9）GARCH(1,1) 模型的均值方程基础上建立 EGARCH 模型，结果见式（3.10）。

$$\ln(\sigma_t^2) = -0.3085 + 0.2713 \cdot \frac{|\mu_{t-1}| - 0.2072 \cdot \mu_{t-1}}{\sigma_{t-1}} + 0.9836 \cdot \ln(\sigma_{t-1}^2) \tag{3.10}$$

式（3.10）中，在1%显著性水平下，非对称项系数 λ 为 -0.2072，说明市场外部负向信息冲击对国际原油现货价格波动性的影响大于市场外部正向信息冲击，从而国际原油现货价格在整个样本区间体现出以上涨趋势为主的非对称性。

3.2.5　国际原油现货价格波动性 FIGARCH 族模型检验

3.2.5.1　国际原油现货价格波动性 FIGARCH(1,1) 模型检验

不同于 GARCH 族模型是从短期检验价格波动性，本节参照式（3.5），并结合国际原油现货价格收益率序列 Re_t，利用 FIGARCH(1,1) 模型从长期检验国际原油现货价格波动性，结果见表3-10。

表3-10　国际原油现货价格波动 FIGARCH(1,1) 模型检验结果

c	AR	d	ARCH	GARCH	ARCH-LM 统计量
0.0034 ***	0.0001 ***	0.9479 ***	0.1614 *	0.7305 ***	53.6 ***

由表3-10可知，首先，参数 d 在1%显著性水平下为0.9479，其值大于零，说明国际原油现货价格的波动具有长记忆性，即当期市场冲击对未来国际原油现货价格波动有长期影响。这主要是因为近年来国际原油现货价格不但受供给与需求等传统基本面因素影响，而且汇率、利率、国际资本等变量也影响国际原油现货价格。所以相比普通实物商品，众多因素的不确定共同决定了国际原油现货价格波动，从而使其波动具有长记忆性。

其次，FIGARCH 模型中的 ARCH 项在 10% 显著性水平下为 0.1614，说明在长期，本期的国际原油现货价格波动受上一期外部市场影响程度是 16.14%。GARCH 项在 1% 显著性水平下为 0.7305，这说明从长期看，本期的国际原油现货价格波动受自身上一期价格波动影响程度是 73.05%。由于 $\alpha+\beta=0.8919$，小于 1，从而在长期，国际原油现货价格具有波动幅度逐渐减小，并最终趋于价格稳定的特点。因此，该结论不同于前述 GARCH(1,1) 模型中的结论，即从短期看国际原油价格波动影响具有近似永续性的观点。

3.2.5.2 国际原油现货价格波动性 FIEGARCH(1,1) 模型检验

上述 FIGARCH 模型检验已得出国际原油现货价格波动具有长记忆性，那么本节将在该模型基础上，利用 FIEGARCH(1,1) 模型实证长记忆性下的国际原油现货价格波动的非对称性，结果见表 3-11。

表 3-11　国际原油现货价格波动 FIEGARCH(1,1) 模型检验结果

c	d	lev	ARCH	GARCH	ARCH-LM 统计量
-0.0016*	0.4575***	-0.1035***	0.1790***	0.8732***	46.74***

由表 3-11 可知，首先 FIEGARCH 模型的参数 d 的取值在 1% 显著性水平下为 0.4575，大于零小于 1，进一步肯定了国际原油现货价格波动的长记忆性。其次，表 3-6 中的杠杆系数 lev 在 1% 显著性水平下为 -0.1035，小于零。这说明从长期看，国际原油现货价格波动仍然更多受负面消息冲击。因此在长期，国际原油现货价格波动呈现以上涨为主的态势，该结论也与样本区间内这一较长时期的国际原油现货价格波动趋势相符合。

另外，表 3-11 中的 ARCH 系数 α 在 1% 显著性水平下为 0.1790，说明在长期，本期的国际原油现货价格波动受上一期外部市场正向影响程度是 17.9%。表 3-11 中的 GARCH 系数 β 为 0.8732，说明在长期，本期的国际原油现货价格波动受自身上一期价格波动正向影响程度是 87.32%。并且 $\alpha+\beta=1.0522$，大于 1，而这与上述 FIGARCH 模型中的结论不同。这意味着考虑价格波动的长期非对称性后，国际原油现货市场受到外部市场因素冲击以及自身供求非均衡因素的影响，使得国际原油现货价格波动幅度逐渐放大，从而国际原油现货价格在长期体现出价格上涨的趋势。

最后，通过 FIGARCH 与 FIEGARCH 模型结果比较，发现 *Log likelihood* 值从 1259.2308 增加到 1295.2025，*AIC* 统计量值从 -2508.462 降低到

-2578.405；说明在长期，FIEGARCH 较 FIGARCH 模型能更好地描述国际原油现货价格的波动性。

  针对在长期，国际原油现货价格总体以上涨为主的特点，人们自然而然会关注其价格上涨的动因是什么？价格上涨的结果是否反映了真实的国际原油现货市场供求关系？若没有，价格上涨的结果是否含有泡沫成分，并且价格泡沫风险度有多少？而关于国际原油现货价格上涨原因问题的回答，因为从 FIEGARCH 模型的实证结果可知，国际原油现货价格波动既有来自国际原油现货价格波动自身的因素，也有来自国际原油现货市场之外的成分，所以需要进一步从国际原油市场基本面以及基本面之外的因素等两方面共同寻找，进而才能深入研究国际原油现货价格波动以及价格泡沫等相关问题。

第4章 国际原油期货与现货价格互动关系检验与互动机理研究

4.1 国际原油期货与现货价格溢出效应协整分析

价格溢出指一个市场的价格变化不仅受自身前期价格变化的影响，还受其他市场前期价格变化的影响。本节将从价格一阶矩的角度，综合运用协整检验的多种计量方法，实证国际原油期货市场与现货市场的价格溢出效应，进而检验国际原油期货价格发现功能存在性，并回答国际原油期货市场在价格发现功能中的作用有多大。

4.1.1 模型介绍

首先，构建国际原油期货与现货价格的向量自回归模型（VAR），见式（4.1）、式（4.2）：

$$FP_t = C_1 + \sum_{i=1}^{p} \alpha_i \cdot FP_{t-i} + \sum_{i=1}^{p} \beta_i \cdot SP_{t-i} + \varepsilon_{1t} \quad (4.1)$$

$$SP_t = C_2 + \sum_{i=1}^{p} \lambda_i \cdot FP_{t-i} + \sum_{i=1}^{p} \theta_i \cdot SP_{t-i} + \varepsilon_{2t} \quad (4.2)$$

式（4.1）、式（4.2）中，FP 为国际原油期货价格，SP 为国际原油现货价格，C 为常数项，α、β、λ、θ 分别是系数，ε 是残差项。

其次，协整检验国际原油期货与现货价格的长期均衡关系。由于受到多种因素的影响，即使具有长期协整关系的不同变量之间，在短期，它们又往往存在非均衡关系。于是需要一种方法，它能通过变量间的短期动态非均衡来逼近它们的长期均衡。向量误差修正模型（VECM）能描述变量间的这种短期和长期关系，因此可用该模型刻画国际原油期货与现货价格的短期动态调整和长期均衡信息，见式（4.3）、式（4.4）。

$$\Delta FP_t = \delta_1 + \eta_1 \cdot ecm_{t-1} + \sum_{i=1}^{p} \varphi_{11}(i) \cdot \Delta FP_{t-i} + \sum_{i=1}^{p} \varphi_{12}(i) \cdot \Delta SP_{t-i} + \mu_{1t}$$
(4.3)

$$\Delta SP_t = \delta_2 + \eta_2 \cdot ecm_{t-1} + \sum_{i=1}^{p} \varphi_{21}(i) \cdot \Delta FP_{t-i} + \sum_{i=1}^{p} \varphi_{22}(i) \cdot \Delta SP_{t-i} + \mu_{2t}$$
(4.4)

式（4.3）、式（4.4）中，ΔFP、ΔSP 分别为国际原油期货与现货价格的一阶差分，反映了它们各自的短期变化。其中，ecm_{t-1} 项内含了国际原油期货与现货价格长期均衡关系，而系数 η_1 和 η_2 则反映了短期失衡时，国际原油期货与现货价格分别调整恢复至两者长期协整关系的程度。δ 是常数项，φ 分别是系数，μ 是残差项。

再次，利用格兰杰因果检验国际原油期货价格能否引导现货价格。

最后，利用脉冲响应函数和方差分解两种方法定量刻画国际原油期货与现货价格分别在价格发现中的作用大小。

4.1.2 实证检验

本章选取纽约商品期货交易所（NYMEX）原油期货交易成交量最大的3个月期 WTI 原油期货价格形成国际原油期货价格序列，以 FP 表示。选取 WTI 原油现货价格形成国际原油现货价格序列，记为 SP。样本区间与第3章相同，从2006年7月1日至2020年6月30日。以上数据均为周数据。此外，为了避免建立模型过程中出现异方差现象，对上述两个变量都先取对数：$SP = \ln SP$、$FP = \ln FP$。

4.1.2.1 单位根检验

只有同阶单整变量才能进行协整检验，于是对国际原油期货与现货价格序列分别进行 ADF 单位根检验以判断其平稳性。由表4-1可知，在10%显著性水平下，不能拒绝国际原油期货价格 FP 与现货价格 SP 有单位根的原假设，说明它们都为非平稳序列。但是在1%显著性水平下，它们的一阶差分

DFP、DSP 都为一阶平稳序列,可以进行协整检验。

表 4 – 1　　国际原油期货价格与现货价格 ADF 单位根检验结果

变量	检验形式（c, t, L）	ADF 统计量	1% 临界值	5% 临界值	10% 临界值	Prob 值
FP	(c, 0, 1)	-2.0057	-3.4391	-2.8653	-2.5688	0.2845
DFP	(c, 0, 0)	-20.6820	-3.4391	-2.8653	-2.5688	0.0000
SP	(c, 0, 2)	-2.5201	-3.4391	-2.8653	-2.5688	0.1110
DSP	(c, 0, 1)	-24.2504	-3.4391	-2.8653	-2.5688	0.0000

4.1.2.2　协整检验

首先,确定滞后期数。一般根据 VAR 模型的滞后期数减 1 来确定 Johansen 协整检验的滞后期数。于是综合考虑国际原油期货与现货价格 VAR 模型不同滞后期数的 SC、AIC 以及 LogL 等统计量选取的准则,见表 4 – 2,选取滞后期数 $P=3$ 的 VAR 模型。并且该 VAR（3）模型的特征根也符合模型的稳定性要求。

表 4 – 2　　国际原油期货价格与现货价格 VAR 模型滞后期数选择

统计量	VAR (1)	VAR (2)	VAR (3)	VAR (4)	VAR (5)	VAR (6)
SC	-5.8531	-5.8950	-5.9205	-5.8897	-5.9378	-5.9555
AIC	-5.8912	-5.9582	-6.0092	-6.0038	-6.0772	-6.1203
LogL	2135.658	2163.969	2186.337	2188.387	2218.920	2238.481

其次,协整检验国际原油期货与现货价格。选择含有截距项,但不含有趋势项的检验类别。选取滞后期数 $P=2$。由表 4 – 3 的结果可知,原假设 $r=0$ 在 1% 显著性水平下被拒绝。同样,原假设 $r \leqslant 1$ 在 1% 显著性水平下也被拒绝,表明这两者之间存在两个协整关系,从而它们在长期具有均衡关系。

表 4 – 3　　国际原油期货价格与现货价格的协整检验结果

原假设	特征值	迹统计量	1% 显著性水平	Prob 值
0 个协整向量（$r=0$）	0.4572	626.4551	19.9371	0.0001
至多 1 个协整向量（$r \leqslant 1$）	0.2227	182.8906	6.6349	0.0000

4.1.2.3 向量误差修正模型

式（4.3）、式（4.4）的国际原油期货与现货价格向量误差修正模型实证结果显示，一方面这两种价格之间存在 $ecm_t = 0.0002 + \Delta FP_t(-1) - 0.7798\Delta SP_t(-1)$ 的长期均衡关系。另一方面，式（4.3）的误差修正系数 η_1 是 -0.1407，说明通过 t 期的国际原油期货价格变化，能负向减弱上一期 14.07% 的非均衡水平。式（4.4）的误差修正系数 η_2 是 2.4630，意味通过 t 期的国际原油现货价格变化，能正向对冲上一期 246.3% 的非均衡水平。上两式的国际原油期货与现货价格调整方向符合从短期非均衡向长期均衡动态调整的理论要求。因为，若在短期出现国际原油期货价格高于现货价格而导致 $ecm > 0$ 这种非均衡状况，这时，只有期货价格下降导致 $\eta_1 \cdot ecm < 0$，现货价格上升导致 $\eta_2 \cdot ecm > 0$，这样才能恢复它们的长期均衡状态。反之则反是。此外，模型检验结果还表明，误差修正系数 η_1 的绝对值小于 η_2，这说明由于国际原油现货价格反映的是即期或短期的国际原油市场供求状况，而国际原油期货价格反映的是未来的国际原油市场供求变化。所以，面对短期非均衡状态，国际原油现货价格向长期均衡状态调整回复的力度大于国际原油期货价格对非均衡的调整力度。

4.1.2.4 格兰杰因果检验

通过选取不同滞后期数的格兰杰因果检验，可以综合判断国际原油期货价格变化与现货价格变化的引导关系，结果见表 4-4。

表 4-4　　国际原油期货价格与现货价格格兰杰因果检验结果

原假设	F 值	P 值	滞后阶数
SP 不是 FP 的格兰杰原因 FP 不是 SP 的格兰杰原因	0.8894 149.788	0.3459 0.0000	1
SP 不是 FP 的格兰杰原因 FP 不是 SP 的格兰杰原因	10.0330 68.5164	0.0000 0.0000	2
SP 不是 FP 的格兰杰原因 FP 不是 SP 的格兰杰原因	6.7793 42.8111	0.0002 0.0000	3
SP 不是 FP 的格兰杰原因 FP 不是 SP 的格兰杰原因	8.4048 32.3003	0.0000 0.0000	4

续表

原假设	F 值	P 值	滞后阶数
SP 不是 FP 的格兰杰原因 FP 不是 SP 的格兰杰原因	6.6058 26.1817	0.0000 0.0000	5
SP 不是 FP 的格兰杰原因 FP 不是 SP 的格兰杰原因	7.2047 35.6459	0.0000 0.0000	6

从表 4-4 可知,当滞后 1 阶时,"SP 不是 FP 的格兰杰原因"的原假设被接受,但在 1% 显著性水平下,"FP 不是 SP 的格兰杰原因"的原假设被拒绝,这表明,滞后 1 阶时,国际原油期货与现货价格变化只具有单向引导关系,并且是前者在时间上领先后者。从表 4-4 的结果还可知,当滞后期数超过 1 阶时,"SP 不是 FP 的格兰杰原因"及"FP 不是 SP 的格兰杰原因"的原假设均被拒绝,说明国际原油期货与现货价格变化从滞后 2 阶开始具有双向引导关系。这意味着在无套利机制作用下,随着时间延长,国际原油期货与现货价格之间存在互动关系。所以总体上,在价格发现初期,国际原油期货价格领先现货价格,随后,国际原油期货与现货价格才互相引导,共同完成价格发现功能。

4.1.2.5 脉冲响应分析

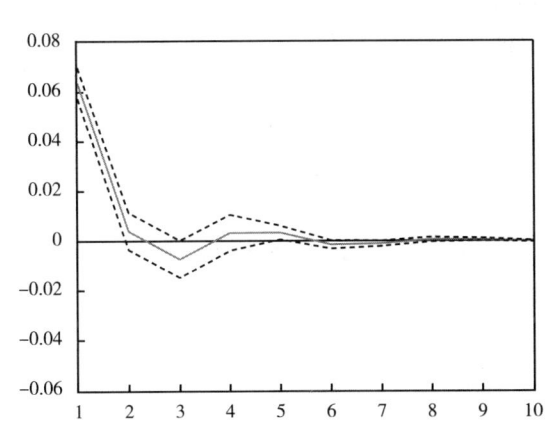

图 4-1 和图 4-2 分别给出了已建立的 VAR 模型中残差项的一个标准误差变化所引起对国际原油期货与现货价格冲击作用的动态路径。

图 4-1 国际原油现货价格面对期货价格脉冲响应

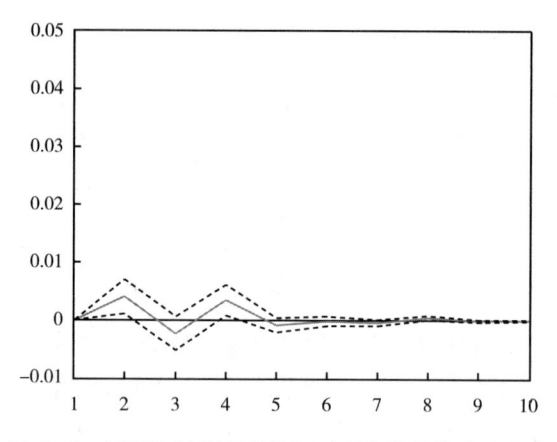

图4-2 国际原油期货价格面对现货货价格脉冲响应

由图4-1可知，面对国际原油期货价格的冲击，国际原油现货价格初始反应是剧烈的，第1期就下降了6%左右的幅度水平，随后在第2期、第3期只有微小的波动，此后，期货价格冲击效应逐渐减弱，并从第5期开始，国际原油现货价格在受国际原油期货价格冲击前的初始状态上趋于稳定。

由图4-2可知，面对国际原油现货价格冲击，国际原油期货价格反应不剧烈，在前4期，其价格水平只在0.4%~-0.2%的范围波动，从第5期开始，国际原油现货价格冲击效应逐渐消失，此后，国际原油期货价格在受国际原油现货价格冲击前的初始状态上趋于稳定。

由上可知，在国际原油期货与现货价格互动关系中，前者对后者的影响程度要大于后者对前者的影响。

4.1.2.6 方差分解

国际原油期货与现货价格 VAR 模型的方差分解结果见表4-5。

表4-5　　　　国际原油期货与现货价格方差分解结果　　　　单位:%

方差滞后期	现货价格 来自		期货价格 来自	
	现货价格	期货价格	现货价格	期货价格
1	55.3893	44.6107	0.0000	100.0000
2	59.8704	40.1296	0.9264	99.0736
3	59.7676	40.2324	1.2273	98.7727

续表

方差 滞后期	现货价格 来自		期货价格 来自	
	现货价格	期货价格	现货价格	期货价格
4	59.7735	40.2265	1.8860	98.1140
5	59.9840	40.0160	1.9253	98.0747
6	60.0558	39.9442	1.9263	98.0737
…				
n	60.0567	39.9433	1.9476	98.0524

由表4-5可知，对国际原油现货价格变动部分进行方差分解，当滞后1阶，其总方差来自现货价格部分的比例为55.39%，但随着滞后期延长，该比例逐渐上升，当滞后3期时，为59.77%，最终增为60.06%。但是国际原油现货价格变动部分的总方差来自期货价格部分的比例却呈现下降趋势，从滞后1期的44.61%降低到滞后3期的40.23%，最终趋于39.94%。

由表4-5还可知，对国际原油期货价格变动部分进行方差分解，当滞后1期，总方差全部来自期货价格。即使随着滞后期延长，总方差来自期货价格的比例也最终微弱地降至98.05%，所以国际原油期货价格变动部分的方差来自国际原油现货价格的比例非常小，其基本都来自国际原油期货价格自身。

最后，计算总方差内部来源构成可得，当滞后前3期时，来自国际原油现货价格的方差部分大于30.5%[(59.7676+1.2273)/2]，来自国际原油期货价格的方差部分小于69.5%[(40.2324+98.7727)/2]。最终来自国际原油现货价格的方差部分稳定为31%[(60.0567+1.9476)/2]，而来自国际原油期货价格的方差部分则稳定为69%[(39.9433+98.0524)/2]。

由于方差分解结果定量地反映了国际原油期货与现货价格在价格发现中的贡献大小，那么由上可知，尽管国际原油期货价格在价格发现过程起主导地位，贡献了69%的作用。但是，国际原油现货价格在价格发现过程中也占有31%的比例，说明国际原油现货价格也是价格发现的重要基础，从而国际原油期货与现货价格相互引导，共同完成了国际原油期货价格发现功能。

总之，不同于已有研究忽视国际原油现货价格在价格发现功能中的作用。本书在实证国际原油期货价格具有价格发现功能基础上，还认为国际原油现货价格在期货合约期内也对价格发现起到较大作用，从而国际原油期货与现货具有双向价格溢出效应，只不过它们互相影响程度不同而已。

4.2 国际原油期货与现货价格波动溢出BEKK模型检验

上述关于国际原油期货与现货价格溢出效应的研究是基于变量间一阶矩的格兰杰因果关系检验。而罗斯（Ross，1989）认为，通过检验市场间的价格波动溢出效应能明确价格波动信息是如何在市场间传导，从而导致各自市场内的价格波动。由于价格波动性体现的是价格二阶矩。于是近年来学者开始重视反映变量间二阶矩的格兰杰因果关系的价格波动溢出效应研究。

GARCH模型是描述高频价格序列波动特性的有效工具，于是早期学者大多利用单变量GARCH模型来研究不同市场间的价格波动溢出效应，但因为单变量GARCH模型存在仅涉及单一市场价格变量的限制，所以这种把市场进行分割的研究方法，损失了多个市场相关性中包含的有效信息（赵留彦和王一鸣，2003），从而使研究结果有争议。而多元GARCH模型可以包含多个市场的价格变量，这样就能在方法上避免了将几个相关市场先分割，再研究彼此间价格波动溢出效应的不足。

因此，本节将用二元GARCH模型实证国际原油期货与现货市场之间的价格波动溢出效应，以掌握它们之间的价格波动信息传导和风险传递机制，从而在价格二阶矩视角上进一步实证检验国际原油期货价格发现功能。

4.2.1 BEKK模型介绍

4.1节的向量误差修正模型是BEKK模型的基础，见式（4.3）、式（4.4）：

$$\Delta FP_t = \delta_1 + \eta_1 \cdot ecm_{t-1} + \sum_{i=1}^{p} \varphi_{11}(i) \cdot \Delta FP_{t-i} + \sum_{i=1}^{p} \varphi_{12}(i) \cdot \Delta SP_{t-i} + \mu_{1t}$$
(4.3)

$$\Delta SP_t = \delta_2 + \eta_2 \cdot ecm_{t-1} + \sum_{i=1}^{p} \varphi_{21}(i) \cdot \Delta FP_{t-i} + \sum_{i=1}^{p} \varphi_{22}(i) \cdot \Delta SP_{t-i} + \mu_{2t}$$
(4.4)

式（4.3）、式（4.4）中的 $\mu_t = (\mu_{1t}, \mu_{2t})^T$ 是服从正态分布的残差向量，

$\mu_t \mid \Omega_{t-1} \sim N(0, H_t)$，其中 Ω_{t-1} 是 $t-1$ 期的信息集，H_t 是残差向量 μ_t 的条件方差协方差的对称矩阵。并且，$H_t = \begin{pmatrix} H_{11,t} & H_{12,t} \\ H_{21,t} & H_{22,t} \end{pmatrix}$。

恩格尔和克罗纳（1995）提出了 BEKK 形式的二元 GARCH 模型用于检验两个市场间的波动溢出效应。并且该模型具有一方面能在较弱条件下保证矩阵 H_t 的正定性，另一方面模型参数少的特点。

用下标 1 代表甲市场、下标 2 代表乙市场，于是只有甲、乙两个市场的二元 GARCH-BEKK(1,1) 模型的条件方差—协方差矩阵 H_t 的设定形式见式（4.5）：

$$H_t = CC' + A\varepsilon_{t-1}\varepsilon'_{t-1}A' + BH_{t-1}B' \quad (4.5)$$

式（4.5）中，A、B、C 为系数矩阵，其具体形式见式（4.6）。

$$C = \begin{pmatrix} C_{11} & C_{12} \\ 0 & C_{22} \end{pmatrix} \quad A = \begin{pmatrix} \alpha_{11} & \alpha_{12} \\ \alpha_{21} & \alpha_{22} \end{pmatrix} \quad B = \begin{pmatrix} \beta_{11} & \beta_{12} \\ \beta_{21} & \beta_{22} \end{pmatrix} \quad (4.6)$$

式（4.6）中矩阵 C 为常数项。式（4.6）中矩阵 A 中的 α_{11} 和 α_{22} 分别衡量甲和乙市场价格波动的 ARCH 效应，体现了它们受外部因素共同冲击而分别产生的自身价格波动时变性。另外，式（4.6）中矩阵 A 中的元素 α_{12} 和 α_{21} 表示受外部因素冲击后，价格信息分别在甲和乙两个市场之间的冲击传导效应。

式（4.6）中矩阵 B 中的 β_{11} 和 β_{22} 分别衡量甲和乙市场价格波动的 GARCH 效应，体现了价格波动的集聚性。此外，式（4.6）中矩阵 B 中的 β_{12} 和 β_{21} 分别衡量甲和乙两个市场之间价格波动信息的传导效应。

甲、乙两个市场间的价格波动溢出效应则由上述价格冲击传导效应和波动传导效应构成。

将式（4.5）展开后，就可以得到 H_t 矩阵中每个元素的具体构成形式，如下（董秀良和曹凤岐，2009）：

$$\begin{aligned} h_{11,t} = &\, C_{11}^2 + \beta_{11}^2 h_{11,t-1} + 2\beta_{11}\beta_{12} h_{12,t-1} + \beta_{12}^2 h_{22,t-1} + \alpha_{11}^2 \mu_{1,t-1}^2 \\ &+ 2\alpha_{11}\alpha_{12}\mu_{1,t-1}\mu_{2,t-1} + \alpha_{12}^2 \mu_{2,t-1}^2 \end{aligned} \quad (4.7)$$

$$\begin{aligned} h_{22,t} = &\, C_{22}^2 + \beta_{21}^2 h_{11,t-1} + 2\beta_{21}\beta_{22} h_{12,t-1} + \beta_{22}^2 h_{22,t-1} + \alpha_{21}^2 \mu_{1,t-1}^2 \\ &+ 2\alpha_{21}\alpha_{22}\mu_{1,t-1}\mu_{2,t-1} + \alpha_{22}^2 \mu_{2,t-1}^2 \end{aligned} \quad (4.8)$$

$$h_{12,t} h_{21,t} = C_{11}C_{21} + \beta_{11}\beta_{12} h_{11,t-1} + (\beta_{12}\beta_{21} + \beta_{11}\beta_{22}) h_{12,t-1} + \beta_{21}\beta_{22} h_{22,t-1}$$

$$+ \alpha_{11}\alpha_{12}\mu_{1,t-1}^2 + (\alpha_{21}\alpha_{12} + \alpha_{11}\alpha_{22})\mu_{1,t-1}\mu_{2,t-1} + \alpha_{21}\alpha_{22}\mu_{2,t-1}^2 \quad (4.9)$$

以上三式中，$h_{11,t}$、$h_{22,t}$以及$h_{12,t},h_{21,t}$分别是甲、乙两市场的条件方差以及它们的条件协方差。残差项$\mu_{1,t-1}$和$\mu_{2,t-1}$用于衡量甲和乙市场分别遭受前一期的外部冲击。方差项$h_{11,t-1}$和$h_{22,t-1}$用于衡量甲和乙市场前一期的自身价格波动。

从式（4.7）可知，在甲、乙两个市场的二元 GARCH 模型中，甲市场的价格波动，首先，来自自身与乙市场的前期残差$\mu_{1,t-1}$和$\mu_{2,t-1}$，以及它们的相互影响$\mu_{1,t-1}\mu_{2,t-1}$；其次，来自自身与乙市场的前期波动$h_{11,t-1}$、$h_{22,t-1}$以及协方差$h_{12,t-1}$。因此，只要不存在来自乙市场的前期残差和波动的显著影响，那么甲市场的价格波动就仅受自身市场前期残差项和价格波动项的共同影响。上述分析同理适用式（4.8）中，乙市场的价格波动。

因此综上所述，根据如下三个假设的检验结果，可以判断甲和乙两个市场的波动溢出效应。

假设1：不存在甲和乙市场相互波动溢出；　H_1：$\alpha_{12} = \beta_{12} = 0$；$\alpha_{21} = \beta_{21} = 0$；
假设2：不存在甲市场向乙市场波动溢出；　H_2：$\alpha_{21} = \beta_{21} = 0$；
假设3：不存在乙市场向甲市场波动溢出；　H_3：$\alpha_{12} = \beta_{12} = 0$。

4.2.2 BEKK 模型检验

本节国际原油期货与现货价格波动溢出效应 BEKK 模型检验所需数据与4.1节中的数据一致。

表4-6给出了国际原油期货与现货价格波动溢出效应的 BEKK 模型检验结果。由表4-6第一栏可知，式（4.5）中的系数矩阵 A、B 的主对角线元素 α_{11}、α_{22}、β_{11}、β_{22} 在1%显著性水平下均不等于零，说明这两种价格波动都存在反映波动时变性的 ARCH 效应，以及体现波动集聚性的 GARCH 效应。

表4-6　国际原油期货价格与现货价格 BEKK（1，1）模型检验结果

	矩阵元素 \ 矩阵	C	A	B
BEKK（1，1）模型	1，1	0.0135 *** [2.6167]	0.2440 *** [5.7792]	0.8672 *** [18.6922]
	2，1	0.0483 *** [3.5416]	-0.3710 *** [-2.7679]	-0.0390 [-0.3078]

续表

矩阵元素 \ 矩阵		C	A	B
BEKK (1, 1) 模型	1, 2	0	0.0481* [1.8029]	0.0302 [0.5547]
	2, 2	0.0004 [0.0004]	0.5437*** [4.6743]	0.7702*** [7.3975]
波动溢出检验	1. 不存在国际原油期货与现货市场相互波动溢出: H_1: $\alpha_{12} = \beta_{12} = 0$; $\alpha_{21} = \beta_{21} = 0$;　Wald = 32.6057 (0.0000)			
	2. 不存在国际原油期货市场向现货市场波动溢出: H_2: $\alpha_{21} = \beta_{21} = 0$; Wald = 32.3301 (0.0000)			
	3. 不存在国际原油现货市场向期货市场波动溢出: H_3: $\alpha_{12} = \beta_{12} = 0$; Wald = 6.0029 (0.0497)			

注: 方括号内为 t 值。下同。圆括号内为概率 P 值。

表4-6的第二栏给出了国际原油期货与现货价格波动溢出的Wald检验结果。其中，首先在1%显著性水平下拒绝了假设1，从而说明国际原油期货与现货两个市场存在相互价格波动溢出效应。其次，在1%显著性水平下拒绝了假设2，表明国际原油期货市场对现货市场存在单向价格波动溢出。最后，在5%显著性水平下拒绝了假设3，意味国际原油现货市场对期货市场存在单向价格波动溢出。

综上可知，从价格二阶矩视角的实证检验结果可知，国际原油期货价格与现货价格之间也是相互动态影响，在价格波动溢出方面，市场信息在国际原油期货和现货市场之间是互相传导，它们两者共同完成价格发现过程。

4.3　国际原油期货与现货价格互动机理分析

根据期货仓储理论可知，国际原油便利收益是联结国际原油期货价格和现货价格的重要纽带，见本书第2章式（2.2）。因此，本节将以国际原油便利收益为中介，建立国际原油期货与现货价格互动机理模型。

4.3.1　国际原油现货价格与国际原油便利收益关系

商品库存变动是交易者持有现货商品获取便利收益的重要原因，并且布伦南（Brennan，1958）在期货仓储理论中认为，现货商品便利收益的大小与现货商品库存多少存在负相关关系，法玛和弗伦奇（Fama & French，1987）也验证了上述两者之间的反向变动关系，即若商品库存多，则现货商品便利收益低；若商品库存少，则现货商品便利收益高。商品库存变化可以作为现货商品便利收益大小变动的指示器，早期现货商品便利收益的计算也是通过衡量现货商品库存水平来间接实现的。此外，现货商品库存变动还反映了商品现货市场的供求状态。如果现货商品供不应求，那么商品库存量减少，结果会带来商品现货价格升高，但是如果现货商品供过于求，那么商品库存量增加，结果会导致商品现货价格降低。因此，商品库存量与商品现货价格应存在反向变动关系。综上所述，由于现货商品便利收益的大小以及商品现货价格的高低都与现货商品库存量的多少具有反向变动关系，并且现货商品便利收益又是商品面临供求冲击、存在缺货风险时，交易者持有现货并能在未来现货价格上涨中获得的收益。于是，以现货商品库存为中介可知，现货商品便利收益与商品现货价格存在同向变动关系。因此，海因克尔（Heinkel et al.，1990）将商品现货价格描述为现货商品便利收益的增函数。所以在国际原油现货市场上，国际原油现货价格应与国际原油便利收益具有同向变动关系。

4.3.2 国际原油期货价格与国际原油便利收益关系

持有商品现货能获得商品便利收益，但是商品期货合约交易的特点使得持有商品期货不具有商品便利收益，可是在商品期货定价的便利收益类模型中，一些学者以套利活动为基础，利用商品现货价格和便利收益先后提出了施瓦兹（Schwartz，1997）两因素、科塔萨尔和施瓦兹（Cortazar & Schwartz，2003）三因素商品期货定价模型，并且他们均认为商品便利收益是负向影响商品期货价格的一个重要因素。这是因为商品期货市场是以商品现货市场为基础的，那么根据期货仓储理论，商品现货市场的供求状态，进而商品库存水平的高低不但能引起商品便利收益的变化，最终也能影响商品期货价格。例如，当商品现货市场供给小于需求时，会导致商品现货库存量降低以及商品便利收益增加，结果商品现货价格出现上涨，这时现货交易者为了稳定生产和避免缺货，会更多选择持有现货商品而减少持有期货合约，结果带来商品期货价格下降。相反，如果商品现货市场供给大于需求时，现货商品库存过剩，商品现货便利收益降低，商品现货价格降低，这时交易者为了降低持有现货而产生的库存成本压力以及价格风险，会更多选择持有商品期货合约，结果商品期货价格会上涨。因此，与公式（2.2）相同，本书认为在国际原油市场，国际原油期货价格与国际原油便利收益之间存在反向变动关系。

4.3.3 国际原油期货价格与现货价格互动蛛网模型

传统蛛网模型（高鸿业，2004）针对生产周期较长的商品，通过引入时间因素，从而利用动态分析法研究了商品价格偏离均衡状态后，在不同时期的商品需求和供给互动机制作用下，商品价格的波动过程，并得出三种不同结果。该模型的关键是假设本期商品供给量是由上一期商品价格决定。

此外，一方面由上可知，商品便利收益分别与商品期货价格和现货价格存在反向、正向相关关系，其类似于商品价格分别与商品需求量和供给量存在的反向、正向相关关系。另一方面，商品便利收益来自现货商品库存的调整，所以商品便利收益的变化也间接反映了商品数量的变动。并且商品便利收益还是联结商品期货价格与现货价格的纽带，这种关系与商品需求价格与供给价格都由商品数量调节相似。所以本节将参照传统蛛网模型形式，以国际原油便利收益代表商品数量，以国际原油期货价格与国际原油便利收益的反向关系曲线替代传统蛛网模型中商品需求价格与需求量的反向需求曲线；以国际原油现货价格与国际原油便利收益的同向关系曲线替代传统蛛网模型中商品供给价格与供给量的同向供给曲线，构建包含国际原油期货价格、现货价格、便利收益这三个因素的国际原油期货与现货价格蛛网互动模型。具体模型如下：

4.3.3.1 模型假设

（1）国际原油期货市场

由上可知，国际原油期货价格与国际原油便利收益存在反向关系。由于国际原油期货市场具有近似完全竞争市场的交易特点，以及便捷的合约交易制度，从而使国际原油期货价格对各种市场信息的反映是灵敏、迅速的，于是国际原油期货价格能够紧随当期国际原油便利收益变化而变化。此外，从4.1节格兰杰因果关系检验结果还可知，在国际原油期货价格发现过程中，国际原油期货价格对各个时期的国际原油市场信息均能及时反映，所以一旦国际原油便利收益发生变化，国际原油期货价格就立即调整，从而本期国际原油期货价格与本期国际原油便利收益存在反向关系。于是在国际原油期货市场，以国际原油便利收益为因变量，国际原油期货价格为自变量，建立二者的线性函数关系，见式（4.10）。

（2）国际原油现货市场

由上可知，国际原油现货价格与国际原油便利收益存在同向关系。由于国际原油现货价格的决定基础是国际原油现货市场的供求关系，而作为大宗商品的国际原油，其生产、库存调整周期长，供给缺乏价格弹性，因此国际原油现货价格对国际原油市场的供求信息反映具有滞后性。同时，国际原油便利收益的获取根本来自国际原油现货市场的供求非均衡。从而，国际原油现货价格对国际原油便利收益变化的反映调整具有滞后性。此外，在国际原油期货价格与现货价格的互动关系中，由4.1节的格兰杰因果关系检验结果还可知，当滞后1期时，仅存在国际原油期货价格单向引导现货价格的关系。所以在价格发现过程中，国际原油期货价格能及时反映市场信息，但国际原油现货价格对市场信息的反映较期货价格存在滞后1期的时滞。综上所述，本模型认为是下一期的国际原油现货价格与本期国际原油便利收益存在同向关系。于是，以国际原油便利收益为因变量，国际原油现货价格为自变量，建立二者的线性函数关系，见式（4.11）。

（3）国际原油期货与现货价格均衡

当国际原油期货价格与现货价格都处于均衡状态时，其分别对应的国际原油便利收益应相等，见式（4.12）。

于是根据上述假设，将国际原油期货与现货价格蛛网互动模型以如下三个方程表示。

$$cy_t^{FP} = a - b \cdot P_t^{FP} \tag{4.10}$$

$$cy_t^{SP} = -c + d \cdot P_{t-1}^{SP} \tag{4.11}$$

$$cy_t^{FP} = cy_t^{SP} \tag{4.12}$$

上述三式中，P_t^{FP}为国际原油期货市场t期的期货价格；P_{t-1}^{SP}为国际原油现货市场$t-1$期的现货价格；cy_t^{FP}，cy_t^{SP}分别为国际原油期货价格与现货价格对应t期的国际原油便利收益。参数a，c分别为截距，b，d分别为斜率。

4.3.3.2 模型推导

将式（4.10）与式（4.11）代入式（4.12），可得：

$$a - b \cdot P_t^{FP} = -c + d \cdot P_{t-1}^{SP} \tag{4.13}$$

经整理后得：$P_t^{FP} = \left(-\dfrac{d}{b}\right) \cdot P_{t-1}^{SP} + \dfrac{a+c}{b}$ (4.14)

因为前述内容已验证国际原油期货价格具有价格发现功能，从而本模型认为在价格发现过程中，t 期的国际原油期货市场价格 P_t^{FP} 与国际原油现货市场价格 P_t^{SP} 满足式（4.15）。

$$P_t^{FP} = P_t^{SP} \tag{4.15}$$

根据式（4.15），那么由式（4.14），可得式（4.16）：

$$P_t^{SP} = \left(-\dfrac{d}{b}\right) \cdot \left[\left(-\dfrac{d}{b}\right) \cdot P_{t-2}^{SP} + \dfrac{a+c}{b}\right] + \dfrac{a+c}{b} \tag{4.16}$$

将式（4.16）进行持续迭代，最终可得式（4.17）：

$$P_t^{SP} = \left(-\dfrac{d}{b}\right)^t \cdot P_0^{SP} + \dfrac{a+c}{b+d}\left[1 - \left(-\dfrac{d}{b}\right)^t\right] \tag{4.17}$$

此外，最终当国际原油期货市场与现货市场达到均衡时，国际原油期货价格发现的均衡价格 P_e 应满足：

$$P_e = P_t^{FP} = P_{t-1}^{SP} \tag{4.18}$$

将式（4.18）代入式（4.13）可得式（4.19）：

$$P_e = \dfrac{a+c}{b+d} \tag{4.19}$$

将式（4.19）代入式（4.17）可得式（4.20）：

$$P_t^{SP} = (P_0^{SP} - P_e) \cdot \left(-\dfrac{d}{b}\right)^t + P_e \tag{4.20}$$

由式（4.20）可知，当式（4.11）与式（4.10）的斜率之比（d/b）绝对值的取值不同时，国际原油期货价格发现现货价格的最终结果是不同的，并有以下三种不同情况。

① （d/b）<1，并随着时期 $t \to \infty$ 时，$P_t^{SP} = P_e$。说明在这种情况下，国际原油期货与现货价格将围绕国际原油市场均衡价格 P_e 以越来越小的幅度互动，最终国际原油期货价格发现的现货价格收敛于国际原油市场均衡价格 P_e。

② （d/b）>1，并随着时期 $t \to \infty$ 时，$P_t^{SP} \to \infty$。说明在这种情况下，国

际原油期货与现货价格将围绕国际原油市场均衡价格 P_e 以越来越大的幅度互动，最终国际原油期货价格发现的现货价格呈现发散状态，越来越偏离国际原油市场均衡价格 P_e。

③ $(d/b)=1$，并随着时期 $t\to\infty$ 时，P_t^{SP} 等于 P_0^{SP}。说明在这种情况下，国际原油期货与现货价格将围绕初始的国际原油现货价格 P_0^{SP} 以相同的幅度互动，既不收敛也不发散，从而国际原油期货价格发现的现货价格在一定区间内呈封闭状态。

第5章 国际原油便利收益特性与国际原油金融属性检验

5.1 国际原油金融属性定义

经济金融化是指"金融动机、金融市场、金融参与者与金融机构等在经济运行中的地位不断提升"(爱泼斯坦，2007)。罗伯特和格雷塔（2012）认为经济金融化是这样一种模式，即利润积累的主要来源是金融渠道，而不是商品的生产和贸易渠道。具体到商品金融化，休恩等（2020）认为其具有一个显著特征，即最初推出的一些商品金融工具，尤其是商品金融衍生工具的目的是进行对冲和风险管理，但是在经济金融化背景下，它们却以自身特有的方式转变为可大规模交易的金融资产，结果显著影响到包括相关商品市场在内的标的资产的交易环境和价格波动性，从而引起了各类金融机构和个体投资者对该商品市场投资的日益关注。

由于国际原油在全球经济增长中的战略地位以及不可替代性，并且其还具有低的需求和供给价格弹性的经济特性，使得国际原油逐渐成为金融市场投资者进行多样性资产组合管理的避险工具。于是，随着国际金融机构参与国际原油市场交易数量增加，以及国际原油金融衍生品的不断被开发，国际原油的金融化属性越来越明显，表现为国际原油期货市场的合约交易量大量超过国际原油实际需求。数据显示，在国际原油价格大涨的2007年，国际三大原油期货交易所的期货日交易量是全球原油日消费量的10倍多，而2004年该值还不到4倍。其中，在2007年，NYMEX的WTI原油期货日交易量是美国原油日消费量的24倍，ICE的Brent原油期货日交易量是欧洲原油日消费量的29倍（张宏民，2009）。可见，在国际原油期货市场内，更多国际原油交易者买卖国际原油期货合约的目的并不仅是利用套期保值来规避原油现货价格波动风险，而且是利用国际原油期货合约进行投资或投机交易来获利。

由于目前国际原油市场定价体系以期货定价为主要方式，所以随着国际原油期货市场发展，国际原油价格不再仅是国际原油现货市场供求均衡的反映，也不再仅是国际原油边际生产成本的体现，而是逐渐受到国际原油期货合约交易数量多少的影响。于是，在国际金融机构大量进入国际原油期货市场从事期货合约交易背景下，国际原油逐渐成为一种新的原油金融衍生工具，从而国际金融资本也开始主导国际原油定价权。2008年美国金融危机后，多个国家先后实施宽松的货币政策，结果全球流动性过剩，使得国际原油这种商品的金融化现象更加突出，并且越来越多影响包括交易者、交易动机、交易行为等在内的国际原油市场的多个方面的改变，尤其是对国际原油价格的扭曲（Korbinian & Benjamin，2020）。

可见，大量金融资本进入国际原油市场是国际原油金融属性产生的前提基础，而进入国际原油市场的金融资本的过度投机则又是它们的主要交易行为，国际原油价格的频繁剧烈波动则是国际原油具有金融属性的直接后果。

国际金融资本进入国际原油市场做多国际原油期货，直接推高国际原油价格是国际原油金融属性的一种表现形式。但是2020年3月，新冠疫情防控期间、俄罗斯与沙特阿拉伯在国际原油市场上角力等负面因素带来国际原油市场极度恐慌，结果国际金融资本大规模退出国际原油市场并做空国际原油期货，导致4月21日WTI原油1月期期货价格报收-37.63美元/桶，历史上首次出现了不可思议的国际负油价，这又是国际原油金融属性另一种极为惨烈的表现。于是，国际原油具有金融属性这一新的特征也日益受到学者的关注和研究。

目前，国内学者从不同角度分别给出了国际原油金融属性的定义，刘拓和刘毅军（2007）从国际原油金融体系视角出发，认为国际原油金融属性是指国际原油市场与国际金融市场的统一，其包括原油货币、原油银行、原油期货、原油衍生市场、原油风险基金以及原油公司等多个方面。黄运成（2007）从国际原油的金融化过程出发，认为国际原油已实现了从商品属性逐渐向金融属性的转变，原油交易也演变成为一种金融工具交易，国际原油期货市场对国际原油价格影响力大于国际原油现货市场，国际原油期货定价是国际原油金融化的核心。王喜爱（2009）从国际原油价格变化角度出发，认为国际原油金融属性表现为，一方面国际原油具有稀缺性特点，另一方面由于国际原油供给需求缺乏弹性以及国际原油供给需求在全球空间上分布不均衡，从而导致国际原油价格易出现大幅波动的特点。李智和路思运（2009）从国际原油的功能转变出发认为，国际原油金融属性是指把国际原油当作一种金融衍生品，从而其成为金融衍生品交易市场的一个基础变量。陈柳钦（2011）从国际原油市场与国际金融市场融合出发，认为国际原油金融即国际原油产业发展与国际金融市场结合日益紧密，从而借助于国际金融市场支持，原油企业在国际上实现了产融结合。侯明扬（2013）从国际原油企业对金融市场依赖出发，认为国际原油金融是国际原油市场的商业交易者在进行原油金融衍生产品交易后，能获得国际金融机构的资本支持而实现发展，可是金融机构针对国际原油价格、利率等因素变化作出的投资决策也会影响国际原油市场商业交易者的经济行为。但是陈洪涛等（2008）却认为目前尚无对国际原油金融属性的统一定义，但其认同国际原油金融属性研究应涉及原油价格、原油汇率、原油利率三个微观市场。

综上所述，尽管研究视角不同，学者给出国际原油金融属性定义不一，但他们都强调了国际金融因素对国际原油价格影响日益增大，可见，国际原油金融属性是国际原油市场与国际金融市场相互渗透、相互融合所形成的。结合本书重点研究国际原油期货现货价格互动的实际，且从国际原油期货市场交易者行为出发，本书认为国际原油金融属性是指国际原油期货市场交易者将国际原油视为一种金融资产而在国际原油期货市场从事金融投机交易并主导国际原油期货价格变化，结果放大了因为国际原油现货市场供求失衡而导致的国际原油现货价格变化幅度，最终在国际原油期货与现货价格互动下，表现为国际原油期货与现货价格的短期大幅上涨或下跌，其中，金融投机决定国际原油价格是国际原油金融属性的本质。

5.2 国际原油便利收益特性

根据商品期货仓储理论，并由式（2.2）可知，商品便利收益是连结商品期货价格和现货价格的纽带。于是在商品期货、现货价格均衡关系下，假设无风险利率和仓储成本为外生变量情况下（受仓储技术限制，仓储成本在较长时期会保持不变），那么商品期货和现货价格的互动关系就可通过商品便利收益的变化体现出来。这样，商品便利收益的动态变化也包含了商品期货和现货两个市场的信息，从而反映了商品期货和现货价格的互动关系。所以通过对国际原油便利收益这单一变量的研究，可简化对国际原油期货和现货价格互动关系的分析，并能揭示国际原油现货价格波动原因，为在考虑国际原油期货和现货两种价格互动情况下，分析国际原油现货价格泡沫奠定基础。

在商品期货合约期内，如果商品现货市场面临供给不足的冲击，那么该市场的商品交易者为了避免缺货和维持生产连续性，将选择更多持有该商品现货，于是该商品期货市场就呈现反向市场（商品现货价格高于期货价格）的特征。因此，在这种情况下，交易者因为持有现货商品，并通过其未来现货价格上涨而获取的收益，就被称为商品便利收益。这样，只有持有商品实物才存在便利收益，那么持有期货合约就不具有商品便利收益；另外，由于现货市场的供求失衡是商品便利收益产生的根本原因，于是通过引入商品便利收益，可以从商品期货与现货价格互动角度，解释商品现货价格波动是否完全由现货商品供求变化引起。

此外，从根本上影响期货交易类商品价格波动的因素有供给需求与金融投机这两大方面，其中，商品价格由金融投机决定则是该商品金融属性的本质，但商品实物属性的本质是商品价格由商品供给需求决定。所以，以商品便利收益为视角，从商品实物属性与金融属性的本质区别出发，通过研究商品便利收益的变动规律可从一个侧面衡量商品的实物属性和金融属性，进而分析国际原油价格波动原因。即如果该商品的便利收益存在且受该商品供求影响，那么这种商品就具有实物属性；但如果该商品便利收益虽然存在但受该商品供求影响小，而受金融投机的显著影响，那么这种商品就具有金融属性。

通过对国际原油便利收益特性以及其影响因素研究，可进一步揭示国际原油市场供求基本面对国际原油现货价格的影响。此外，还可实证检验国际原油金融属性存在性。

上述研究思路也与安东尼奥和博特略（Antonio & Botelho，2019）的观点相近，其认为由于正常情况下商品便利收益与实物商品交易有关，但是在商品金融化过程中，商品市场出现的金融投机者的交易行为将会降低商品便利收益与实物商品价格的相关性，因此可以从商品便利收益变化视角实证检验商品金融化现象的存在性。

5.2.1 国际原油便利收益期权特性检验

5.2.1.1 理论分析

对期货类商品，交易者可以在持有现货商品和持有期货合约之间选择以实现利润最大化。假设在第 t 期，现货持有者面临继续持有现货商品至第 $t+1$ 期，还是出售现货商品换回一份第 $t+1$ 期到期的期货合约选择。显然，如果第 t 期现货商品市场供给充分，考虑到持有现货商品的各种成本支出和商品流动性风险，现货持有者往往选择将现货卖出转而持有期货合约，此时其获取的商品便利收益为零。但是，如果第 t 期现货商品市场供给紧张、存量减少，商品现货价格会上升，并且同期期货价格因为受到对未来商品供给预期的限制，所以不能及时反映当前现货价格波动，结果就会出现该商品第 t 期现货价格高于期货合约价格，从而现货持有者将选择继续持有该现货商品，并从其价格上涨中获取便利收益。

所以面对市场波动，由于交易者可以在持有商品现货和期货之间进行动态转换，并且因其最终选择结果而可以获得的额外收益即为商品便利收益，其本质是期权，并且其将根据商品现货价格和期货价格的变化行使这种权利。因此可以利用资产交换期权对涉及商品期货和现货两种价格的商品便利收益进行估值，见式（5.1）（Ahmet，2004）：

$$cy_{t,T} = SP_t \cdot N(d_1) - FP_{t,T} \cdot N(d_2) \qquad (5.1)$$

式（5.1）中，cy 是商品便利收益。SP 和 FP 分别是商品现货价格和期货价格。$N(\cdot)$ 是累积正态分布函数。$d_1 = \dfrac{\ln(SP_t/FP_{t,T}) + \dfrac{\sigma^2}{2}T}{\sigma\sqrt{T}}$，$d_2 = d_1 - \sigma\sqrt{T}$，$T$ 是期货合约期。$\sigma = \sqrt{\sigma_1^2 + \sigma_2^2 - 2\rho\sigma_1\sigma_2}$，其中，$\sigma_1^2$ 是商品现货价格波动率，σ_2^2 是商品期货价格波动率，ρ 是商品现货与期货价格的相关系数。

5.2.1.2 数据来源

本章国际原油期货与现货价格数据选取同本书前文。

由于价格波动是价格泡沫的产生基础，从图 5-1 可知，在样本区间的不同阶段，国际原油现货价格走势与其价格波动程度都有所差异，也即价格波动具有时变性,从而其波动产生原因,进而价格泡沫情况可能不一致。另外,在样本区间内,2008年9月、10月爆发的美国次贷危机、2010年3月OPEC宣布不增产、2014年11月OPEC宣布不减产、2017年OPEC$^+$实施减产干预国际原油市场、2020年初的新冠疫情暴发以及OPEC$^+$过渡到OPEC^{++}的国际原油市场协调机制等标志性事件极大地冲击了国际原油市场。于是,根据研究内容,为了更好地辨别国际原油金融属性并进行后续的价格泡沫研究,本章结合国际原油现货价格变化与其波动率特点(国际原油现货价格波动率通过第3章GARCH模型计算得到),并考虑国际原油市场重大事件影响,将样本区间细分为以下六个阶段:阶段1(2006年7月1日~2008年10月3日),该阶段虽然国际原油现货价格大幅上涨,但其价格波动率却具有低且平稳的特征;阶段2(2008年10月10日~2010年10月8日),该阶段具有国际原油现货价格大幅下跌,结果其价格波动率大幅提高的特征;阶段3(2010年10月15日~2015年1月2日),该阶段国际原油现货价格上涨至高位且相对平稳,同时其波动率具有低且平稳的特征;阶段4(2015年1月9日~2017年1月6日),该阶段具有国际原油现货价格显著持续下跌,并且其价格波动率稍有提高的特征。阶段5(2017年1月13日~2019年12月27日),该阶段在OPEC$^+$市场干预下,国际原油现货价格逐渐恢复,市场相对稳定。阶段6(2020年1月3日~2020年6月26日)该阶段的国际原油市场异常动荡,国际原油现货价格及其波动率都是骤升骤降。

鉴于2020年上半年国际原油市场剧烈动荡,国际原油现货价格波动极其异常,其波动率大幅显著高于样本其他时期,于是为了避免在一个图形中,因为波动率坐标相差较大而容易忽视样本较小波动性的弊端,故将图5-1以2020年1月7日为界限分为(a)、(b)两图。从而共同详细描绘出样本不同阶段的国际原油现货价格波动特点。

此外,本章涉及的其他数据有,以美国原油商业库存作为国际原油库存代表,记为I,数据来源于美国能源信息署网站。WTI原油期货市场非商业多头头寸,记为NC,数据来源于美国商品期货交易委员会网站。为了避免出现异方差现象,国际原油库存与WTI原油期货市场非商业多头头寸都取对数。另外,与本书选取的国际原油期货价格的合约期一致,本章以美国财政部3个月期的国债利率作为无风险利率r,数据来源于美联储网站。以上数据均取周数据。

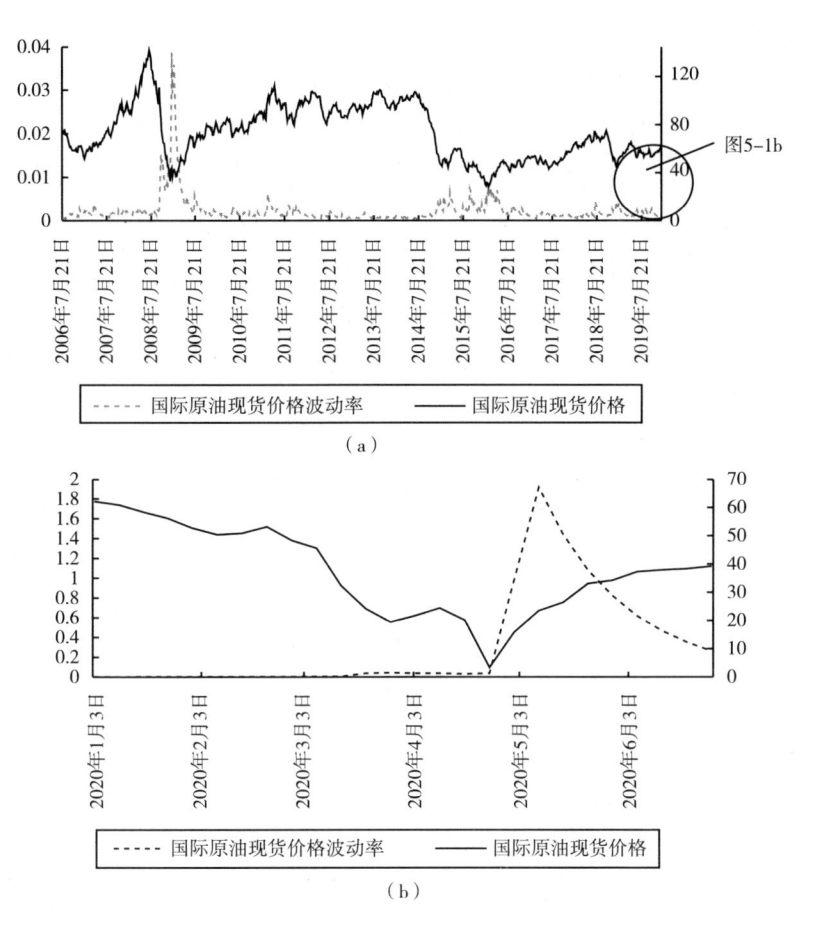

第5章 国际原油便利收益特性与国际原油金融属性检验

图 5-1 国际原油现货价格变化及波动趋势

5.2.1.3 国际原油便利收益期权实际值与估计值检验

（1）国际原油便利收益实际值选取

由期货仓储理论可知，在无套利均衡条件下，商品期货价格（$FP_{t,T}$）与现货价格（SP_t）、仓储成本（$SC_{t,T}$）、无风险利率（$r_{t,T}$）、便利收益（$cy_{t,T}$）存在如下关系：

$$FP_{t,T} = SP_t \cdot e^{(sc_{t,T}+r_{t,T}-cy_{t,T})} \quad (5.2)$$

对式（5.2）两边取对数得，$rab_t = \ln\left(\dfrac{SP_t}{FP_{t,T}}\right) + r_{t,T} = cy_{t,T} - sc_{t,T}$ （5.3）

式（5.3）中，rab_t 是 t 期利率调整基差，其等于便利收益 $cy_{t,T}$ 与仓储成

本 $sc_{t,T}$ 之差。由于首先，与期货仓储理论的其他变量相比，商品便利收益是不可以直接测量的变量；其次，受制于仓储技术的发展，商品仓储成本在商品现货价格中所占的比例，在一定时期内，其值不但小而且变化不大。最后，受研究限制，国际原油现货相关仓储成本数据较难获得。因此，本章参照法玛和弗伦奇（1987）、艾哈迈德（2004）、吕永琦（2009）等的简化方法，直接以 rab_t 近似代替国际原油实际便利收益。

（2）国际原油便利收益期权估计值统计描述

首先，根据式（5.1）计算样本六个阶段的国际原油便利收益的期权估计值。其次，对其进行描述性统计分析，结果见表 5-1。

表 5-1　　　　　　　国际原油便利收益期权估计值统计描述

阶段	均值	最大值	最小值	标准差	偏度	峰度	JB 统计量
2006.7.1~2008.10.3	0.0886	0.0991	0.0560	0.0075	-1.4797	6.0201	87.9068***
2008.10.10~2010.10.8	0.1209	0.1638	0.0014	0.0383	-1.6845	4.9665	66.5768***
2010.10.15~2015.1.2	0.0487	0.0580	0.0007	0.0087	-2.7679	14.9106	1588.498***
2015.1.9~2017.1.6	0.0427	0.0707	0.0008	0.0183	-0.7014	2.4268	10.0459***
2017.1.13~2019.12.27	0.0467	0.0889	0.0211	0.0084	0.8794	11.2314	457.5660***
2020.1.3~2020.6.26	0.9122	1.1432	0.0065	0.2487	-2.0146	7.7409	41.9357***

由表 5-1 可知，首先根据样本六个阶段的国际原油便利收益的偏度值和峰度值判断，它们都不服从正态分布，从而其波动具有非对称性。其次，从国际原油便利收益的均值来看，样本阶段 6 的均值最大，为 0.9122，其次为样本阶段 2 的 0.1209，它们都远大于其他四个阶段的均值。由于便利收益来自商品现货的稀缺性，因此在样本阶段 2 和阶段 6，尤其是在样本阶段 6 中，库存因素对该阶段的国际原油便利收益影响较明显。最后，从国际原油便利收益的标准差来看，样本阶段 2、阶段 4、阶段 6 的值都较大，但是样本阶段 1、阶段 3、阶段 5 的值都较小，并且取值接近于 0。这说明在样本区间内，样本阶段 2、阶段 4、阶段 6 的国际原油期货与现货价格互动程度剧烈，而其他三个阶段的互动程度稳定。总之，表 5-1 的国际原油便利收益期权估计值的统计特性初步反映了国际原油库存对样本六个阶段的国际原油现货价格波动影响、以及国际原油期货与现货价格互动程度的差异性。

（3）国际原油便利收益实际值对期权估计值回归检验

由式（5.3）计算出国际原油便利收益实际值，可对该便利收益的实际值与期权估计值进行回归检验。

首先，运用 ADF 统计量分别对样本区间内的国际原油便利收益实际值与期权估计值进行平稳性检验，结果见表 5-2 和表 5-3。

由表 5-2 可知，只有样本阶段 1 和阶段 4 的国际原油便利收益实际值的水平值在 10% 显著性水平下不显著，样本其余四个阶段的该值在 10% 显著性水平下都显著。但是，样本六个阶段的国际原油便利收益实际值的一阶差分在 1%、5%、10% 显著性水平下均显著。

表 5-2　　　　国际原油便利收益实际值 ADF 检验结果

阶段	变量	检验形式 (c, t, L)	ADF 统计量	1% 显著性水平	5% 显著性水平	10% 显著性水平	Prob 概率值
2006.7.1 ~ 2008.10.3	rab	(c, 0, 1)	-1.7121	-3.4876	-2.8865	-2.5802	0.4225
	Δrab	(c, 0, 0)	-13.1669	-3.4876	-2.8865	-2.5802	0.0000
2008.10.10 ~ 2010.10.8	rab	(c, 0, 4)	-2.8047	-3.4970	-2.8906	-2.5824	0.0612
	Δrab	(c, 0, 1)	-10.2460	-3.4957	-2.8900	-2.5820	0.0000
2010.10.15 ~ 2015.1.2	rab	(c, 0, 1)	-3.2771	-3.4602	-2.8746	-2.5738	0.0171
	Δrab	(c, 0, 0)	-12.5305	-3.4602	-2.8746	-2.5738	0.0000
2015.1.9 ~ 2017.1.6	rab	(c, 0, 0)	-2.3205	-3.4944	-2.8895	-2.5817	0.1675
	Δrab	(c, 0, 0)	-11.3564	-3.4950	-2.8898	-2.5819	0.0000
2017.1.13 ~ 2019.12.27	rab	(c, 0, 0)	-2.7176	-3.4731	-2.8802	-2.5768	0.0733
	Δrab	(c, 0, 0)	-12.9849	-3.4734	-2.8803	-2.5769	0.0000
2020.1.3 ~ 2020.6.26	rab	(c, 0, 0)	-3.3361	-3.7241	-2.9862	-2.6326	0.0238
	Δrab	(c, 0, 0)	-6.8454	-3.7379	-2.9919	-2.6355	0.0000

此外，由表 5-3 可知，只有样本阶段 3 和阶段 5 的国际原油便利收益期权估计值的水平值在 10% 显著性水平下显著，其余四个阶段的该值在 10% 显著性水平下都不显著。但是，样本六个阶段的国际原油便利收益期权估计值的一阶差分在 1%、5%、10% 显著性水平下均显著。

表 5-3　　　　　国际原油便利收益期权估计值 ADF 检验结果

阶段	变量	检验形式 (c, t, L)	ADF 统计量	1%显著性水平	5%显著性水平	10%显著性水平	Prob 概率值
2006.7.1～2008.10.3	cy	(c, 0, 2)	-1.6430	-3.4881	-2.8867	-2.5803	0.4574
	Δcy	(c, 0, 1)	-13.3981	-3.4881	-2.8867	-2.5803	0.0000
2008.10.10～2010.10.8	cy	(c, 0, 0)	-1.9210	-3.4944	-2.8895	-2.5817	0.3216
	Δcy	(c, 0, 0)	-8.9995	-3.4950	-2.8898	-2.5819	0.0000
2010.10.15～2015.1.2	cy	(c, 0, 1)	-3.6076	-3.4602	-2.8746	-2.5738	0.0063
	Δcy	(c, 0, 13)	-5.6239	-3.4621	-2.8754	-2.5742	0.0000
2015.1.9～2017.1.6	cy	(c, 0, 0)	-2.0185	-3.4944	-2.8895	-2.5817	0.2786
	Δcy	(c, 0, 0)	-10.7402	-3.4950	-2.8898	-2.5819	0.0000
2017.1.13～2019.12.27	cy	(c, 0, 2)	-3.6647	-3.4737	-2.8805	-2.5769	0.0056
	Δcy	(c, 0, 1)	-11.3051	-3.4737	-2.8805	-2.5769	0.0000
2020.1.3～2020.6.26	cy	(c, 0, 0)	-2.0704	-3.7241	-2.9862	-2.6326	0.2573
	Δcy	(c, 0, 0)	-5.3681	-3.7379	-2.9919	-2.6355	0.0000

总之，由表 5-2 和表 5-3 可知，样本区间内六个阶段的国际原油便利收益期权估计值与实际值同为一阶平稳序列。

其次，利用式 (5.4)，回归检验样本六个阶段的国际原油便利收益期权估计值能否准确反映国际原油便利收益实际值。

$$rab_t = \alpha_0 + \alpha_1 \cdot cy_{t,T} + \varepsilon_t \tag{5.4}$$

其中，rab_t 是国际原油便利收益实际值，$cy_{t,T}$ 是国际原油便利收益期权估计值。α_0 是常数项，α_1 是回归系数，ε_t 是随机误差项。

式 (5.4) 中，考虑到变量自相关，采用 Cochrane-Orcutt 两步法回归，结果见表 5-4。

表 5-4　　　　　国际原油便利收益期权估计值的准确性检验结果

阶段	α_0	α_1	拟合系数 R^2	D.W 统计量
2006.7.1～2008.10.3	-0.1422* [-1.8301]	1.8782*** [12.2400]	0.9182	1.9103
2008.10.10～2010.10.8	-0.1936*** [-42.2312]	1.2570*** [34.5407]	0.9305	1.9639

续表

阶段	α_0	α_1	拟合系数 R^2	D.W 统计量
2010.10.15 ~ 2015.1.2	-0.0740 *** [-18.8807]	1.4808 *** [19.7188]	0.9491	2.0472
2015.1.9 ~ 2017.1.6	-0.0988 *** [-35.0750]	1.4057 *** [25.1954]	0.9695	1.9434
2017.1.13 ~ 2019.12.27	-0.0339 *** [-4.6174]	1.4747 *** [20.6413]	0.9713	2.0723
2020.1.3 ~ 2020.6.26	-2.0491 *** [-9.8498]	2.1925 *** [15.3532]	0.9264	1.8561

理论上，如果国际原油便利收益的期权估值准确，那么国际原油便利收益期权估计值对其实际值的回归系数 α_1 应接近于1。但从表5-4的回归结果可知，首先，样本六个阶段的拟合系数 R^2 都较高，说明回归方程设定合理。其次，六个样本阶段的回归系数 α_1 在1%显著性水平下均显著。但从 α_1 的数值来看，各个阶段相差很大，其中阶段2的最低，为1.2570。另外，阶段3、阶段4和阶段5的 α_1 数值较相近，分别为1.4808、1.4057和1.4747，可见它们的大小与1都有些出入。这说明在这三个阶段，尽管可用国际原油便利收益的期权估计值近似拟合实际值，但是由于这两者之间数值相差还是较大，从而国际原油实际值可能还受期权之外的因素影响。最后，样本阶段1和阶段6的 α_1 值都在2附近，分别为1.8782和2.1925，远大于1。说明与样本其他几个阶段相比，样本阶段1和阶段6的国际原油便利收益期权估计值对其实际值的解释能力更弱。

5.2.2 国际原油便利收益影响因素检验

上一节的研究结论说明，单纯用国际原油便利收益期权值去描述国际原油便利收益实际值，其回归检验的系数与理论预期要求仍有差距，因此还需要进一步研究国际原油便利收益特性，分析其影响因素。因此，提出如下假设：

H1：国际原油便利收益与国际原油库存具有反向变动关系。

因为如果国际原油库存充足，那么未预期到的国际原油现货市场供求失衡可以通过当期释放原油库存、增加原油供给得到缓解，这样持有原油现货不具备优势，国际原油便利收益也将减弱并消失。但是，如果国际原油库存紧张，那么国际原油现货市场供求失衡只会造成国际原油现货稀缺，于是持有国际原油现货不但可以获得便利收益而且该收益的数值将增加。

通过式（5.5）与式（5.6），可以实证检验假设 H1 是否成立。

$$\Delta cy_{t,T} = \beta_0 + \beta_1 \cdot \Delta I + \mu_t \tag{5.5}$$

$$\Delta rab_t = \gamma_0 + \gamma_1 \cdot \Delta I + \gamma_2 \cdot \mu_t^* + \varepsilon_t \tag{5.6}$$

上两式中，Δcy 和 Δrab 分别是国际原油便利收益期权估计值和实际值的一阶差分。ΔI 是国际原油库存的一阶差分。由于这些变量都是一阶平稳序列，所以它们可以进行回归检验。

根据假设 H1，式（5.5）中要求库存变化（ΔI）的回归系数 $\beta_1 < 0$。式（5.6）中的 μ_t^* 项是式（5.5）的残差项 μ_t，说明国际原油便利收益期权估计值的信息已包含在 μ_t^* 项中，于是根据便利收益实际值对期权估计值的回归检验结果和假设 H1 的内容，式（5.6）中的回归系数 γ_1 应该小于零，回归系数 γ_2 应该大于零。

采用 Cochrane-Orcutt 两步法，按照式（5.5）与式（5.6）分别回归，样本六个阶段的检验结果见表 5-5。

表 5-5　　式（5.5）、式（5.6）Cochrane-Orcutt 回归结果

阶段	式（5.5）回归结果			式（5.6）回归结果				
	β_0	β_1	拟合系数 R^2	D.W 统计量	γ_0	γ_1	γ_2	拟合系数 R^2	D.W 统计量
2006.7.1 ~ 2008.10.3	0.0000 [0.0159]	-0.0205 [-0.9392]	0.2464	2.1324	-0.0005 [-0.9171]	-0.0585 [-1.0985]	1.7166*** [8.7575]	0.4814	1.9554
2008.10.10 ~ 2010.10.8	0.0000 [-0.0449]	0.0781 [0.5548]	0.0168	2.0027	-0.0005 [-0.8015]	0.2364*** [3.0513]	1.6776*** [22.3321]	0.8592	2.2409
2010.10.15 ~ 2015.1.2	0.0000 [-0.1203]	-0.0192 [-1.1050]	0.0985	2.0032	0.0000 [-0.0194]	-0.0614*** [-3.2855]	1.5350*** [17.8216]	0.5828	2.1497
2015.1.9 ~ 2017.1.6	0.0004 [0.5536]	-0.1474** [-2.1053]	0.0750	1.9490	0.0005 [1.0509]	-0.1871*** [-4.0153]	1.4316*** [20.6316]	0.8249	1.9413
2017.1.13 ~ 2019.12.27	0.0002 [0.6486]	0.0029 [0.1149]	0.0840	1.9851	0.0004* [1.9042]	-0.0167 [-0.7390]	1.5078*** [19.7566]	0.7255	2.0235
2020.1.3 ~ 2020.6.26	0.0361 [1.0965]	-4.2966* [-1.8807]	0.1898	2.1115	0.0598 [0.7097]	-7.1930* [-1.7091]	2.9594*** [13.5618]	0.8052	1.8101

由表 5-5 可知，首先，按照式（5.5）对样本阶段 1 回归，结果库存回

归系数 β_1 不显著，拟合系数 R^2 仅为 0.2464，说明回归结果不理想。其次，同样引入期权因素 μ_t^* 项后，对样本阶段 1 按照式 (5.6) 回归，发现库存回归系数 γ_1 在 10% 显著性水平下不显著。虽然期权回归系数 γ_2 大于零而且在 1% 显著性水平下显著，但拟合系数 R^2 也仅略微上升为 0.4814。因此，综合考虑式 (5.4)、式 (5.5)、式 (5.6) 的回归结果可得，样本阶段 1 的国际原油便利收益不但没有明显的期权特性，而且国际原油库存量变动也没有显著影响国际原油便利收益。所以，同期可能存在其他因素主要影响国际原油便利收益变动。

由表 5-5 还可知，按照式 (5.5) 分别对样本其他五个阶段的国际原油便利收益期权估计值与国际原油库存回归，发现它们的回归系数 β_1 要么不显著，要么 β_1 虽然显著，但其值大于零，不符合理论要求，尽管样本阶段 4 的 β_1 符合理论要求，但其拟合系数值 R^2 接近于零。以上结果说明单纯依靠国际原油现货库存变动不能解释样本其余五个阶段国际原油便利收益的变动，还存在除库存以外的其他因素主要影响国际原油便利收益变动。

于是，同样引入期权因素 μ_t^* 项后，对样本其余五个阶段分别按照式 (5.6) 回归，结果发现：

样本阶段 2 的期权回归系数 γ_2 在 1% 显著性水平下大于零，回归方程的拟合系数 R^2 也明显上升到较高的 0.8592，但是库存回归系数 γ_1 却在 1% 显著性水平下大于零，与假设 H1 相矛盾，这说明尽管引入期权因素能很好地解释国际原油便利收益的变动，但是在样本阶段 2 还可能存在其他因素制约库存对国际原油便利收益变动的解释。

样本阶段 3 的回归结果中，虽然库存回归系数 γ_1 在 1% 显著性水平下小于零，期权回归系数 γ_2 在 1% 显著性水平下大于零，从而回归系数结果均符合理论预期。但是另一方面，其回归方程的拟合系数 R^2 也仅上升到 0.5828。说明样本阶段 3 的国际原油便利收益变动不能完全由库存与期权因素共同解释，还存在很大比例的其他因素的解释。

样本 4 和样本 6 的回归结果中，库存回归系数 γ_1 在 10% 显著性水平下都小于零，期权回归系数 γ_2 在 1% 显著性水平下均大于零，从而回归系数的结果符合理论预期。另外，回归方程的拟合系数 R^2 也分别明显地上升到较高的 0.8249 和 0.8052。由此可得，上述两个阶段的国际原油便利收益只有在具备期权特性基础上，其才与国际原油库存具有显著的反向变动关系。

样本阶段 5 的期权回归系数 γ_2 在 1% 显著性水平下大于零，回归方程的

拟合系数 R^2 也上升到 0.7255，库存回归系数 γ_1 尽管小于零，但其在 10% 显著性水平下不显著。说明尽管引入期权因素，但是库存变化仍不能有效解释国际原油现货便利收益的变动，同期可能存在其他因素影响国际原油便利收益变动。

由于商品便利收益的提出来自期货仓储理论，而期货仓储理论更多描述的是从事商品实物交易的交易者在期货与现货市场之间的交易行为和动机，较少涉及交易者的金融投机行为。所以，期货仓储理论中的商品便利收益变化更多反映商品的实物属性，而非金融投机。并且由于商品便利收益是商品期货与现货价格互动连接的纽带。因此，检验商品便利收益的变化是否符合期货仓储理论，可以判断商品期货与现货价格互动原因是来自实物商品交易还是其他。此外，由前述理论还可知，首先只有在商品现货市场供给短缺时，商品便利收益才具有期权性质。其次，国际原油库存变动也反映着国际原油现货市场的供求变化。因此，如果国际原油库存和期权因素能共同解释国际原油便利收益的变动，那么最终供求因素就是引起国际原油现货价格波动的主因，从而国际原油就具有商品属性。

因此综合式（5.5）和式（5.6）的实证结果可进一步得出以下结论：样本区间内引起国际原油便利收益变化的主要原因，在阶段 1 和阶段 3 显著的不是国际原油市场供求变化；但在阶段 4 和阶段 6 显著的是国际原油市场供求变化；但在阶段 2 和阶段 5 仍需检验是否存在其他因素主导国际原油便利收益变化。

5.3　国际原油金融属性检验

供求变动与金融投机是引起国际原油价格波动的两个基本因素，并且它们又都共存于国际原油市场中，只不过在不同时期因为这两种因素的力量对比不同而使得国际原油具有实物或金融两种属性，并对应两种定价机制。因为，国际原油期货与现货价格共同完成价格发现，并且两者又存在互动关系，所以如果国际原油现货市场供求变动对国际原油现货价格决定的力量大于金融投机对国际原油期货价格决定的力量，则可认为由于是国际原油供给需求决定国际原油价格，从而国际原油具有商品实物属性。但是如果国际原油现货市场供求变动对国际原油现货价格决定的力量小于金融投机对国际原油期货价格决定的力量,则可认为是国际原油金融投机决定国际原油价格,相应国际原油具有金融属性。

因此,若国际原油市场因为供给不足引起国际原油现货价格上升和便利收益增加,于是在期货和现货市场无套利均衡机制作用下,国际原油期货价格也将上升。此时面对国际原油期货市场出现的获利机会,以投机获利为目的的国际原油期货市场内非商业多头头寸就会增加,并推动国际原油期货价格显著上涨。但若此时能够快速增加国际原油现货市场供给,那么可以稳定国际原油现货市场价格,降低国际原油便利收益,并在期货与现货价格互动机制下,也降低国际原油期货价格,最终能抑制国际原油期货市场内的非商业多头交易。

已有研究经常通过国际原油期货市场内的非商业多头头寸来衡量国际原油期货市场金融投机程度。结合国际原油市场实际提出如下假设:

H2:若国际原油便利收益变动与国际原油期货市场内非商业多头头寸变动存在同向均衡关系,那么国际原油具有实物属性。否则,国际原油具有金融属性。

由于国际原油便利收益实际值和国际原油期货市场非商业多头头寸在样本六个阶段均为一阶平稳序列,于是选取它们的一阶差分分别对假设 H2 进行 Johansen 协整检验,结果见表 5 - 6。

表 5 - 6　　国际原油便利收益与原油期货市场非商业多头头寸
Johansen 协整检验结果

	2006.7.1 ~ 2008.10.3	2008.10.10 ~ 2010.10.8	2010.10.15 ~ 2015.1.2	2015.1.9 ~ 2017.1.6	2017.1.13 ~ 2019.12.27	2020.1.3 ~ 2020.6.26
协整系数 $c(0)$	-0.0397** (0.0168)	0.1438** (0.0595)	-0.0710** (0.0165)	0.6925** (0.1048)	-0.0763** (0.0228)	3.9046** (1.4708)

注:圆括号内为标准差。

由表 5 - 6 可知,在样本阶段 1 和阶段 3,在 5% 显著性水平下,国际原油便利收益与国际原油期货市场内非商业多头头寸的协整系数 $c(0)$ 均小于零。表明它们都存在反向的均衡关系,因此与假设 H2 相矛盾。于是,综合考虑表 5 - 5、表 5 - 6 的实证结果,共同说明样本阶段 1 和阶段 3 的国际原油价格不由供求决定,从而该阶段的国际原油不具有实物属性,而是具有显著的金融属性,即同期国际原油市场金融投机对国际原油期货价格决定力量显著大于国际原油供求变动对国际原油现货价格的决定力量。

此外，如表5-6所示，在样本阶段5，国际原油便利收益与国际原油期货市场内非商业多头头寸的协整系数 c(0) 在5%显著性水平下小于零。表明它们存在反向的均衡关系，因此与假设 H2 相矛盾，从而似乎可以如前所述，认为样本阶段5具有金融属性。但是表5-5的检验结果却显示，在样本阶段5还存在较大比例的供求因素影响国际原油便利收益进而影响国际原油价格。于是综合考虑表5-5，表5-6的检验结果，认为在样本阶段5的国际原油金融投机与供求两种力量对比中，虽然是前者大于后者而显现金融属性，但也仅是一种脆弱的金融属性。

由表5-6还可知，在样本阶段2，在5%显著性水平下，协整系数 c(0) 大于零，表明国际原油便利收益与国际原油期货市场内非商业多头头寸存在同向均衡关系，从而接受假设 H2，说明该阶段的国际原油应具有实物属性。但是由表5-5的回归结果中可知，该阶段即使引入反映供求背景的期权因素能很好解释国际原油便利收益变动，但仍有其他因素干扰了反映供求变化的库存与国际原油便利收益变动之间正常的关系。所以综合考虑表5-5、表5-6的实证检验结果，可得样本阶段2虽然具有实物属性，但只能是一种脆弱的实物属性。

由表5-6还可知，在样本阶段4和阶段6，在5%显著性水平下，它们的协整系数 c(0) 均大于零，表明国际原油便利收益与国际原油期货市场内非商业多头头寸在这两个阶段都存在同向均衡关系，从而接受假设 H2。于是，综合表5-5和表5-6的结果，共同验证了样本阶段4和阶段6的国际原油具有显著的实物属性。

5.4 国际原油金融属性产生原因

5.4.1 国际原油经济特征

一种普通商品如果要成为金融投机者的交易标的，那么当该种商品供求失衡时，其应具有易被金融投机者操纵获利的经济特征。国际原油的需求与供给价格弹性则满足了这方面要求。

5.4.1.1 国际原油需求价格弹性

如今，原油消费已深入到经济社会的方方面面，并且已成为重要的工业原料和基础能源之一，其约占全球能源消费的 40%。所以在现有科学技术水平下，原油的这种基础性地位短期内也难以被替代。因此，面对原油消费的普遍性以及经济生活对其需求的依赖性，当国际原油价格出现上涨，大多数消费者只能被动接受，从而国际原油需求对国际原油价格变化不是很敏感，短期内需求价格弹性较小。如克里钦（2006）认为国际原油短期需求价格弹性为 0.03 左右，接近于零。但在长期，由于一方面要避免国际原油价格波动对经济的冲击，另一方面顾忌原油消费带来的环境问题，于是在国际原油价格上升背景下会促使原油消费国，尤其是发达国家陆续调整能源政策、减少对原油的依赖而发展替代能源，例如对太阳能、风能、生物质能等众多新能源的开发重视，因此国际原油的长期需求价格弹性高于短期，在 OECD 国家该值约为 0.6，而在新兴市场国家该值约为 0.1~0.4。可见，即使在长期，国际原油需求价格弹性有所升高，但作为一种基础性战略商品，它仍属于需求缺乏价格弹性商品。

此外，国际原油需求收入弹性衡量了国际原油需求对全球经济（GDP）变动的反映程度。克里钦（2006）研究认为国际原油需求收入弹性值在 0.5~1.2，大于国际原油需求价格弹性。这说明国际原油需求对全球 GDP 变化的敏感程度要高于对国际原油价格的敏感程度，因而，当今国际原油需求增减更多的是由全球经济增长加速或放缓所致。

5.4.1.2 国际原油供给价格弹性

原油供给具有如下特征，首先，原油勘探开发是个长期过程。因为寻找一个具有开发价值的油田不但要花费数年时间，而且对于已探明储量的油田，要形成生产规模也需要 7~10 年。其次，原油开采具有一定刚性，人为随意改变产量会破坏原油生产。因为对油井而言，一方面如果短期内加快采油速度而超过地层敏感速度，则会打破地层压力平衡，从而不利于最终采收率。另一方面，如果原油价格下降时，人为关闭油井降低产量也会带来不利后果，因为油井关闭后再重新生产不但成本高而且技术难度大。

所以，由于原油生产的这种"刚性"现象，使得原油供给者当国际原油价格变化时很难迅速调整产量，它们短期内只能通过其拥有的剩余产能进行少量调节,从而表现出原油供给对国际原油价格的变化有一定的滞后性。因此,针对原油供给前期投入大、周期长的资本密集型生产特点,原油供给短期价格弹性极小,克里钦(2006)研究认为国际原油的短期的供给价格弹性仅为0.08。

由上可知,国际原油需求与供给在短期均缺乏价格弹性,但国际原油收入却富有弹性。因而当全球经济变化引致原油需求变动,并导致国际原油市场在短期内出现供求失衡时,国际原油的上述经济特征易导致国际原油价格产生波动预期,从而吸引金融投机者操纵国际原油价格获利。

5.4.2 国际原油期货市场金融投机者

国际原油期货市场上从事金融投机的交易者的种类和交易规模数量变化,也决定着国际原油金融属性的产生和程度。

根据交易目的不同,可将国际原油期货市场上的交易者分为两大类:拥有与国际原油实物相关业务的商业交易者和与国际原油实物业务不相关的非商业交易者。前者包括大型跨国石油公司、国家石油公司等从事原油实物交易的商业机构。对于国际原油商业交易者而言,参与国际原油期货市场交易的主要目的是利用期货市场的价格发现和套期保值功能,规避原油现货价格波动风险,从而锁定成本或收益,实现生产的连续性和稳定性。

由于期货是合约交易,并且交易者可在合约到期前进行平仓交易,这样国际原油期货交易者交易的目的可以不是拥有原油实物,而只是利用期货合约进行投资或投机。所以,国际原油期货市场的交易特点为国际金融机构进入国际原油期货市场提供了途径和可能。

国际原油期货市场的非商业交易者不从事国际原油实物交易,大多为在国际原油期货市场从事金融投机或投资交易的金融机构。其主要包括共同基金、养老基金、保险基金、对冲基金以及期货投资基金五类。但是进一步从非商业交易者的资产规模上看,虽然共同基金、养老基金、保险基金三类传统基金资产总量非常巨大,但它们在国际原油期货市场上交易目的往往是把国际原油作为其分散持有的多种类型资产风险的一种投资避险工具,并追求长期投资获利。因而其交易策略相对保守,交易量相对较低,所以这三类基金对国际原油市场价格波动的影响相对较弱。

但近年来国际原油期货市场内的对冲基金对国际原油价格影响显著。对冲基金是一种为富人和机构投资者追求更高收益而设计的投资工具,具有私人合伙投资性质,对其监管不足,所以当国际原油期货市场出现获利机会时,对冲基金大多采取以对冲操作为主的策略应对高风险而获取高收益,且其还具有持仓时间短、操作频繁的特点。所以不断增加的对冲基金在国际原油市场的投机活动,被认为是近年来国际原油价格波动剧烈的主要原因。

此外,投资银行和商业银行也是国际原油市场的重要参与者。例如摩根士丹利、高盛、法国兴业等金融机构不但是国际著名投资银行,而且它们还是国际原油金融衍生品的设计者和提供者,从而投资银行的特点也决定它们将国际原油作为投机对象进行交易。所以,该类金融机构有"华尔街炼油商"之称,并成为新的一类国际原油非商业交易者。

5.4.3 WTI 原油期货市场非商业头寸变动

美国商品期货交易委员会（CFTC）每周都公布 WTI 原油期货交易者的持仓报告数据,并将它们按照商业交易者持仓和非商业交易者持仓进行分类。其中,商业交易者持仓大多为与原油现货交易有关的套期保值持仓,非商业持仓普遍被认为是投机性持仓。另外,WTI 原油期货多头头寸增加,尤其是非商业交易者的多头头寸增加意味着 WTI 原油期货市场内部的金融投机者对原油期货合约的交易是以购买为主,从而该市场内部合约需求增加会推动 WTI 原油期货价格上涨。相反,空头头寸增加,尤其是非商业交易者的空头头寸增加意味着 WTI 原油期货市场内部金融投机者对原油期货合约的交易是以做空抛售为主,从而该市场内部合约需求减弱将引致 WTI 原油期货价格的下跌。因此,通过分析 WTI 原油期货市场非商业头寸变动及其与原油期货价格关系,可以知晓 WTI 原油期货市场内部金融投机者对原油期货价格波动的影响程度。

由图 5-2 可知,首先,从总量上,WTI 原油期货市场内部非商业交易头寸数量在显著增加,其从 2006 年 7 月 3 日的 176166 手增至 2018 年 1 月 30 日的 866033 手这一样本区间内的最高值,增加了 3.92 倍。但随后,市场反转、金融机构做多投机动力减弱,到 2019 年 2 月 26 日却显著降至 486235 手,短短 1 年左右时间降幅高达 44%,可见非商业交易者的短期逐利性的特点是非常突出的。此后,尽管有反复,但随着交易者对国际原油期货市场的信心逐渐恢复,到 2020 年 6 月 23 日,该头寸数量已增至 711257 手,1 年多的时间又显著增加了46%。这说明，在样本期间内，国际原油总体上依然受到金融机构青睐，从而金融机构利用原油期货做多投机的趋势基本没有改变，但是其买空卖空投机获利的特性使得非商业交易头寸数量在短期容易出现显著波动，进而引致国际原油期货价格短期不稳定。

图 5-2　WTI 原油期货市场非商业多头总量与其占全部报告多头比例趋势

资料来源：美国商品期货交易委员会网站，www.cftc.com，2020 年 6 月 30 日。

其次，从相对量上，WTI 原油期货市场内部非商业交易多头头寸占全部报告多头头寸比例的变动趋势总体是上升。首先，该数值从 2006 年 7 月至 2009 年 7 月基本维持在 0.15~0.2 之间波动。此后该比例值逐渐升高，并在 2009 年 8 月至 2013 年 9 月开始在 0.2~0.3 之间波动。再后，从 2013 年 12 月至 2018 年 9 月该数值又上升至在 0.3~0.35 的更高区间波动，并在 2017 年 2 月 21 日达到 0.36 左右的高点。样本期间内，尽管国际原油市场会发生一些阶段性市场行情反转现象，使得该数值下降并出现阶段性低点，例如 2009 年 5 月降至 0.15 左右，2013 年 4 月降至 0.2 左右，2019 年 1 月降至 0.25 以下，但随后这些阶段都经过国际原油市场内部调整，增强了国际原油期货市场内非商业交易者交易做多动机。例如，近期虽然受全球新冠肺炎疫情的影响，该数值在 2020 年 2 月、3 月经历了短暂的低位，但此后伴随着国际原油市场基本面逐渐改善，其值又迅速上升，并在 2020 年 6 月达到样本区间内的最高值 0.37。可见，伴随着非商业多头头寸在全部多头头寸中所占比例的提高,一方面说明传统的商业多头对国际原油价格的影响力在减弱,另一方面表明国际原油价格的波动,尤其是其上涨趋势越来越受非商业交易多头的影响,也即金融投机决定国际原油价格力度在增强。

5.4.4 WTI 原油期货市场投机者情绪

5.4.4.1 WTI 原油期货市场投机者情绪变动趋势

大多数金融投机者,在交易时都会受到自己情绪主导,从而左右其对投机交易的判断和推理,于是可以利用投机者情绪指标衡量金融投机者对未来投机意愿或预期的市场人气。

本书借鉴马登科和张昕(2010)计算 WTI 原油期货市场投机者情绪指标的方法。

$$投机者情绪 = \frac{非商业多头头寸 - 非商业空头头寸}{非商业多头头寸 + 非商业空头头寸} \tag{5.7}$$

式(5.7)中,投机者情绪指标的取值范围是[-1,1],该数值如果大于零,说明国际原油期货市场金融投机活动以做多为主,从而会推动国际原油期货价格上涨;相反,该数值如果小于零,说明国际原油期货市场金融投机活动以做空为主,从而会加速国际原油期货价格下跌。当然,该数值(绝对值)越大则说明国际原油期货市场金融投机做多(做空)的气氛越浓厚,相应其对国际原油期货价格的影响也越显著。

由图 5-3 可知,首先,WTI 原油期货市场投机者情绪的取值基本都大于零,说明该市场金融投机活动总体以做多为主。其次,WTI 原油期货市场的投机者情绪数值是逐步显著升高。2006 年 7 月 3 日至 2010 年 7 月 3 日,其基本在 0~0.2 这一较低数值区间小幅波动,2010 年 10 月 5 日至 2015 年 3 月 31 日期间,WTI 原油期货市场投机气氛日渐浓厚,该数值开始在 0.25~0.55 较高区间明显波动。随后,尽管有降低,但该值仍长期在 0.4 上下波动。2017 年 10 月 31 日至 2020 年 6 月 23 日,该数值在 0.55~0.7 之间高位波动,甚至在 2019 年 12 月 17 日达到了样本最高点 0.78。可见,在样本期间内,国际原油期货市场的非商业交易者的投机者情绪虽然有短暂频繁波动,但其做多投机情绪总体仍是持续增强高涨,说明国际原油期货市场对金融机构的吸引力仍十分显著,国际原油越来越被当作为一种金融投机产品。

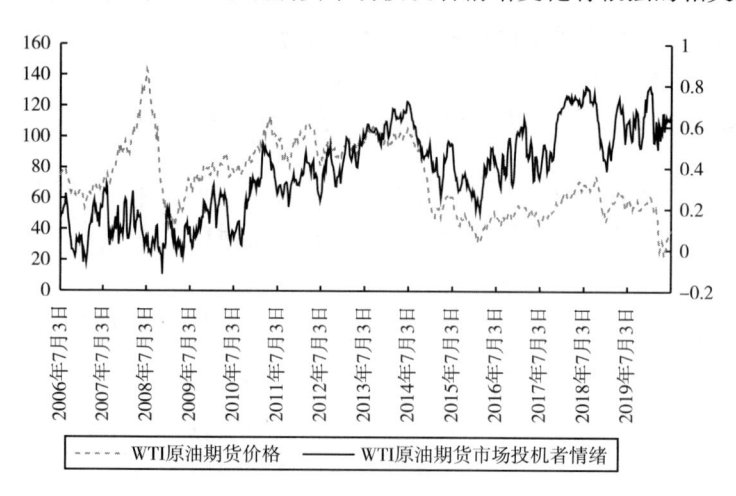

此外，由图 5-3 还可看出，样本区间内，WTI 原油期货价格与 WTI 原油期货市场投机者情绪的波动趋势相似，即当投机者情绪升高时，WTI 原油期货价格也上升；当投机者情绪弱化时，WTI 原油期货价格也下跌。说明 WTI 原油期货价格与 WTI 原油期货市场投机者情绪变化有很强的相关性。

图 5-3　WTI 原油期货价格与 WTI 原油期货市场投机者情绪波动趋势

数据来源：美国商品期货交易委员会网站，www.cftc.com，2020 年 6 月 30 日。
美国能源信息署网站，www.eia.doe.gov，2020 年 6 月 30 日。

5.4.4.2　WTI 原油期货市场投机者情绪与 WTI 原油期货价格关系实证检验

对于图 5-3 所示的 WTI 原油期货市场的投机者情绪与 WTI 原油期货价格之间的定性关系，可以利用协整检验方法实证上述二者之间的定量关系。

首先，由单位根检验结果可知，WTI 原油期货价格的一阶差分序列在 1% 显著性水平下为平稳序列，WTI 原油期货市场投机者情绪序列在 10% 显著性水平下也为平稳序列。

其次，滞后 2 阶的协整检验结果显示，这两者在 5% 显著性水平下，存在两个长期的同向均衡关系（见表 5-7）。

表 5-7　WTI 原油期货价格与投机者情绪的协整检验结果

原假设	特征值	迹统计量	5% 显著性水平	Prob.
0 个协整向量（$r=0$）	0.2571	222.4365	15.4947	0.0001
至多 1 个协整向量（$r \leqslant 1$）	0.0087	6.3350	3.8415	0.0118

最后，表 5-8 所示 WTI 原油期货价格与投机者情绪的格兰杰因果检验结果。由该表可知，当滞后 1 期时，WTI 原油期货市场的投机者情绪不是 WTI 原油期货价格的格兰杰原因，但是后者却是前者的格兰杰原因，说明最初正是原油期货价格的波动引起了金融投机者的关注，而不是相反。但当滞后 2 期以后，WTI 原油期货市场的投机者情绪与 WTI 原油期货价格互为格兰杰因果关系。这说明，首先是因为国际原油期货价格波动存在投机获利机会，才吸引了金融机构进入国际原油期货市场进行投机操作，其结果既加剧了原油期货价格的波动，又进一步助长了投机获利情绪。此后，两者互为因果，互为引导，并相互加强或减弱，从而它们在样本区间有着相似的波动趋势。因此，度量非商业交易者投机者情绪的强弱也是从国际原油期货市场内部金融投机角度分析国际原油价格剧烈波动的一个重要手段。

表 5-8　　国际原油期货价格与投机者情绪格兰杰因果检验结果

原假设	F 值	P 值	滞后阶数
$TJZQX$ 不是 FP 的格兰杰原因 FP 不是 $TJZQX$ 的格兰杰原因	0.10406 14.6228	0.7471 0.0001	1
$TJZQX$ 不是 FP 的格兰杰原因 FP 不是 $TJZQX$ 的格兰杰原因	15.5192 4.7394	0.0000 0.0090	2
$TJZQX$ 不是 FP 的格兰杰原因 FP 不是 $TJZQX$ 的格兰杰原因	10.6081 6.0159	0.0000 0.0005	3
$TJZQX$ 不是 FP 的格兰杰原因 FP 不是 $TJZQX$ 的格兰杰原因	8.0237 6.3409	0.0000 0.0000	4
$TJZQX$ 不是 FP 的格兰杰原因 FP 不是 $TJZQX$ 的格兰杰原因	7.8980 4.4995	0.0000 0.0005	5
$TJZQX$ 不是 FP 的格兰杰原因 FP 不是 $TJZQX$ 的格兰杰原因	7.7946 3.6858	0.0000 0.0013	6

5.4.5　国际金融市场与国际原油期货市场波动溢出效应检验

国际金融市场是国际原油期货市场进行金融投机的重要资金来源。于是通过实证国际股票市场、国际汇率市场这两个重要的国际金融市场与国际原油期货市场的波动溢出关系，辨别国际原油市场外部风险信息来源，就能从国际金融市场溢出效应角度解释国际原油期货价格波动进而国际原油金融属性产生的外部市场原因。

5.4.5.1 数据选取与统计描述

美国金融市场发达,因此选取美国道琼斯30种工业股票指数代表国际股票市场,选取美元/欧元汇率代表国际汇率,以上数据均来源于 Wind 数据库。WTI 原油期货价格数据来源同本书前文。由于股票价格与汇率均为高频数据,因而本节中的三个变量都选取日数据。样本选取时期为2006年7月5日~2020年6月30日。

用 $r_{i,t}$ 表示第 i 个市场在 t 时期的收益率,见式(5.8):

$$r_{i,t} = (LnP_{i,t} - LnP_{i,t-1}) \times 100\% \tag{5.8}$$

式(5.8)中,i = 1、2、3,分别代表 WTI 原油期货市场、道琼斯股票市场、美元/欧元汇率市场。$P_{i,t}$ 是第 i 个市场在第 t 期的价格(指数)。

表5-9给出了上述三个市场收益率序列的描述性统计结果。该结果显示,一方面,这三个市场的收益率序列都不服从正态分布,并具有"尖峰厚尾"现象。另一方面,$Q^2(12)$ 统计量显示这三个市场收益率平方的序列都具有显著自相关现象,说明存在波动集聚性,因此可用 GARCH 类模型建模。此外,这三个市场收益率序列的 ADF 检验结果说明它们都是平稳序列。

表5-9　　　　三个市场价格收益率序列的描述性统计结果

	国际原油期货市场收益率 $r_{1,t}$	道琼斯股票市场收益率 $r_{2,t}$	美元/欧元汇率市场收益率 $r_{3,t}$
均值	-0.0002	0.0002	0.0000
最大值	0.2400	0.1076	0.0375
最小值	-0.3408	-0.1384	-0.0277
标准差	0.0245	0.0125	0.0060
偏度系数	-1.0041	-0.5051	0.0004
峰度系数	26.3174	19.0436	5.4868
Jarque-Bera	80402.76***	37933.57***	907.7742***
$Q(12)$	57.330**	151.87***	19.857*
$Q^2(12)$	1086.6***	4359.4***	978.17***
ADF 统计量	-65.2350***	-68.6427***	-59.4257***

5.4.5.2 实证检验结果与分析

参照 4.3 节中的 BEKK 模型形式进行实证检验。

表 5-10 给出了国际原油期货价格与道琼斯股票价格波动溢出效应的 BEKK 模型检验结果。由第一栏可知，系数矩阵 A、B 的主对角线元素 α_{11}、α_{22}、β_{11}、β_{22} 在 1% 显著性水平下均不等于零，说明国际原油期货价格与道琼斯股票价格波动不但都存在反映波动时变性的 ARCH 效应，也存在体现波动集聚性的 GARCH 效应。

表 5-10 第二栏列出了国际原油期货价格与道琼斯股票价格波动溢出效应的 Wald 检验结果。其中，首先在 10% 显著性水平下近似拒绝了假设 1，从而说明国际原油期货市场与道琼斯股票市场两者之间存在相互价格波动溢出效应。其次，10% 显著性水平下接受了假设 2，表明不存在国际原油期货市场对道琼斯股票市场单向价格波动溢出。最后，在 10% 显著性水平下近似拒绝了假设 3，说明存在道琼斯股票市场对国际原油期货市场的单向价格波动溢出。因此，尽管这两个市场的价格波动溢出是相互传递，但市场信息更多的是从道琼斯股票市场向国际原油期货市场的传导。

表 5-10 国际原油期货市场与国际股票市场 BEKK(1,1) 模型检验结果

	矩阵元素＼矩阵	C	A	B
BEKK(1,1)模型	1, 1	0.0021*** [11.0650]	0.2764*** [36.8787]	0.9579*** [384.7499]
	2, 1	0.0001 [0.6050]	0.0019 [0.3551]	0.0010 [0.5267]
	1, 2	0	-0.0021 [-0.0927]	0.0101 [1.1439]
	2, 2	0.0016*** [21.7014]	0.3721*** [28.2477]	0.9192*** [177.4054]
波动溢出检验	1. 不存在国际原油期货市场与国际股票市场相互波动溢出： H_1：$\alpha_{21} = \beta_{21} = 0$；$\alpha_{12} = \beta_{12} = 0$； Wald = 7.0410 (0.1337)			
	2. 不存在国际原油期货市场向国际股票市场波动溢出： H_2：$\alpha_{21} = \beta_{21} = 0$； Wald = 1.1863 (0.5526)			
	3. 不存在国际股票市场向国际原油期货市场波动溢出： H_3：$\alpha_{12} = \beta_{12} = 0$； Wald = 3.8830 (0.1435)			

注：方括号内为 t 统计量值，圆括号内为概率 P 值。下同。

表5-11给出了国际原油期货市场与美元/欧元汇率市场之间的BEKK模型检验结果。由第一栏可知，系数矩阵A、B的主对角线元素α_{11}、α_{22}、β_{11}、β_{22}在1%显著性水平下均不等于零，说明国际原油期货价格与美元/欧元汇率价格波动不但都存在ARCH效应，体现出价格波动的时变性，而且也具有GARCH效应，体现出价格波动影响的集聚性。

表5-11第二栏给出了国际原油期货价格与美元/欧元汇率价格波动溢出的Wald检验结果。其中，首先在1%显著性水平下拒绝了假设1，从而说明国际原油期货市场与美元/欧元汇率市场两者之间存在价格相互波动溢出效应。其次，在1%显著性水平下拒绝了假设2，因此存在国际原油期货市场对美元/欧元汇率市场的价格波动溢出。最后，在1%显著性水平下拒绝了假设3，从而存在美元/欧元汇率市场对国际原油期货市场的价格波动溢出。因此，在价格波动溢出方面，信息更多是美元/欧元汇率市场与国际原油期货市场的双向传导。

表5-11　国际原油期货市场与国际汇率市场BEKK(1,1)模型检验结果

	矩阵元素\矩阵	C	A	B
BEKK(1,1)模型	1, 1	0.0022 *** [11.775]	0.3006 *** [39.022]	0.9513 *** [367.428]
	2, 1	-0.0001 [-1.422]	-0.0023 [-1.254]	0.0014 ** [2.209]
	1, 2	0	-0.1254 *** [-3.264]	0.0315 *** [3.270]
	2, 2	0.0004 *** [9.934]	0.1837 *** [19.749]	0.9801 *** [550.973]
波动溢出检验	1. 不存在国际原油期货市场与美元/欧元汇率市场相互波动溢出：H_1：$\alpha_{12}=\beta_{12}=0$；$\alpha_{21}=\beta_{21}=0$；Wald=20.5382（0.0004）			
	2. 不存在国际原油期货市场对美元/欧元汇率市场波动溢出 H_2：$\alpha_{21}=\beta_{21}=0$；Wald=6.1091(0.0471)			
	3. 不存在美元/欧元汇率市场对原油期货市场的波动溢出：H_3：$\alpha_{12}=\beta_{12}=0$；Wald=12.1269(0.0023)			

金融市场基本功能是在不确定性环境下对资本进行动态最优配置。国际原油具有需求、供给价格弹性小，以及收入弹性大的经济特征。所以在全球经济增长引致国际原油价格具有上涨预期背景下，国际金融机构在投资分散

化思想指导下，选择将流动性从股票市场、外汇市场移至国际原油期货市场从事投资与投机等非商业交易，实现金融资本的跨市场最优配置。当然，若国际原油价格下跌，国际原油市场风险增大，从资金安全性角度考虑，国际金融资本也会从国际原油期货市场撤出，回流到国际股票市场和外汇市场。所以，在整个样本区间内，国际金融市场与国际原油期货市场存在双向的价格波动溢出效应。因此，当国际原油被当作为一种避险工具，上述持续进入和退出的流动性就与国际原油期货这种衍生的原油金融工具相结合，从事投机做多和做空交易，并追求更高的利润。从而在整个样本区间内，导致国际原油期货价格的非理性波动，其中在样本区间内，由于国际金融机构在国际原油期货市场的上述非商业交易行为对国际原油期货价格的影响超过国际原油现货市场供求变动对国际原油现货价格决定的程度不同，结果出现样本阶段1和样本阶段3具有显著金融属性，样本阶段5仅具有脆弱金融属性。

第6章 国际原油期货市场正反馈交易模型

6.1 引　言

目前，针对国际原油期货价格波动原因研究主要有供求决定和金融投机两种不同观点。前者是从传统经济学出发，认为国际原油现货市场供求均衡是国际原油价格稳定的基础，所以任何影响国际原油现货市场供给和需求的因素都会最终引起国际原油期货价格波动。但是，后者则认为近年来的国际原油供给需求失衡量相对于国际原油供给需求总量而言是微不足道，可是同期的国际原油期货价格波动幅度却非常显著，因此仅从基本面分析已不能有效解释国际原油期货价格的波动，还需要考虑金融投机因素对国际原油价格的影响。该观点主要用国际原油期货市场非商业净多头头寸作为金融投机的衡量变量，并在传统协整理论基础上构建不同模型，分别检验了不同时期的数据后，得出了该头寸的数量变化导致国际原油期货价格出现同向大幅波动。上述研究仅是实证检验了存在金融投机对国际原油期货价格影响，但在研究内容上，他们既未深入到国际原油期货市场微观交易者层面，也未研究金融投机者行为引起国际原油期货价格波动的机理。

德隆和施莱费（Delong & Shleifer，1990b）提出的股票市场正反馈交易模型研究了理性投机者、消极投资者以及正反馈交易者三类交易者的互动交易行为，并揭示了理性投机者操纵股票价格上涨的机理。托基奇（Tokic，2010）率先引用该模型定性描述了金融投机导致国际原油期货价格泡沫的生成机理。但是其一方面仅注意到国际原油的金融属性，从而更多关注金融机构的投机交易行为对国际原油价格影响，但却忽略了国际原油期货市场还存在与股票市场的区别，即其还存在其他新类型交易者，因此研究结论存在局限性。另一方面，该研究还缺乏数理角度的模型构建和验证。此外，尽管朱利奥（Giulio，2013）利用平滑区制转移模型，从行为金融视角，实证检验了是国际原油期货市场交易者的互动行为导致国际原油价格出现泡沫，但是由于其没有将金融投机者与正反馈交易者作为模型的内生变量，所以该研究结论缺乏说服性。因此，关于国际原油期货价格波动机理的行为金融研究还未真正展开。

国际原油期货市场有商业交易者，并且它们主要是那些和国际原油现货实物业务有关的国际原油需求者和供给商，从而它们知晓国际原油现货内在价值。因此，为了规避国际原油现货价格波动风险，维持生产经营的连续性和稳定性，国际原油商业交易者在国际原油期货市场内大多从事套期保值或套利交易。于是，与德隆和施莱费（1990b）的股票市场正反馈交易模型不同，国际原油期货市场不但包含该模型的三类交易者，还有套期保值者。另外，德隆和施莱费（1990b）的模型中，认为理性交易者数量等于正反馈交易者数量，这也不符合国际原油期货市场实际。

因此，针对已有研究的不足，本书将在股票市场正反馈模型基础上，结合国际原油期货市场实际，不但引入套期保值者，而且放松理性交易者与正反馈交易者数量相等的假设，构建国际原油期货市场内部的正反馈交易模型，从行为金融角度揭示国际原油期货市场交易者的互动行为以及理性投机者操纵国际原油期货价格的机理。

6.2　国际原油期货市场正反馈交易模型构建

本书将通过构建国际原油期货市场正反馈交易模型，揭示金融投机者操纵国际原油期货价格波动的机理。

与前述内容一致，本章仍然以 FP 代表国际原油期货价格。

假设国际原油期货交易存在 $t=0$，1，2，3 四个时期，并且在 $t=3$ 期时，交易者按照 $FP_0+\Phi$ 相互进行清算。其中，FP_0 是第 0 期国际原油期货价格，Φ 是国际原油内在价值，但为了简化后续分析，本书假设 FP_0 等于 0、Φ 在第 0 期也等于零。此外，本书还假设在国际原油期货市场内，在 $t=1$ 期才会释放有关国际原油内在价值 Φ 取值的信号，并在 $t=2$ 期公开。

本书是以国际原油期货价格上涨为背景构建国际原油期货价格正反馈模

型，但是如果国际原油期货价格下跌，本书分析同理适用。

6.2.1 国际原油期货市场交易者类型

根据交易动机的差异，以及掌握国际原油内在价值 Φ 的信息的先后，将国际原油期货市场交易者划分为下面四种类型。

①理性投机者。用 s 表示理性投机者，其数量为 μ。根据 5.4.2 节内容可知，该类交易者主要是国际原油期货市场的对冲基金和投资银行等金融机构。由于追求短期高额收益的特点，理性投机者依据其金融信息优势，经常在国际原油期货市场从事短期投机交易。

②消极投资者。用 i 表示消极投资者，其数量为 γ。根据 5.4.2 节内容可知，该类交易者主要是国际原油期货市场的养老基金、保险基金、共同基金等传统金融机构。由于它们仅将国际原油作为避险工具，并追求投资组合收益长期性与安全性，从而与同是金融机构的理性投机者相比，其采取交易策略较保守，即如果能知晓理性投机者的交易行为，就跟随模仿，否则采取国际原油期货价格低位买入而在高位卖出的传统投资策略。

③套期保值者。用 h 表示套期保值者，其数量为 $1-\mu-\gamma$。根据 5.4.2 节内容可知，该类交易者主要是如 OPEC、国家石油公司等国际原油期货市场的大型商业交易者，从而其最大特点是具有国际原油内在价值 Φ 的信息优势。因此针对国际原油价格变化，套期保值者经常在国际原油期货市场上进行套期保值和套利交易，希望规避国际原油价格波动风险。

④正反馈交易者。用 f 表示正反馈交易者，其数量为 ξ。基弗莱利和帕拉迪诺（Gifarelli & Paladino，2010）利用多变量 GARCH 模型实证了国际原油期货市场存在正反馈交易者。该类交易者以中小交易者为主，他们不知晓国际原油内在价值，从而其交易策略和国际原油市场供求基本面不相关，属于噪声交易者。相应其交易行为体现出追逐历史价格趋势的特点，即国际原油期货历史价格下跌时卖出，上涨时买入。

在国际原油期货交易不同时期，因为套期保值者、理性投机者、消极投资者能结合自身优势先后掌握国际原油内在价值 Φ 的信息，所以它们都是理性交易者。此外，为便于分析，本书假设上述三类理性交易者数量之和等于 1，而且还认为它们面临风险规避系数相同，都是 α，其结果是即使某一类理性交易者数量变动，也不会改变整个市场风险承受能力。此外，在国际原油期货交易不同时期,由于正反馈交易者不掌握国际原油内在价值 Φ 的信息,从而其是非理性交易者,因为正反馈交易者数量为 ξ,所以本书认为非理性交易者与全部理性交易者数量之比是 ξ。

6.2.2 正反馈模型交易过程

金融投机者在国际原油期货市场上操纵国际原油期货价格上涨有多种方式,但本书研究仅涉及金融投机者通过首先在第 1 期做多建仓,接着在第 2 期拉高国际原油价格,最后在第 3 期清仓获利这种基本方式。

(1) 第 0 期

因为在第 0 期,交易者既不发生交易也不披露任何市场信息,所以假设该期的国际原油内在价值 Φ 和国际原油期货价格 FP 都为零,从而第 0 期可以为交易者以后的交易策略提供基准。例如正反馈交易者根据该期可以判断国际原油期货价格从第 0 期到第 1 期、直至 2 期的变动趋势是下跌还是上涨,从而决定他们此后的交易需求。

(2) 第 1 期

①理性投机者。在第 1 期,如果国际原油现货市场出现供不应求状态,那么在国际原油期货与现货价格互动背景下,国际原油期货价格会产生上涨预期,从而形成理性投机者操纵国际原油期货价格的基础。

由于国际原油内在价值 Φ 是由国际原油现货市场供求决定,因此在国际原油现货市场供求变化背景下,在第 1 期,理性投机者会获得关于国际原油内在价值 Φ 变化的信号 ε,从而其根据该信息选择本期交易需求 D_1^s,实现效用最大化。

由前述可知,理性投机者是从事短期国际原油期货交易的金融机构,所以受行业限制,它在第 1 期不具有国际原油内在价值信息优势,因此同期理性投机者获得关于国际原油内在价值 Φ 的信号包含有噪声,并满足式 (6.1):

$$\text{Prob}(\varepsilon=\varphi, \Phi=\varphi)=0.5 \quad \text{Prob}(\varepsilon=\varphi, \Phi=0)=0.5 \quad (6.1)$$

因为本书假设第 0 期的国际原油内在价值等于零,那么在国际原油期货价格上涨背景下,理性投机者在第 1 期获得的是对国际原油内在价值变化正向冲击的信号,从而 $\varphi>0$。

②消极投资者。在第 1 期,以传统金融机构为主的消极投资者,其也不

知晓国际原油内在价值信息,所以它们只能采取传统方式,即针对同期国际原油期货价格决定交易需求,相应其需求量是国际原油期货价格的反函数,见式(6.2):

$$D_1^i = -\alpha \cdot FP_1 \tag{6.2}$$

式(6.2)中,D_1^i 是第1期消极投资者的交易需求量。FP_1 是第1期国际原油期货价格,$FP_1>0$。α 是风险规避系数,$\alpha>0$。

③套期保值者。作为国际原油商业交易者,套期保值者始终掌握国际原油内在价值信息,所以在第1期,它们将根据国际原油内在价值和国际原油期货价格差额从事套期保值交易,相应其需求函数见式(6.3):

$$D_1^h = \alpha \cdot (\Phi - FP_1) \tag{6.3}$$

式(6.3)中,D_1^h 是第1期套期保值者的交易需求量。

④正反馈交易者。作为历史价格趋势追逐者,正反馈交易者不关注本期国际原油期货价格,而仅对国际原油期货价格过去的变化做出反应,所以其交易需求是国际原油期货历史价格变化的函数。由于第0期的国际原油期货市场交易者没有交易且价格为零,所以第1期的正反馈交易者需求函数见式(6.4):

$$D_1^f = 0 \tag{6.4}$$

式(6.4)中,D_1^f 是第1期正反馈交易者的交易需求量。

国际原油期货市场在第1期的出清条件见式(6.5):

$$0 = \xi \cdot D_1^f + (\mu \cdot D_1^s + \gamma \cdot D_1^i + (1-\mu-\gamma) \cdot D_1^h) \tag{6.5}$$

(3)第2期

本书假设在第2期,正反馈交易者仍没有获取有关国际原油内在价值 Φ 的真实信息,但作为理性交易者的理性投机者和消极投资者获取了该信息。

①理性投机者。在第1期建仓完毕基础上,第2期,理性投机者交易目的是继续拉高国际原油期货价格以吸引更多交易者,从而保证在第3期它们可以高价清仓获利。因为在第2期理性投机者已知晓国际原油内在价值,所以其根据国际原油内在价值和同期国际原油期货价格差额决定交易需求,见式(6.6):

$$D_2^s = \alpha \cdot (\Phi - FP_2) \tag{6.6}$$

式（6.6）中，D_2^s 是第 2 期理性投机者的交易需求量。FP_2 是第 2 期国际原油期货价格，且 $FP_2 > 0$。

②消极投资者。在第 2 期，消极投资者一方面也知晓国际原油内在价值，另一方面还发现理性投机者操纵国际原油期货价格，于是采取跟随策略，从而其交易需求函数见式（6.7）：

$$D_2^i = \alpha \cdot (\Phi - FP_2) \qquad (6.7)$$

式（6.7）中，D_2^i 是第 2 期消极投资者的交易需求量。

③套期保值者。套期保值者在第 2 期仍继续其传统交易策略，于是其交易需求函数见式（6.8）：

$$D_2^h = \alpha \cdot (\Phi - FP_2) \qquad (6.8)$$

式（6.8）中，D_2^h 是第 2 期套期保值者的交易需求量。

④正反馈交易者。本期正反馈交易者的交易需求根据第 1 期和第 0 期的国际原油期货价格变化来确定，见式（6.9）：

$$D_2^f = \beta \cdot (FP_1 - FP_0) = \beta \cdot FP_1 \qquad (6.9)$$

式（6.9）中，D_2^f 是第 2 期正反馈交易者的交易需求量。β 是正反馈系数，$\beta > 0$。

国际原油期货市场在第 2 期的出清条件见式（6.10）：

$$0 = \xi \cdot D_2^f + (\mu \cdot D_2^s + \gamma \cdot D_2^i + (1 - \mu - \gamma) \cdot D_2^h) \qquad (6.10)$$

（4）第 3 期

由于第 3 期是模型的末期，所以交易者不存在交易。在第 3 期，上述四类交易者只根据公开的国际原油内在价值，进行相互间持有头寸清算，结果国际原油期货价格回复到国际原油内在价值 Φ。

6.2.3 模型求解

因为交易者在第 0 期与第 3 期不发生交易，所以国际原油期货市场出清条件在这两期自动满足。

由式（6.1）可知，在第 1 期，理性投机者获得噪声信号 φ 后，其会预期在第 2 期，国际原油内在价值 $\Phi = \varphi$ 的概率是 50%，$\Phi = 0$ 的概率是 50%。本书称上述第一种状态为 2a，第二种状态为 2b。

那么，根据第2期国际原油期货市场出清条件式（6.10），分别计算得出第2期两种简化的市场出清条件，见式（6.11a）和式（6.11b）。

$$0 = \xi \cdot \beta \cdot FP_1 + \alpha \cdot (\varphi - FP_{2a}) \tag{6.11a}$$

$$0 = \xi \cdot \beta \cdot FP_1 - \alpha \cdot FP_{2b} \tag{6.11b}$$

上两式中，FP_{2a}、FP_{2b}分别是第2期$\Phi = \varphi$和$\Phi = 0$两种状态下的国际原油期货价格。

另外，理性投机者还把实现当期效用最大化作为其交易目标，其效用函数见式（6.12）（Delong et al.，1990a）：

$$U = -e^{-2 \cdot \lambda \cdot M} \tag{6.12}$$

式（6.12）中，U是效用。λ是风险规避系数，$\lambda > 0$。M是理性投机者持有的财富。

在第2期两种状态下，对于给定的理性投机者在第1期的交易需求D_1^s，理性投机者从第1期到第2期从事交易所积累财富水平M分别见式（6.13a）和式（6.13b）：

$$M_{2a} = D_1^s \cdot (FP_{2a} - FP_1) + \frac{\alpha \cdot (FP_{2a} - \varphi)^2}{2} \tag{6.13a}$$

$$M_{2b} = D_1^s \cdot (FP_{2b} - FP_1) + \frac{\alpha \cdot FP_{2b}^2}{2} \tag{6.13b}$$

结合式（6.12）、式（6.13a）、式（6.13b），并根据效用最大化原则可以得到，在第1期，理性投机者在国际原油期货市场的交易需求函数见式（6.14）（德隆和施莱费，1990b）：

$$D_1^s = \frac{(FP_{2a} + FP_{2b}) - 2FP_1}{\lambda \cdot (FP_{2a} - FP_{2b})^2} \tag{6.14}$$

式（6.14）中，D_1^s是第1期理性投机者的交易需求量。

联立式（6.5）、式（6.11a）、式（6.11b）、式（6.14）可以得到式（6.15）：

$$FP_1 = \frac{\varphi}{2} \cdot \frac{\alpha}{\alpha - \xi \cdot \beta} \cdot \frac{1}{1 + \frac{\lambda \cdot \alpha \cdot \varphi^2}{2} \cdot \frac{\alpha}{\alpha - \xi \cdot \beta} \cdot \frac{1 - \mu}{\mu}}$$

$$\cdot \left(1 + \frac{\lambda \cdot \alpha \cdot \varphi^2 \cdot (1 - \mu - \gamma)}{\mu}\right) \tag{6.15}$$

假定 $\alpha > \xi \cdot \beta$，从而使模型有稳定解。

另外，根据式（6.11a）与式（6.11b）还可以得到式（6.16a）与式（6.16b）。

$$FP_{2a} = \frac{\xi \cdot \beta}{\alpha} \cdot FP_1 + \varphi \qquad (6.16a)$$

$$FP_{2b} = \frac{\xi \cdot \beta}{\alpha} \cdot FP_1 \qquad (6.16b)$$

由上两式可知，因为 $\xi \cdot \beta > 0$，$\alpha > 0$、并且 $FP_1 > 0$，$\varphi > 0$，所以在第 2 期两种状态下，国际原油期货价格 FP_2 是第 1 期国际原油期货价格 FP_1 的增函数。

6.2.4 模型讨论与数值模拟

6.2.4.1 模型讨论

（1）理性投机者数量 μ 的变动

① $\mu = 1$。因为本书假定理性交易者数量和是 1，所以该状态下的国际原油期货市场没有消极投资者与套期保值者。另外第 1 期正反馈交易者不交易。于是在第 1 期只有理性投机者交易情况下，根据式（6.15）可以得到式（6.17）：

$$FP_1 = \frac{\varphi}{2} \cdot \frac{\alpha}{\alpha - \xi \cdot \beta} \qquad (6.17)$$

式（6.17）中，因为 $\alpha > \xi \cdot \beta$，所以 $FP_1 > \frac{\varphi}{2}$。

② $\mu = 0$。该状态下的国际原油期货市场没有理性投机者，于是根据式（6.5）可以得到式（6.18）：

$$FP_1 = \Phi \cdot (1 - \gamma) \qquad (6.18)$$

针对式（6.18），可再结合消极投资者与套期保值者的数量，进一步细分出下面两种极端情况。

a. $\mu = 0$，$\gamma = 0$。该状态下，因为没有理性投机者与消极投资者，所以国际原油期货市场的理性交易者仅剩套期保值者这一类，从而由式（6.18）可以得到式（6.19）。

$$FP_1 = \Phi \tag{6.19}$$

式（6.19）说明，因为一方面作为商业交易者的套期保值者知晓国际原油内在价值，另一方面国际原油期货市场又不存在非商业交易者的投机与投资交易，从而在第1期仅有套期保值者之间从事交易情况下，它们将按照国际原油内在价值进行交易

b. $\mu=0$，$\gamma=1$。该状态下，因为不存在理性投机者与套期保值者，所以国际原油期货市场的理性交易者仅剩消极投资者这一类，从而由式（6.18）可以得到式（6.20）。

$$FP_1 = 0 \tag{6.20}$$

式（6.20）说明，在第1期，由于一方面国际原油期货市场内不存在其他类交易需求，另一方面消极投资者也不知晓国际原油内在价值，因此，根据消极投资者的特点，其理性的选择也是不交易，所以第1期的国际原油期货价格等于零。

③ $0<\mu<1$。该状态是国际原油期货市场的常态，从而第1期的国际原油期货价格 FP_1 见式（6.15）。此外，由该式还可知，FP_1 包含两部分，其中第一部分不含有套期保值者数量 $1-\mu-\gamma$ 对国际原油期货价格影响，第二部分则含有。

由式（6.15）可知，FP_1 构成中的第一部分会随着 μ 增大而上涨。这是因为在第1期，理性投机者并不掌握国际原油内在价值信息，从而其希望通过加强做多行为拉高国际原油期货价格，以吸引交易者购买更多合约，这样理性投机者在第3期可以高价清仓。

但是由式（6.15）还可知，FP_1 构成中含有套期保值者数量 $1-\mu-\gamma$ 对国际原油期货价格影响部分，即 FP_1 构成中的第二部分会随着 μ 增大而降低。这是因为套期保值者大多是从事与国际原油实体业务关联的大型商业交易者，它们一方面在国际原油现货市场进行生产经营活动，另一方面在国际原油期货市场上从事套期保值交易。所以在国际原油期货与现货价格互动背景下，如果随着理性投机者数量 μ 增多使得 FP_1 构成中的第一部分上升时，它对套期保值者的影响体现在，首先会因价格上涨减弱套期保值者的交易需求。其次从供给角度，影响力最大的套期保值者——OPEC，也不会接受国际原油期货价格大幅上升。因为这样，不但会促使非 OPEC 国家增加国际原油供给，结果 OPEC 国际原油市场份额被挤占，而且会导致发达国家加快实施新

能源战略，最终减少国际原油需求，这些都不符合 OPEC 的长期战略目标。所以，如果理性投机者操纵国际原油期货价格上涨且超过 OPEC 能够接受的价格水平时，OPEC 经常通过释放自身的原油剩余储备或增加其原油供给来抑制国际原油期货价格上涨，并争取将国际原油价格维持在对其有利的水平。所以在套期保值者对国际原油期货价格影响下，会出现 FP_1 构成中的第二部分会随着 μ 增大而降低。

由上可知，在第 1 期，随着理性投机者数量 μ 增加，式（6.15）中含有理性投机者部分和含有套期保值者部分对国际原油期货价格 FP_1 的影响方向相反。那么在第 1 期，μ 与 FP_1 最终存在何种单调关系。于是，令式（6.15）中的

$$e = \frac{\alpha}{\alpha - \xi \cdot \beta}; \qquad n = \frac{\lambda \cdot \alpha \cdot \varphi^2}{2};$$

这样将式（6.15）简化为式（6.21）：

$$FP_1 = \frac{\varphi}{2} \cdot e \cdot \frac{1}{1 + n \cdot e \cdot \frac{1-\mu}{\mu}} \cdot \left(1 + \frac{2n \cdot (1-\mu-\gamma)}{\mu}\right) \quad (6.21)$$

式（6.21）中，令 FP_1 对 μ 求导，可知当 $\gamma = \dfrac{2-e}{2-2n \cdot e}$ 时，$\dfrac{\mathrm{d}FP_1}{\mathrm{d}\mu} = 0$。此外，当 $\gamma > \dfrac{2-e}{2-2n \cdot e}$ 时，$\dfrac{\mathrm{d}FP_1}{\mathrm{d}\mu} < 0$，这说明在这种情况下，$FP_1$ 是 μ 的减函数。

在第 1 期，理性投机者希望通过增加其数量 μ 而操纵国际原油期货价格上涨背景下，消极投资者数量超过上述临界点而造成对国际原油期货价格的影响是，一方面根据式（6.2）可知，消极投资者在第 1 期的交易需求与国际原油期货价格呈反向变动关系，所以在国际原油期货价格上涨情况下，其会进一步减少交易需求从而降低国际原油期货价格。另一方面，在前述理性交易者数量之和为 1 的假设下，理性投机者和消极投资者的数量之间就存在此消彼长关系，即消极投资者数量增多就会降低理性投机者数量增加额度，结果会限制理性投机者对国际原油期货市场影响力。由于上述情况下，消极投资者对国际原油期货价格的影响方向与套期保值者主动影响国际原油期货价格的方向一致，所以当消极投资者数量 γ 超过临界点后，尽管理性投机者数量增加，但在数量众多的消极投资者交易行为的间接帮助下，国际原油期

货价格变动最终受套期保值者主导,其结果是将因理性投机者操纵上涨的第1期国际原油期货价格拉低至合理水平。

当 $\gamma < \dfrac{2-e}{2-2n \cdot e}$ 时,$\dfrac{\mathrm{d}FP_1}{\mathrm{d}\mu} > 0$,这说明在这种情况下,$FP_1$ 是 μ 的增函数。

这说明当消极投资者数量 γ 低于上述临界点时,其交易行为对套期保值者稳定国际原油期货价格的间接支持有限,从而第1期国际原油期货价格变动将被理性投机者操纵而上涨。

因为国际原油期货市场的套期保值者也在国际原油现货市场从事与国际原油供给需求相关的实体经营,所以其对国际原油期货价格的影响,在国际原油期货现货价格互动背景下,即反映了国际原油现货市场供给需求对国际原油现货价格的影响。并且由前述分析可知,因为国际原油市场有OPEC这样大型的套期保值者,所以面对国际原油价格波动,国际原油市场内部存在通过供给调节恢复到均衡的机制。而理性投机者对国际原油期货价格的影响即是金融投机对国际原油期货价格的影响。

此外,由上还可知,因为套期保值者与理性投机者对国际原油价格影响方向相反,所以面对国际原油价格失衡,国际原油现货市场供求因素与国际原油期货市场的金融投机因素对价格影响方向也是相反的,从而在消极投资者数量制约下,这两种因素对国际原油价格决定的力量对比结果是不同的。即当消极投资者数量显著低于临界值,金融投机显著决定国际原油价格,从而这也是第5章实证出样本阶段1、样本阶段3的国际原油具有显著金融属性的机理原因。当消极投资者数量显著高于临界值,套期保值者进而国际原油市场供求显著决定国际原油价格,从而这也是第5章实证出样本阶段4、样本阶段6的国际原油具有显著实物属性的机理原因。当然,若消极投资者数量在临界值附近,那么国际原油市场供求因素与金融投机对国际原油价格决定的两种力量大体相当,从而这也是第5章实证出样本阶段2具有脆弱实物属性,样本阶段5具有脆弱金融属性的机理原因。

(2)正反馈交易者数量 ζ 变动

在式(6.15)中,令 $n = \dfrac{\lambda \cdot \alpha \cdot \varphi^2}{2}$;$k = \dfrac{1-\mu}{\mu}$,那么式(6.15)可以简化为式(6.22):

$$FP_1 = \dfrac{\varphi}{2} \cdot \dfrac{\alpha}{\alpha - \xi \cdot \beta} \cdot \dfrac{1}{1 + n \cdot \dfrac{\alpha}{\alpha - \xi \cdot \beta} \cdot k}$$

$$\cdot \left(1 + \frac{2n \cdot (1 - \mu - \gamma)}{\mu}\right) \tag{6.22}$$

式 (6.22) 中，令 FP_1 对 ξ 求导，可以得到式 (6.23)：

$$\frac{dFP_1}{d\xi} = \frac{\varphi \cdot \beta}{2} \cdot \frac{1}{(\alpha - \xi \cdot \beta)^2 \cdot \left(1 + n \cdot \frac{\alpha}{\alpha - \xi \cdot \beta} \cdot k\right)^2}$$

$$\cdot \left(1 + \frac{2n \cdot (1 - \mu - \gamma)}{\mu}\right) > 0 \tag{6.23}$$

从式 (6.23) 可知，第 1 期国际原油期货价格 FP_1 与正反馈交易者数量 ξ 存在同向变动关系。另外，从式 (6.16) 可知，第 2 期国际原油期货价格 FP_2 也与正反馈交易者数量 ξ 存在同向变动关系。根据式 (6.16) 还可知，第 2 期国际原油期货价格 FP_2 与第 1 期国际原油期货价格 FP_1 也存在同方向变动关系。这样理性投机者成功操纵第 1 期进而第 2 期国际原油期货价格上涨后，就会吸引更多正反馈交易者。尽管后者从第 2 期才开始交易，但由于其具有非理性和追逐历史价格的特点，于是根据式 (6.9) 和式 (6.23)，正反馈交易者数量增多将首先进一步拉高第 1 期国际原油期货价格 FP_1，其次根据式 (6.16)，其也加剧第 2 期国际原油期货价格上涨，从而再进一步吸引更多正反馈交易者进行交易，于是国际原油期货市场形成了价格上涨的正反馈效应。从而理性投机者会加大操纵力度，结果扩大了国际原油期货价格持续上涨幅度。

6.2.4.2 数值模拟

为了检验上述正反馈模型结论的正确性，并直观显示交易者行为对国际原油期货价格的影响，本书利用 matlab 软件对式 (6.15) 进行数值模拟。首先，结合国际原油期货市场实际，并考虑上述正反馈模型假设条件，选取 $\varphi = 5$，$\alpha = 5$，$\beta = 1.5$，$\lambda = 0.02$，$\xi = 2.5$。其次，γ 分别选取 $\gamma = 0.24$，0.25，0.26 为参考点进行数值模拟，结果见图 6 – 1。

由图 6 – 1 可知，当 $\gamma = 0.25$ 时，国际原油期货价格 FP_1 不受理性投机者数量 μ 变化的影响，从而两者不存在函数关系。当 $\gamma = 0.24$ 时，国际原油期货价格 FP_1 会随理性投机者数量 μ 增加而上涨，从而两者存在同向变动关系。但当 $\gamma = 0.26$ 时，国际原油期货价格 FP_1 会随理性投机者数量 μ 增加而下降，从而两者存在反向变动关系。所以在上述参考条件下，消极投资者数

量 $\gamma=0.25$ 是理性投机者成功操纵国际原油期货价格的临界点,这也验证了在国际原油期货市场正反馈交易模型中,消极投资者对国际原油期货价格波动所起的作用。

选取 $\varphi=5$,$\gamma=0.2$,$\mu=0.5$,$\alpha=5$,$\beta=1.5$,$\lambda=0.02$ 为参考点对式(6.15)进行数值模拟,结果见图 6-2。由图 6-2 可知,国际原油期货价格 FP_1 会随正反馈交易者数量 ξ 的增加而上涨,从而两者存在同向变动关系,这与国际原油期货市场正反馈交易模型中的结论一致。

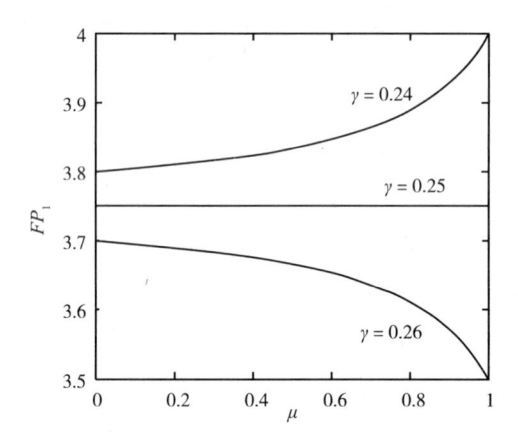

图 6-1　国际原油期货价格 FP_1 与理性投机者数量 μ 的单调关系

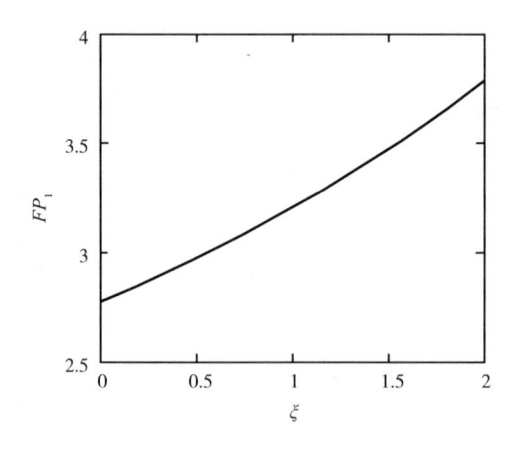

图 6-2　国际原油期货价格 FP_1 与正反馈交易者数量 ξ 的单调关系

matlab 数值模拟程序

1. 国际原油期货价格 FP_1 与理性投机者数量 μ 单调关系 matlab 数值模拟程序（结果见图 6-1）

参数值 $\varphi = 5$，$\alpha = 5$，$\xi = 2.5$，$\beta = 1.5$，$\lambda = 0.02$

1) $\gamma = 0.26$

syms
% 一般参数的赋值
fai = 5；
alpha = 5；
kesi = 2.5；
beta = 1.5；
lamd = 0.02；
gama = 0.26；
% 自变量的赋值
u = 0：0.001：1
% 因变量的求解
z = alpha./(alpha - kesi.*beta)
x = (lamd.*alpha.*fai.^2)./2
y = 1./(1 + x.*z.*((1 - u)./u))
FP1 = (fai./2).*z.*y.*(1 + ((2*x.*(1 - u - gama))./u))；
plot(u,FP1)
hold on；

2) $\gamma = 0.25$，模拟程序同上。

3) $\gamma = 0.24$，模拟程序同上。

2. 国际原油期货价格 FP_1 与正反馈交易者数量 ξ 单调关系 matlab 数值模拟程序（结果见图 6-2）

参数值 $\varphi = 5$，$\alpha = 5$，$\beta = 1.5$，$\lambda = 0.02$，$\gamma = 0.2$，$\mu = 0.5$。

syms
% 一般参数的赋值

```
fai = 5;
alpha = 5;
beta = 1.5;
lamd = 0.02;
gama = 0.2;
u = 0.5;
% 自变量的赋值
kesi = 0:0.01:2
% 因变量的求解
z = alpha./(alpha - kesi.*beta)
x = (lamd.*alpha.*fai.^2)./2
y = 1./(1 + x.*z.*((1 - u)./u))
FP1 = (fai./2).*z.*y.*(1 + ((2*x.*(1 - u - gama))./u));
plot(kesi,FP1)
hold on;
```

第7章　国际原油现货价格泡沫实证检验与原因分析

7.1　引　言

已有国际原油价格泡沫研究是在国际原油日益金融化背景下，大多通过实证反映金融投机的国际原油期货市场内非商业交易者的持仓量与国际原油期货价格相关性基础上展开的。并认为，若这两个变量存在正相关关系，那么国际原油期货市场的投机力量会促使国际原油价格上涨从而出现泡沫。但是，这些研究一方面简单地将国际原油市场存在投机行为就等同于国际原油价格含有泡沫的思想，是一种混淆国际原油价格泡沫存在性与产生原因的研究方法。另一方面，这些研究方法没有结合国际原油有期货、现货两个市场，两种价格，而这两种价格又存在互动关系的特征。价格泡沫研究属于金融资产价格研究领域，而该领域虽然有成熟的价格泡沫检验理论，但是它们却仅涉及研究单一的金融市场。所以已有关于国际原油价格泡沫的研究，还没有一个既运用金融资产价格泡沫理论，又能结合国际原油市场实际，并考虑国际原油期货与现货价格互动关系的价格泡沫检验方法。

根据期货仓储理论，国际原油期货和现货价格互动是以国际原油便利收益为纽带联结的，所以国际原油便利收益变动也反应这二者的互动信息。便利收益是现货商品面临供给短缺、存在缺货风险时，商品交易者持有现货并能在未来现货价格上涨中获得的收益。因此，其是持有国际原油现货收益的一个重要构成，从而它的大小也决定着国际原油现货价格泡沫程度。此外，虽然商品便利收益的产生来自商品实物属性，但从内容上，其被认为是持有现货商品的经济补偿，所以一些学者将商品便利收益等同于持有金融资产获得的分红（施瓦兹，1997；托马斯，2007；王苏生等，2012），根据此观点可用金融资产理论拓展仅反映商品实物属性的期货仓储理论的研究范围。所以，本章将以国际原油便利收益为视角，并运用金融资产价格泡沫理论，研究国际原油期货和现货价格互动下，国际原油现货价格泡沫存在性。

7.2 模型介绍

资产价格理论认为，任意时期的资产价格等于预期的资产价格与资产收益之和的折现，见式（7.1）：

$$P_t = \lambda \cdot E[P_{t+1} + D_{t+1} \mid I_t] \tag{7.1}$$

式（7.1）中，P 表示资产价格，D 表示资产收益。λ 是折现因子，且 $\lambda = 1/1+r$，其中，r 是无风险利率。$E[\cdot \mid I_t]$ 表示资产持有者在可获得的信息集 I_t 下的条件数学期望。

根据期望迭代定律，对式（7.1）进行前向迭代并求解，可得式（7.2）：

$$P_t = P_t^* + B_t \tag{7.2}$$

其中：

$$P_t^* = \sum_{i=1}^{\infty} \lambda^i \cdot E[D_{t+i} \mid I_t] \tag{7.3}$$

$$B_t = \lambda \cdot E[B_{t+1}] \tag{7.4}$$

在理性预期下，式（7.2）中右边的第一项 P_t^* 反映了资产价格是未来资产收益的现值，见式（7.3），其也是式（7.1）中的基本价值解，从而被称为无泡沫解。式（7.2）中右边的第二项 B_t 则为理性投机泡沫，其是资产价格与资产基本价值的差额。并由式（7.4）还可知，t 期的理性投机泡沫的预期值将以 λ 的速度增长。

已有金融资产价格泡沫理论将资产价格泡沫 B_t 分为以下四种形式：确定性泡沫、持续再生性泡沫、爆炸性泡沫和周期破灭性泡沫，由于周期破灭性价格泡沫结合了前三种价格泡沫形式的特征，从而与现实中的价格泡沫最符合。

因为埃文斯（Evans，1991）提出的周期破灭性价格泡沫模型以阈值为分段点，分别描述了价格泡沫生成发展和膨胀破灭的两个不同状态，较好地反映了价格泡沫动态调整过程中的非线性和非对称特征。所以传统的以线性和对称性为基础的资产价格泡沫检验，如方差界法、回归法、协整检验等方法由于不能识别周期破灭性价格泡沫的阈值，因而不适用该价格泡沫形式的检验。可是汤（Tong，1990）提出的门限自回归模型不但可以将变量的动态过程分解为两个不同区制，而且能精确捕捉到两个区制转换的门限值，从而刻画了该变量动态发展的非线性和非对称性，因而该模型可以作为检验周期破灭性价格泡沫的理想方法。

7.2.1 周期破灭性价格泡沫模型

周期破灭性价格泡沫模型具体形式见式（7.5）。

$$\begin{cases} B_{t+1} = (1+r) \cdot B_t \cdot S_{t+1} & (B_t \leq \alpha) \\ B_{t+1} = \left(\beta + \dfrac{1+r}{\pi} \cdot \theta_{t+1} \cdot \left(B_t - \dfrac{\beta}{1+r}\right)\right) \cdot S_{t+1}. & (B_t > \alpha) \end{cases} \quad (7.5)$$

式（7.5）中，B_t 为价格泡沫。r 是无风险利率。S_{t+1} 是服从均值为 1 的独立同分布随机变量，且取正值。θ_{t+1} 是服从独立同分布的贝努利过程，其概率为 π。β 和 π 均为正的常数。由式（7.5）还可知，该模型存在一个阈值 α，在价格泡沫 B_t 小于该阈值 α，泡沫不会崩溃，而以 $(1+r)$ 速度缓慢增长。但在价格泡沫 B_t 大于该阈值 α 时，一方面 θ_{t+1} 以概率 π 取 1，相应泡沫则会以 $(1+r)/\pi$ 这一较快的速度膨胀。另一方面，当 θ_{t+1} 以概率 $1-\pi$ 取 0 时，膨胀的泡沫则会破灭，从而回到均值 β，并重新开始一个新的泡沫过程。由此可见，式（7.5）中泡沫的动态调整路径具有非对称和非线性的特点。

7.2.2 门限自回归模型

汤（Tong，1990）提出的两区制门限自回归模型（threshold autoregressive model，TAR 模型）见式（7.6）。

$$z_t = \begin{cases} \alpha_{10} + \alpha_{11} \cdot z_{t-1} + \cdots + \alpha_{1p} \cdot z_{t-p} + \mu_{1t} & z_{t-d} \leq c \\ \alpha_{20} + \alpha_{21} \cdot z_{t-1} + \cdots + \alpha_{2p} \cdot z_{t-p} + \mu_{2t} & z_{t-d} > c \end{cases} \quad (7.6)$$

式（7.6）中，α_{kp} 是 TAR 模型的系数，其中 k 是区制数，$k=1$、2，P 是滞后阶数。μ 是残差项。Z_{t-d} 为门限变量，其中 d 为延迟参数，表示市场对偏离均衡反应的滞后期。c 是门限值。

由式（7.6）可知，由于 TAR 模型门限值 c 上下的变量特征发生了跳跃性改变，并服从不同的自回归过程，所以变量动态变化具有非线性和非对称性的特征。对比式（7.5）和式（7.6）可发现，上述两个模型的非对称形式非常相似，因而基于非线性的 TAR 模型能刻画周期破灭性价格泡沫动态调整特点。此外，式（7.6）的 TAR 模型用网格搜索法（陈等（Chan et al.，1998））求出的门限值类似于式（7.5）的阈值。所以，使用 TAR 模型不但可以检验资产价格周期破灭性泡沫的存在性，而且还能度量该泡沫的阈值。

另外，TAR 模型建模过程中，还需要采用汉森（Hansen，1997）提出的 F 检验进行线性检验，以避免伪回归现象出现。F 检验统计量为：

$$F = [T - \max(p,d)] \cdot \left(\frac{\sigma_2^2 - \sigma_1^2}{\sigma_1^2}\right) \tag{7.7}$$

式（7.7）中，σ_2^2 为变量线性自回归模型的残差方差，σ_1^2 为变量 TAR 模型的残差方差，T 为样本数，P 为滞后阶数，d 为延迟参数。若 F 检验拒绝线性原假设，则接受 TAR 模型非线性的备择假设。

7.3 国际原油现货价格泡沫检验

本节将首先通过国际原油便利收益，构造国际原油现货价格超额收益率。其次，在资产价格泡沫直接检验基础上，对上述超额收益率运用门限自回归模型检验国际原油现货价格是否含有周期破灭性价格泡沫。

7.3.1 数据选取

从本书第 5 章可知，由于在样本不同阶段内，决定国际原油现货价格波动进而国际原油便利收益变化的因素不同，因此对应国际原油现货价格泡沫程度可能有所差异，所以本章数据不但与第 5 章相同，而且将样本划分为同样的六个阶段，分别研究每个阶段的样本含有价格泡沫的情况。

7.3.2 国际原油现货价格超额收益率构建

商品便利收益是由于交易者持有现货商品所带来的稳定生产、避免缺货等产生的额外收益，因此，平狄克（Pindyck，2001）认为商品便利收益类似于持有股票获得的股利。于是在市场无套利均衡以及理性预期下，国际原油便利收益应满足式（7.8）。

$$E(SP_{t+1}) + CY_t = (1 + r) \cdot SP_t \qquad (7.8)$$

式（7.8）中，SP 为国际原油现货价格，$E(SP)$ 为预期的国际原油现货价格，r 为无风险利率。

由式（7.8）可知，当国际原油现货价格偏离其预期价格时，其收益率的偏差见式（7.9）。

$$\mu_t = \frac{SP_{t+1} - (1 + r) \cdot SP_t}{SP_t} + \frac{CY_t}{SP_t} = p_t + cy_t \qquad (7.9)$$

因为由式（7.8）可知，基于市场无套利假设，国际原油现货的每期收益率应等于无风险利率和国际原油便利收益之和，所以式（7.9）的国际原油现货价格超额收益率 μ_t，可被认为是反映了市场无套利均衡下的国际原油现货价格与国际原油内在价值的差异。此外，式（7.9）的超额收益率 μ_t 由两部分构成，一部分是单纯的国际原油现货价格收益率 p_t，另一部分是国际原油便利收益 cy_t。其中，cy_t 的计算见式（5.1）。

根据资产价格泡沫直接检验法，若商品价格高于其内在价值则存在泡沫，因此可认为无套利均衡条件下的国际原油现货价格超额收益率 μ_t 即为价格泡沫。于是，根据式（7.9）求出国际原油现货价格超额收益率 μ_t 后，可以检验国际原油现货价格是否存在周期破灭性这种具体的价格泡沫形式。

7.3.3 国际原油现货价格超额收益率统计描述

由表7-1可知，首先根据样本六个阶段国际原油现货价格超额收益率的偏度值和峰度值，可知它们都不服从正态分布，从而其价格波动具有非对称性，显示出国际原油现货价格存在泡沫的可能。其次，样本六个阶段的均值和标准差也大小不一，相差较大，说明这六个阶段的国际原油市场是动态变化，所以若有价格泡沫，其泡沫程度可能会有所区别。

表7-1　　　国际原油现货价格超额收益率描述性统计结果

阶段	均值	最大值	最小值	标准差	偏度	峰度	JB 统计量
2006.7.1～2008.10.3	0.0177	0.0487	-0.0105	0.0092	-0.0054	3.5313	1.3882
2008.10.10～2010.10.8	0.0284	0.0723	-0.0460	0.0178	-1.6840	7.5255	139.2266***

续表

阶段	均值	最大值	最小值	标准差	偏度	峰度	JB统计量
2010.10.15~2015.1.2	0.0101	0.0281	-0.0145	0.0068	-0.6882	4.3911	35.2656***
2015.1.9~2017.1.6	0.0111	0.0482	-0.0293	0.0132	-0.3759	3.9883	6.7459**
2017.1.13~2019.12.27	0.0105	0.0371	-0.0133	0.0082	-0.2903	3.3047	2.7761
2020.1.3~2020.6.26	0.2793	1.3006	-0.3933	0.2537	1.9765	13.5579	132.3898***

7.3.4 国际原油现货价格超额收益率门限自回归模型检验

首先，对国际原油现货价格超额收益率进行 ADF 单位根检验，其结果见表 7-2。由该表可知，在 1% 显著性水平下，样本六个阶段的超额收益率序列都拒绝了有单位根的原假设，从而样本的国际原油现货价格超额收益率在 1% 显著性水平下均为平稳序列，于是可以使用 TAR 模型进行国际原油现货价格的周期破灭性泡沫检验。

表 7-2　　国际原油现货价格超额收益率 ADF 检验结果

阶段	检验形式 (c, t, L)	ADF 统计量	1% 显著性水平	5% 显著性水平	10% 显著性水平	Prob 概率值
2006.7.1~2008.10.3	(c, 0, 0)	-8.7859	-3.4870	-2.8863	-2.5800	0.0000
2008.10.10~2010.10.8	(c, 0, 2)	-3.5046	-3.4957	-2.8900	-2.5820	0.0097
2010.10.15~2015.1.2	(c, 0, 0)	-10.0496	-3.4600	-2.8745	-2.5738	0.0000
2015.1.9~2017.1.6	(c, 0, 0)	-7.9271	-3.4944	-2.8895	-2.5817	0.0000
2017.1.13~2019.12.27	(c, 0, 0)	-8.9133	-3.4731	-2.8802	-2.5768	0.0000
2020.1.3~2020.6.26	(c, 0, 0)	-6.6019	-3.7379	-2.9919	-2.6355	0.0000

其次，由表 7-3 可知，首先对于样本阶段 1，综合考虑 AIC 统计量取值，以及 TAR 模型是否有线性关系的 F 检验的结果显著性，选取滞后阶数 $p=2$。其次，在样本阶段 1，TAR 模型的门限值为 0.016，从而该门限值把国际原油现货价格超额收益率 μ 的动态变化分为两个区制。其中，在超额收益率 μ 小于门限值的区制 1，变量 μ 动态变化的自回归系数中只有常数项显著，并且它们的数值较小。说明在该区制内，国际原油现货价格波动幅度较小，相应国际原油现货市场内的供求均衡机制能将其较快地调整回复到均衡状态。另外，在超额收益率 μ 大于门限值的区制 2，变量 μ 动态变化的自回归系数中

表7-3　国际原油现货价格超额收益率 TAR 模型检验结果

阶段	门限值(c)	区制	常数项	Y_{t-1}	Y_{t-2}	Y_{t-3}	Y_{t-4}	线性关系 F 检验	AIC 值
2006.7.1～2008.10.3	0.016	区制1	0.0161*** [3.1874]	-0.0689 [-0.3936]	0.2078 [1.6490]			16.4993**	-764.1164
		区制2	0.0129*** [3.1913]	0.8445*** [3.0201]	-0.2541 [-1.6709]				
2008.10.10～2010.10.8	0.0332	区制1	0.0216*** [4.6945]	0.1427 [1.1383]	0.0748 [0.5068]			21.6044***	-563.5228
		区制2	0.0726*** [6.5465]	0.4827*** [3.4791]	-1.3856*** [-5.5518]				
2010.10.15～2015.1.2	0.0083	区制1	0.0088*** [7.5308]	0.2657*** [3.1173]	-0.1281 [-1.3818]			16.743**	-1582.1683
		区制2	0.0035** [2.1223]	0.4781*** [3.9700]	0.1976* [1.7259]				
2015.1.9～2017.1.6	0.0136	区制1	0.0041 [1.5099]	0.2717** [2.0233]	-0.0001 [-0.0008]	-0.1580 [-0.7363]	0.2416 [1.6260]	15.5373	-599.5234
		区制2	0.0253*** [4.6308]	0.0498 [0.3494]	-0.1097 [-0.6454]	-0.2448 [1.2811]	-0.3709*** [-2.9917]		
2017.1.13～2019.12.27	0.0154	区制1	0.0137*** [2.7126]	0.1448 [0.6205]	-0.0484 [-0.4189]	-0.3672*** [-2.8997]		12.5346	-1045.2311
		区制2	0.0070*** [4.5733]	0.5702*** [4.1230]	-0.1642 [-1.4261]	0.0733 [0.7250]			
2020.1.3～2020.6.26	0.2591	区制1	1.1445*** [10.0110]	-1.4291*** [-7.4663]	-2.6839*** [-6.4172]			125.2375***	-23.6860
		区制2	-0.5441*** [-2.5923]	3.1428*** [3.6827]	-0.2295 [-1.4980]				

虽然只有常数项和滞后1阶项显著,但是它们的数值较大,而且它们相加后,和的绝对值也比区制1的大。说明在区制2中,国际原油现货价格波动幅度不仅大,而且持续较长时间,相应国际原油现货市场内的供求均衡机制将其调整回复到均衡状态的能力较弱。总之,从以上分析可知,国际原油现货价格超额收益率在样本阶段1的动态调整过程具有非线性和非对称性,符合周期破灭性价格泡沫这种具体泡沫形式的动态特征。

由于周期破灭性价格泡沫模型以阈值为分界点将价格泡沫划分为泡沫生成发展和膨胀破灭两个动态过程。所以,直观上可以根据上述TAR模型检验结果,以门限值为分界线,认为区制1是国际原油现货价格周期破灭性泡沫的生成发展阶段,区制2是国际原油现货价格周期破灭性泡沫的膨胀破灭阶段。

由前述TAR模型检验结果还可知,在泡沫生成发展的区制1,当国际原油现货价格小幅偏离市场均衡,国际原油现货市场具有自我快速调整到均衡的能力。因此,该区制内价格泡沫风险小,不会对国际原油现货市场产生危害。但是,在泡沫膨胀破灭的区制2,国际原油现货价格不但较大幅度偏离市场均衡,而且国际原油现货市场自身对其调整回复既慢又弱,从而其表现为会破坏国际原油现货市场稳定性的较严重的泡沫现象。鉴于此,在立足本书关于资产价格泡沫定义基础上,借鉴孟庆斌等(2008)和吕永琦(2010)的观点,将上述TAR模型的门限值当做国际原油现货内在价值。这样就针对国际原油现货价格周期破灭性泡沫的严重程度,缩小了价格泡沫范围,从而认为国际原油现货价格超额收益率小于TAR模型的门限值时,国际原油现货价格不含有泡沫,而只有国际原油现货价格超额收益率大于TAR模型的门限值时,国际原油现货价格才含有明显的泡沫。这样,在样本阶段1,有59.3%的国际原油现货价格样本量超过国际原油现货内在价值而具有价格泡沫,见图7-1。此外,由该图还可知,样本阶段1的国际原油现货价格泡沫严重时期是从2007年6月到2008年6月,同期国际原油现货价格从近70美元/桶暴涨至137美元/桶,涨幅为95.7%。另外,虽然在2008年9月19日国际原油现货价格只有97.19美元/桶,但其超额收益率却达到了样本阶段1的最高值0.0487。

由表7-3还可知,对于样本阶段2,首先,综合考虑AIC统计量取值,以及TAR模型是否有线性关系的F检验的结果显著性,选取滞后阶数$p=2$。其次,在该阶段,TAR模型的门限值为0.0332,从而该门限值将国际原油现

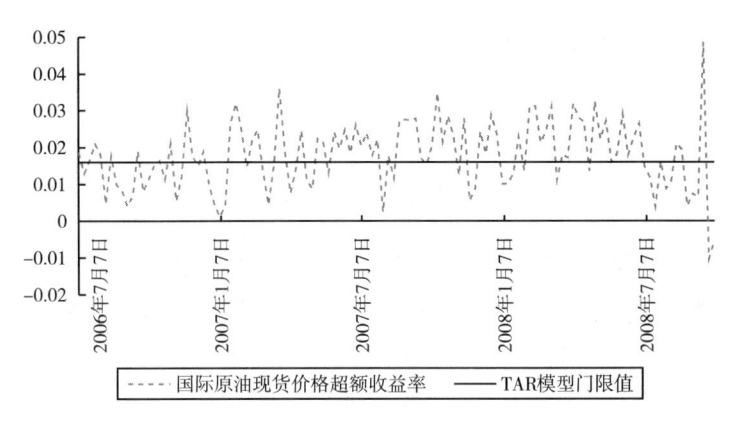

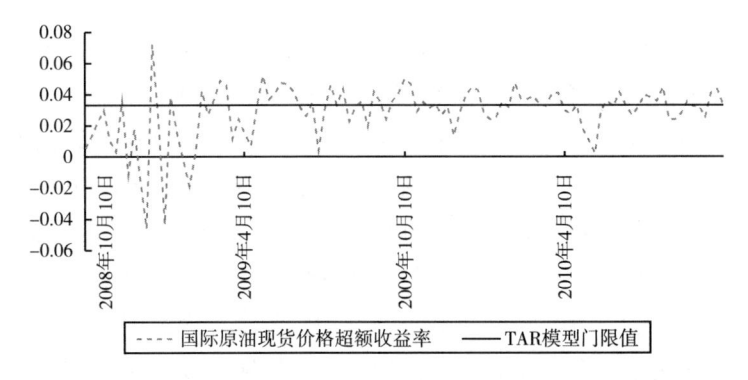

图7-1 阶段1的国际原油现货价格超额收益率与TAR模型门限值

货价格超额收益率的动态变化也分为小于门限值的区制1与大于门限值的区制2。再次，样本阶段2的TAR模型的两个区制具有显著性的自回归系数和样本阶段1的TAR模型的具有显著性的自回归系数一样，都有相似的特征。于是，同理可得，样本阶段2的国际原油现货价格超额收益率的TAR模型的门限值也是该阶段国际原油现货内在价值，这样，在样本阶段2，有43.8%的国际原油现货价格样本量超过国际原油现货内在价值而具有价格泡沫，见图7-2。此外，由该图还可知，样本阶段2内持续时间较长且严重的国际原油现货价格泡沫时期是2009年5～10月，同期国际原油现货价格是在50美元/桶至80美元/桶之间波动。值得注意的是，在2008年12月到2009年2月国际原油现货价格超额收益率出现多个负值，这是由于当年美国金融危机爆发冲击国际原油市场，同期的国际原油现货价格跌落至40美元/桶左右所致。

图7-2 阶段2的国际原油现货价格超额收益率与TAR模型门限值

由表 7-3 还可知，在样本阶段 3，首先，综合考虑 AIC 统计量取值，以及 TAR 模型是否有线性关系的 F 检验的结果显著性，选取滞后阶数 $p=2$。其次，该阶段国际原油现货价格超额收益率 TAR 模型的门限值为 0.0083，从而该门限值将样本阶段 3 的国际原油现货价格超额收益率动态变化也分为小于门限值的区制 1 与大于门限值的区制 2。再次，样本阶段 3 的 TAR 模型的两个区制具有显著性的自回归系数和样本阶段 1 的 TAR 模型具有显著性的自回归系数一样，都有相似的特征。于是同理可得，样本阶段 3 的国际原油现货价格超额收益率 TAR 模型的门限值也是该阶段国际原油现货内在价值。于是，在样本阶段 3，有 67.0% 的国际原油现货价格样本量超过国际原油现货内在价值而具有价格泡沫，见图 7-3。该数值较高，说明样本阶段 3 时期的国际原油市场繁荣，推高了油价，WTI 原油现货价格总体在 90～110 美元/桶之间的高位波动，从而具有较多的价格泡沫。

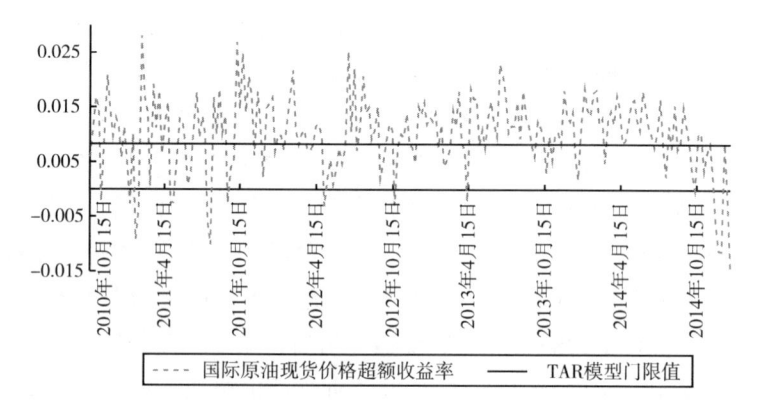

图 7-3　阶段 3 的国际原油现货价格超额收益率与 TAR 模型门限值

由表 7-3 还可知，在样本阶段 4，首先，综合考虑 AIC 统计量取值，以及 TAR 模型是否有线性关系的 F 检验的结果显著性，选取滞后阶数 $p=4$。该阶段国际原油现货价格超额收益率 TAR 模型的门限值为 0.0136，同理，该门限值也是此时期国际原油现货内在价值。并且在样本阶段 4，有 42.9% 的国际原油现货价格样本量超过国际原油内在价值而具有价格泡沫，见图 7-4。此外，该数值比例较低，说明样本阶段 4 的国际原油现货价格超额收益率更多是低于该门限值，甚至有些超额收益率为负。这是因为国际原油现货市场在样本阶段 4 处于自我调整、消化前期高油价影响时期，从而国际原油现货价格逐渐回归合理，相应该阶段的国际原油现货价格大多在 30～50 美元/桶的低油价区间波动。

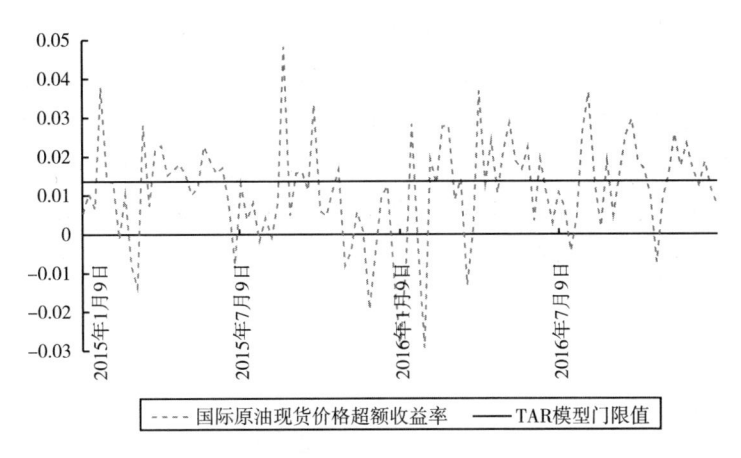

图 7-4　阶段 4 的国际原油现货价格超额收益率与 TAR 模型门限值

由表 7-3 还可知，在样本阶段 5，首先，综合考虑 AIC 统计量取值，以及 TAR 模型是否有线性关系的 F 检验的结果显著性，选取滞后阶数 $p=3$。该阶段国际原油现货价格超额收益率 TAR 模型的门限值为 0.0154，同理，该门限值也是此时期国际原油现货内在价值。并且在样本阶段 5，有 30.3% 的国际原油现货价格样本量超过国际原油内在价值而具有价格泡沫，见图 7-5。这说明在样本阶段 5，在 OPEC$^+$ 减产的市场干预下，虽然国际原油现货价格有所上升，并在 50~70 美元/桶的区间波动，但国际原油现货市场达到了一个新的均衡，从而国际原油现货价格偏离国际原油内在价值的比例并不高。

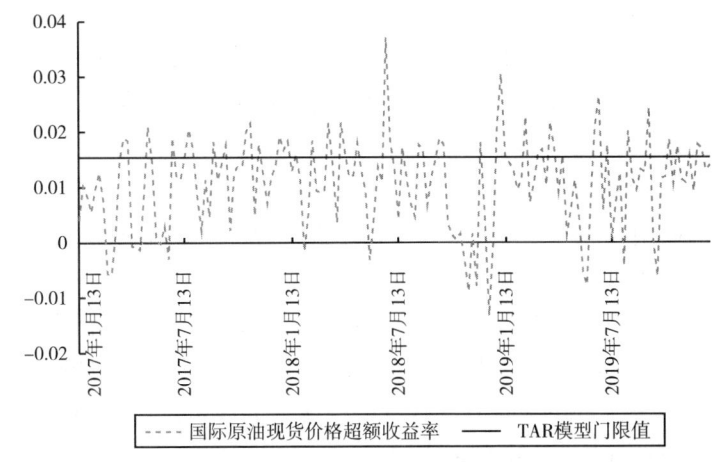

图 7-5　阶段 5 的国际原油现货价格超额收益率与 TAR 模型门限值

由表 7-3 还可知,在样本阶段 6,首先,综合考虑 AIC 统计量取值,以及 TAR 模型是否有线性关系的 F 检验的结果显著性,选取滞后阶数 $p=2$。该阶段国际原油现货价格超额收益率 TAR 模型的门限值为 0.2591,同理,该门限值也是此时期国际原油现货内在价值。并且在样本阶段 6,有 72% 的国际原油现货价格样本量超过国际原油内在价值而具有价格泡沫,见图 7-6。该比例值较高的根本原因在于同期新冠肺炎疫情重创国际原油需求,使得国际原油供给出现极端过剩所致。

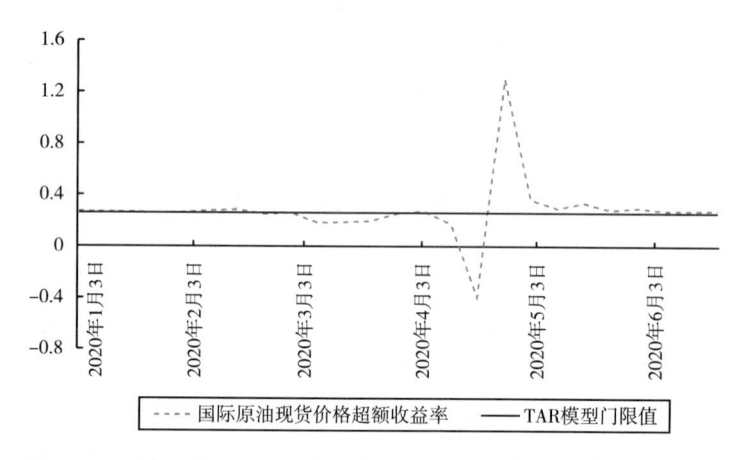

图 7-6　阶段 6 的国际原油现货价格超额收益率与 TAR 模型门限值

虽然,由第 5 章结论可知,样本阶段 1 和阶段 3 的国际原油都具有金融属性,并且本章还实证出这两个阶段的国际原油现货价格样本含有价格泡沫的比例都较高而且相近,但从本章 TAR 模型检验结果还可知,样本阶段 1 中含有国际原油现货价格泡沫的所有样本,其超额收益率超出该阶段国际原油现货内在价值的差额的平均值为 0.0237。但在样本阶段 3,该平均值是 0.0137,从而样本阶段 1 的国际原油现货价格泡沫平均大小程度是样本阶段 3 的 1.73 倍。由此可知,以上两个样本阶段的国际原油期货市场金融投机严重程度,进而国际原油金融属性程度不一致,结果导致样本阶段 1 的国际原油现货价格泡沫程度高于样本阶段 3。

另外,一方面由第 5 章结论还可知,在样本阶段 5,国际原油具有脆弱金融属性;另一方面,样本阶段 5 的国际原油现货价格含有价格泡沫的比例仅为 30.3%,又远低于国际原油具有金融属性的样本阶段 1 和阶段 3。这说明尽管该阶段具有某些国际原油金融属性特征,但是该阶段国际原油期货市场金融投机总体力度不强。所以,TAR 模型实证结果进一步验证了样本阶段

5 具有脆弱金融属性的结论。

资产价格泡沫是金融投机引起的资产价格脱离其内在价值而持续上涨的一种价格波动现象。在样本各个阶段，国际原油期货市场始终都存在非商业交易者的金融投机行为，只不过程度有所差异，结果国际原油现货价格泡沫程度在样本各个阶段也不一致。所以，比较样本六个阶段的国际原油现货价格超额收益率的 TAR 模型检验结果发现，除去 OPEC$^+$ 对国际原油市场积极干预的样本阶段 5 以及新冠疫情暴发的样本阶段 6 这两个特殊时期外，在基本由市场自发调节的国际原油市场正常时期内，同样具有金融属性的样本阶段 1 和阶段 3 的国际原油现货价格样本含有泡沫数量的比例高于同样具有实物属性的样本阶段 2 和阶段 4。由此可知，国际原油期货市场金融投机主导国际原油价格，相比国际原油现货市场供给需求主导国际原油价格，最终金融投机导致国际原油现货价格出现泡沫的数量比例明显高。

7.4　国际原油现货价格泡沫风险测度

通过国际原油现货价格波动风险测度可从另一角度比较国际原油现货价格在样本不同区间的泡沫严重程度，从而能验证上述 TAR 模型正确性。目前对金融市场的价格风险度量普遍采用 VaR（风险值）方法。VaR 是正常市场条件下，在给定置信水平上，估算出资产在某一时刻可能发生的最大损失数额。具体国际原油现货价格 VaR 值的计算公式见式（7.10）。

$$\text{VaR} = SP \cdot (\mu + Z_\alpha \cdot \sigma) \quad (7.10)$$

式（7.10）中，SP 是国际原油现货价格，μ 和 σ 分别是国际原油现货价格收益率的均值和标准差，Z_α 是标准正态分布的分位数，一般选取 $Z_{0.05} = 1.65$。

由 3.2.4 节可知，样本区间内国际原油现货价格收益率的均值 $\mu = -0.0009$。另外，根据 3.2.4 节 GARCH 模型的结果可获得国际原油现货价格收益率的标准差 σ。

根据式（7.10），计算出样本区间内国际原油现货价格的 VaR 值，见图 7-7。

由图 7-7 可知，在样本阶段 1 内，国际原油现货价格的 VaR 值总体在上升，并且在样本阶段 2 开始的 2008 年 10 月 10 日达到了高点 17.56，这意味着在同期国际原油现货价格水平下，有 5% 的可能性，国际原油现货价格

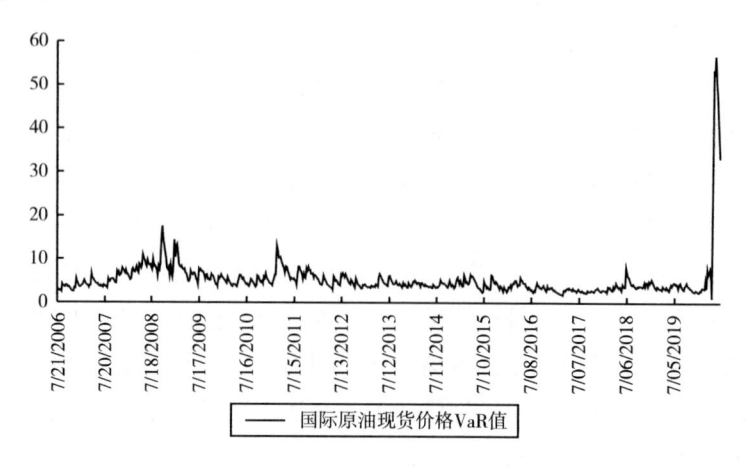

图 7-7　国际原油现货价格 VaR 值趋势

面临的损失会大于 17.56 美元/桶。此后，样本阶段 2 的 VaR 值大小尽管有反复，但总体是逐渐降低，并维持在 4~7，说明相比于样本阶段 1，阶段 2 的国际原油现货价格波动风险在明显减弱。虽然样本阶段 3 的 VaR 值也大致维持在 4~7，但在 2011 年 3 月~2011 年 11 月该数值在 7~13 附近波动，说明样本阶段 3 的国际原油现货价格波动也有一段较长时期存在较大风险。样本阶段 4 的 VAR 值总体又有所下降，并且其数值长期在 3~5 附近小幅波动，说明同期的国际原油市场比较理性，交易风险小且平稳。尽管样本阶段 5 的 VaR 值在 2018 年 7 月较短时间出现了 6~8 的较高值，但其也大多在 2~5 之间小幅波动，并出现了 1.79 这一样本最低值，说明相比于样本阶段 4，样本阶段 5 的国际原油现货价格波动风险仍在缓慢下降。最为突出的是样本阶段 6，其 VaR 值陡然暴涨，最高达到了 56.72 这一全样本的最高值，该值远远高于前期所有的 VaR 值，说明同期的国际原油市场异常动荡，交易者恐慌情绪蔓延，国际原油现货价格波动风险暴增。

　　在上述价格波动风险定性描述基础上，再结合样本六个阶段的 VaR 值的平均值比较发现，样本阶段 6 的国际原油现货价格波动风险最严重，其次是样本阶段 2，随后是样本阶段 1 和阶段 3，样本阶段 4 再次之，最后是样本阶段 5 的国际原油现货价格泡沫程度最低。

　　由上可知，整个样本区间除了阶段 2 外，上述各样本阶段的国际原油现货价格波动风险程度的结论也与前述 TAR 模型实证样本各阶段国际原油现货价格含有泡沫程度的结论基本一致，这也验证了较高的价格波动风险往往伴随着较严重的价格泡沫的国际原油市场特征。

7.5 国际原油现货价格泡沫产生原因分析

本章利用国际原油现货价格超额收益率的 TAR 模型检验了样本六个阶段的国际原油现货价格泡沫情况。该超额收益率由国际原油现货价格收益率与便利收益两部分组成。前者反映了国际原油现货价格的变化。此外，因为国际原油具有商品实物属性与金融属性，并且国际原油期货与现货价格存在互动关系，所以国际原油现货市场的供求因素与国际原油期货市场的金融投机分别决定着国际原油价格的变动，只不过这两种力量在样本每个阶段对国际原油现货价格的影响程度不同。另外，国际原油便利收益作为一个理论变量，来自期货仓储理论，并且它的变化体现了国际原油期货与现货价格的互动关系。

因此，本节将综合考虑国际原油的供求与金融因素，利用本书 4.3 节提出的，含有国际原油便利收益的国际原油期货与现货价格蛛网互动模型分析样本六个阶段国际原油现货价格泡沫产生原因。

7.5.1 国际原油市场供求分析

商品供求失衡是商品价格波动的根本原因，同时商品供求失衡的结构也决定着商品价格波动的方向。由图 7-8 可知，在整个样本期间，国际原油现

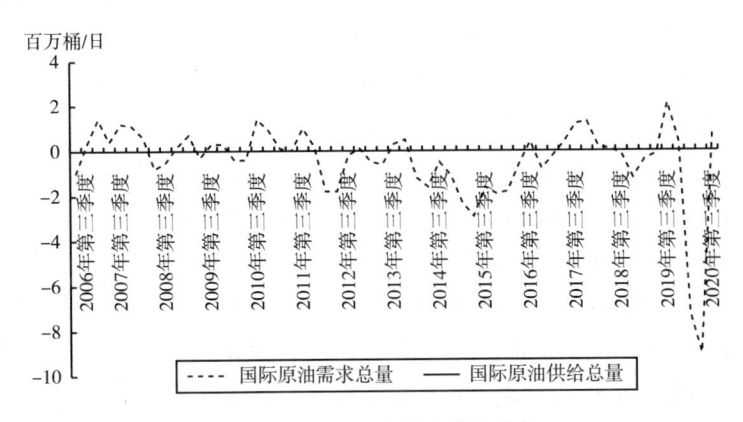

图 7-8　国际原油供求失衡趋势

资料来源：石油输出国组织网站：www.opec.org，2020 年 10 月 13 日。

货市场供求大多处于失衡状态,并且其供求结构也是在供不应求、供求脆弱平衡以及供过于求等多种非均衡状态之间不断转换调整。

在样本阶段1,由于同期全球经济快速增长引致对国际原油需求增加,但受生产周期长的特点限制,同期国际原油供给不能满足需求,于是该阶段在短期内从最初的国际原油供过于求状态迅速逆转为供不应求状态,并且在2007年第一、第三、第四季度,还分别出现了高达1.4mb/d、1.2mb/d、1.1mb/d的国际原油市场供给缺口,这直接形成了该阶段国际原油现货价格持续上涨的基础,从而该阶段国际金融机构在国际原油期货市场内做多投机现象最严重。

在样本阶段2,2008年美国金融危机严重冲击了全球经济,导致国际原油需求迅速减弱,结果该阶段的国际原油市场反转为供求缺口大多在$-0.5 \sim 0.5$mb/d之间的供给略大于需求或供给略小于需求的交替状态,从而同期国际原油现货价格也开始回落。

在样本阶段3,随着全球经济逐渐恢复,国际原油需求又再次增加,使得该阶段前期处于供不应求状态。此后,因前期投资而使得国际原油供给量显著提高,相应国际原油市场转而呈现供过于求状态,虽然其供给剩余量为1mb/d左右,但相比于该阶段增长强劲的国际原油需求,该失衡量有被市场消化的可能,从而此时期的国际原油现货价格仍以上涨为主。但是在样本阶段3的后期,美国页岩油大规模商业开发成功,打破了国际原油市场原有脆弱的供求关系,并加剧了已有的国际原油供给过剩,结果此时,国际原油现货价格开始下跌。所以,该阶段的供求失衡,进而国际原油现货价格先升后降的状态并没有给国际金融机构在国际原油期货市场持续从事金融做多投机交易奠定坚实基础,从而样本阶段3的国际原油现货价格泡沫程度低于样本阶段1。

在样本阶段4,由于中国经济进入新常态而放缓增长,以及OECD国家重视清洁能源,开始转变能源结构,共同使得全球对国际原油需求增长减弱。但在供给方面,一方面美国页岩油生产已成为推动国际原油供给增加新的增长极,另一方面,OPEC为了争夺国际原油市场份额,希望通过低油价逼停美国页岩油这种非常规石油的生产,从而其放弃了限产保价的传统政策,转而采取增产策略,结果造成国际原油供给快速增加。结果不同于样本阶段2,样本阶段4的国际原油市场出现了供给与需求双因素失衡导致的供给显著过剩状态,例如在2015年第二季度,国际原油供给剩余量上升为罕见的2.9mb/d水平,从而该阶段也进入了国际原油市场自发调节恢复均衡时期,所以该阶段国际原油现货价格总体水平较低，但是相对比较稳定。

长期的低油价非但没有重创美国页岩油生产企业，反而使其通过资产重组、借债等多种方式生存下来，并变得更加强大。但是长期低油价却使得 OPEC 国家和其他依赖石油输出的国家经济受损。于是在 2016 年 12 月，OPEC 转而与以俄罗斯为代表的 11 个非 OPEC 国家签订减产协议，以 OPEC + 的形式干预国际原油市场，提升国际原油价格。但是 OPEC + 是一个临时性组织，对成员国的约束力不强，因而减产协议执行经常打折扣，于是在样本阶段 5，国际原油市场时而处于供不应求，时而处于供过于求状态。但毕竟有积极的外部干预，一方面使得该阶段的供求失衡量明显小于前期，另一方面提升了市场信心，最终带来了该阶段国际原油现货价格的恢复性上涨。与市场干预相伴随，是国际原油期货市场金融做多投机的升温，但是同期国际原油供求失衡的大环境决定了这种金融投机的力度有限，结果相比于具有显著金融属性的样本阶段 1 和 3，样本阶段 5 的国际原油不仅显现为一种脆弱的金融属性，而且其现货价格含有泡沫的比例也最低。

2020 年上半年（样本阶段 6）的国际原油市场可以被载入史册。第一，在新冠肺炎疫情冲击下，全球经济增长脚步暂停，国际原油市场需求出现了断崖式下跌。第二，2020 年 3 月沙特阿拉伯与俄罗斯减产谈判破裂，沙特发动价格战，采取大幅降价、大规模增产等行为，将本已需求极度萎缩、供给显著过剩的国际原油市场推向深渊。2020 年第一、第二季度的国际原油供给过剩分别暴增至 7.27mb/d、9.02mb/d 的历史最高值。第三，上述外部环境的重大恶化，导致全球投资者信心严重不足以及深度恐慌，造成美国股市在 2020 年 3 月先后出现 4 次熔断等史诗级崩盘事件，随后风险溢出到国际原油市场，投机者抛售国际原油期货多头头寸，造成国际原油价格一落千丈，并且在 2020 年 4 月 21 日的 WTI 的 5 月原油期货结算价报收 -37.63 美元/桶这一史无前例的负油价。第四，已经陷入自由落体式下跌的国际原油市场，促成了美国、俄罗斯、沙特阿拉伯三个国际原油供给侧的寡头国家抛弃前嫌，在 2020 年 4 月签订历史上规模最大的减产合作协议，并严格执行，共同维护国际原油市场稳定。总之，2020 年上半年，国际原油市场发生的一些极不寻常的事件，改变了国际原油市场寻求供求平衡的传统逻辑与推断。

7.5.2　国际原油现货价格泡沫产生的蛛网互动模型分析

由 4.3 节可知，在价格发现过程中，国际原油期货与现货价格按照蛛网模型机理存在互动关系。但是按照这种互动机理最终发现的现货价格是发散、收敛还是封闭，则取决于国际原油便利收益分别与国际原油期货价格与现货价格函数的斜率比较。

此外，由4.3节还可知，因为国际原油便利收益与国际原油期货市场非商业多头头寸存在反向关系，国际原油才具有金融属性。而根据已有研究文献可知，用以反映金融投机程度的国际原油期货市场非商业多头头寸又与国际原油期货价格存在同向变动关系（Kaufmann，2011；Kesicki，2010；马登科和张昕，2010）。所以4.3节的蛛网互动模型中的国际原油期货价格与国际原油便利收益存在反向关系也体现了国际原油金融属性。

另外，国际原油便利收益来自国际原油现货市场，而该市场的供求波动将引起国际原油现货价格与便利收益同向变化。所以4.3节的蛛网互动模型中的国际原油现货价格与国际原油便利收益存在同向关系体现了国际原油的商品实物属性。

还有，从根本上影响国际原油价格的因素有供求、金融投机两种力量，并且由第6章国际原油期货市场正反馈交易模型结论可知，面对国际原油价格的失衡，反映国际原油供求变化的套期保值者与反映金融投机的理性投机者对国际原油期货价格的影响方向相反。所以在国际原油期货与现货价格互动关系下，第5章会实证出国际原油在样本不同阶段的属性不同，这说明供给需求、金融投机这两种力量在样本不同阶段的对比有差异，结果导致因为主导国际原油价格的因素不同而出现国际原油商品实物属性或金融属性。

由4.3节可知，在发散性蛛网模型中，国际原油便利收益与国际原油现货价格函数式（4.11）的斜率大于国际原油便利收益与国际原油原油期货价格函数式（4.10）斜率的绝对值。该结果说明面对同样的国际原油便利收益变化，金融投机操纵的国际原油期货价格的反映程度大于供求决定的现货价格的反映程度。由上可知，这也说明国际原油便利收益与期货价格体现出的金融属性强于国际原油便利收益与现货价格体现的商品属性关系，从而国际原油期货与现货价格发散性蛛网互动模型中，国际原油具有金融属性。另外，如果式（4.11）与式（4.10）的斜率比较结果与前述相反，那么国际原油期货与现货价格蛛网互动模型是收敛的，从而国际原油具有商品实物属性。此外，如果式（4.11）与式（4.10）斜率的绝对值相等，那么国际原油期货与现货价格蛛网互动模型为封闭性，这说明金融投机与供求两种力量对国际原油价格影响相当，从而国际原油价格维持相对稳定。

所以，第 5 章样本各个阶段检验出的国际原油具有商品实物属性或金融属性的结果也满足国际原油期货与现货价格蛛网互动模型结果的理论要求。

于是将样本各个阶段的国际原油便利收益与国际原油期货价格与现货价格进行 Cochrane-Orcutt 两步法回归，结果见表 7-4。

表 7-4　国际原油便利收益对国际原油期货价格、现货价格回归结果

	样本阶段 1	样本阶段 2	样本阶段 3	样本阶段 4	样本阶段 5	样本阶段 6
国际原油便利收益对期货价格回归系数	-1.027663 *** [-52.4683]	-1.001961 *** [-282.1744]	-1.000907 *** [-604.6458]	-0.997934 *** [-403.7182]	-0.999731 *** [-291.5919]	-1.000191 *** [-334.8411]
国际原油便利收益对现货价格回归系数	1.032028 *** [61.1338]	1.001214 *** [350.7396]	1.000980 *** [650.1126]	0.997985 *** [440.1161]	1.000253 *** [313.3734]	1.000162 *** [2042.372]

由表 7-4 可知，国际原油便利收益对国际原油期货价格的回归系数均小于零，即其斜率为负；国际原油便利收益对国际原油现货价格的回归系数均大于零，即其斜率为正。所以上述回归结果满足 4.3 节国际原油期货与现货价格蛛网互动模型的理论要求。并且样本不同阶段的两个回归系数绝对值大小的比较结果也验证了前述国际原油不同阶段的商品实物属性或金融属性以及它们对应不同蛛网互动模型的理论分析。

7.5.2.1　国际原油市场显著供不应求状态下的蛛网互动模型

由表 7-4 可知，样本阶段 1 的国际原油便利收益对国际原油现货价格回归系数大于国际原油便利收益对国际原油期货价格回归系数的绝对值，满足 4.3 节国际原油期货与现货价格蛛网互动模型中发散性蛛网的条件，其具体的互动机理过程如下，并见图 7-9。

图 7-9 中，在第 1 期，当国际原油市场遭受到外部冲击而打破原有均衡状态时，如对国际原油市场有重要影响的美国原油库存短暂增加，结果国际原油均衡便利收益会由 cy_0 减少到 cy_1。由 4.1 节的结论可知，国际原油期货价格在价格发现过程中领先现货价格，于是面对降低的国际原油便利收益 cy_1，根据式 (4.10) 及式 (5.2)，同期国际原油期货价格首先对应调整为 P_1。此外，在价格发现过程中，根据式 (4.15)，第 1 期国际原油期货价格发现的第 1 期国际原油现货价格也为 P_1。于是面对升高的现货价格 P_1，国际原油现货市场交易者会调整降低国际原油库存以获利。根据 4.1 节格兰杰因果检验结果可知，在价格

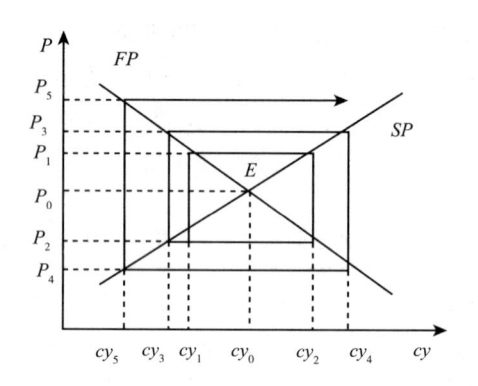

图 7-9　国际原油期货现货价格互动发散性蛛网模型

发现过程中，国际原油现货市场对信息反映滞后期货市场，并且国际原油便利收益又来自国际原油现货市场的库存波动，所以根据式（4.11），第 1 期国际原油期货价格发现的第 1 期现货价格决定了第 2 期国际原油便利收益为 cy_2，其值大于 cy_0。

同理，在第 2 期，面对增加的国际原油便利收益 cy_2，根据式（4.10），第 2 期国际原油期货价格将率先调整降低为 P_2。并且根据式（4.15），第 2 期期货价格 P_2 发现第 2 期国际原油现货价格为 P_2，进而根据式（4.11），第 2 期降低的现货价格 P_2 决定了第 3 期国际原油便利收益为 cy_3，小于第 1 期国际原油便利收益 cy_1。

在样本阶段 1 的国际原油具有两个基本特征，首先，由图 7-8 可知该阶段的国际原油市场大多是显著的供不应求状态，从而使得国际原油价格出现上涨预期，这为金融投机者操纵国际原油价格提供了基础。其次，从第 5 章可知，因为该阶段的国际原油非商业多头头寸与国际原油便利收益存在反向变化关系，相应国际原油具有金融属性，从而金融投机主导该阶段国际原油价格。所以在第 3 期，面对降低的国际原油便利收益 cy_3 以及国际原油金融属性，根据第 6 章国际原油期货市场正反馈交易模型结论，国际原油期货市场的理性投机者将更多采取金融投机作多行为，从而使第 3 期的国际原油期货价格率先调整为 P_3，高于第 1 期期货价格 P_1，结果国际原油期货价格开始更加远离初始的均衡水平。此外，在国际原油现货市场，根据式（4.15），第 3 期国际原油期货价格 P_3 发现第 3 期国际原油现货价格为 P_3，进而根据式（4.11），第 3 期升高的国际现货价格 P_3 决定第 4 期国际原油便利收益为 cy_4，其值大于第 2 期国际原油便利收益 cy_2，……

如此循环,以国际原油便利收益为中介,该阶段的国际原油期货与现货价格互动结果是国际原油现货价格波动幅度不断扩大,最终越来越大的偏离该阶段均衡价格水平（E 点）所代表的国际原油内在价值而出现价格泡沫。该发散性蛛网互动循环过程只有当国际原油市场遭受重大显著外部冲击、国际原油期货市场金融投机信心尽失时才会终止,其也是国际原油现货价格泡沫破裂时,例如阶段 1 末期爆发的美国金融危机。

样本阶段 3 与阶段 5 的国际原油便利收益对国际原油现货价格回归系数大于国际原油便利收益对国际原油期货价格回归系数的绝对值,满足 4.4 节国际原油期货与现货价格蛛网互动模型中发散性蛛网的条件。此外,从第 5 章结论中可知,样本阶段 3 与阶段 5 的国际原油分别具有金融属性以及脆弱的金融属性。另外,样本阶段 3 与阶段 5 的国际原油供求失衡状态都提供了国际原油价格上涨的基础。所以,样本阶段 3 和阶段 5 与样本阶段 1 一样,满足上述以国际原油便利收益为中介,国际原油现货价与期货价格互动,最终导致现货价格偏离国际原油内在价值出现价格泡沫的机理。

总之,相对于国际原油便利收益,当样本的国际原油期货价格曲线较现货价格曲线平坦时,如果外部因素使得国际原油价格与便利收益偏离均衡状态,国际原油期货市场的金融投机行为又放大了国际原油便利收益与国际原油期货与现货价格互动发散行为,最终出现国际原油期货与现货价格蛛网互动模型的不稳定结果,所以在六个样本阶段中,阶段 1 和阶段 3 的国际原油现货价格样本不但含有泡沫的数量比例多而且泡沫程度严重,而这也是由这两个阶段国际原油金融属性所决定的。由第 5 章可知,尽管样本第 5 阶段国际原油具有金融属性,但其是脆弱的,所以,虽然同期国际原油市场满足上述国际原油期货现货价格互动发散性蛛网条件,但是金融投机力度有限,结果脆弱的金融属性决定了样本阶段 5 的国际原油现货价格样本含有泡沫的比例较低。

7.5.2.2　国际原油市场供过于求状态下的蛛网互动模型

由图 7-8 可知,样本阶段 2 的国际原油市场处于脆弱的供求均衡状态,其内既有微小的供不应求状态,也有微小的供过于求状态。于是根据第 6 章国际原油期货市场正反馈交易模型可知,样本阶段 2 的国际原油金融投机基础不足。另外,样本阶段 6 是供给严重过剩状态,从而这两个阶段的国际原油价格变动趋势是下跌。其次,从第 5 章结论可知,样本阶段 2 的国际原油具有脆弱实物属性,样本阶段 6 的国际原油具有实物属性,从而国际原油市场的供给与需求决定样本阶段 2 和阶段 6 的国际原油价格。

此外，由表 7-5 还可知，样本阶段 2 和阶段 6 的国际原油便利收益对期货价格回归系数的绝对值大于国际原油便利收益对现货价格回归系数，满足 4.3 节国际原油期货与现货价格蛛网互动模型中收敛性蛛网条件，其具体的互动机理过程如下，并见图 7-10。

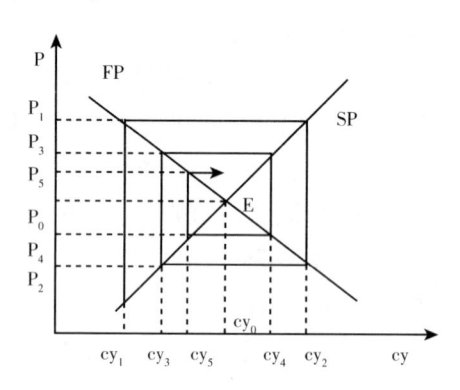

图 7-10　国际原油期货现货价格互动收敛性蛛网模型

图 7-10 中，在第 1 期，当国际原油市场遭受到外部冲击而打破原有均衡状态时，如对国际原油市场有重要影响的美国原油库存短暂增加，结果国际原油均衡便利收益会由 cy_0 减少到 cy_1。由于国际原油期货价格在价格发现过程中领先现货价格，于是面对降低的国际原油便利收益 cy_1，根据式（4.10）及式（5.2），同期国际原油期货价格首先对应调整为 P_1。此外，在价格发现过程中，根据式（4.15），第 1 期国际原油期货价格发现的第 1 期国际原油现货价格也为 P_1。于是面对升高的现货价格 P_1，国际原油现货市场交易者会调整降低国际原油库存以获利。根据 4.2 节格兰杰因果检验结果可知，在价格发现过程中，国际原油现货市场对信息反映滞后期货市场，并且国际原油便利收益又来自国际原油现货市场的库存波动，所以根据式（4.11），第 1 期国际原油期货价格发现的第 1 期现货价格决定了第 2 期国际原油便利收益为 cy_2，其值大于 cy_0。

同理，在第 2 期，面对增加的国际原油便利收益 cy_2，根据式（4.10），第 2 期国际原油期货价格将率先调整降低为 P_2。并且根据式（4.15），第 2 期期货价格 P_2 发现第 2 期国际原油现货价格为 P_2，进而根据式（4.11），第 2 期降低的现货价格 P_2 决定了第 3 期国际原油便利收益为 cy_3，但由于阶段 2 和阶段 6 的国际原油具有实物属性，从而国际原油现货市场的供求均衡机制能将市场从非均衡向均衡状态调节恢复，所以第 3 期国际原油便利收益 cy_3 大于 cy_1，并向国际原油均衡便利收益 cy_0 靠近。

在第 3 期，面对恢复上升的国际原油现货便利收益 cy_3 以及国际原油商品属性，根据第 6 章国际原油期货市场正反馈交易模型结论可知，样本阶段 2 和阶段 6 的国际原油供大于求的状态决定这两个阶段的金融投机力度减弱，并且国际原油期货市场理性投机者将更多采取作空行为，从而使第 3 期的期货价格调整为 P_3，低于第 1 期期货价格 P_1，结果国际原油市场供求力量决定国际原油期货价格开始向初始均衡水平回复。此外，在国际原油现货市场，根据式（4.15），第 3 期国际原油期货价格 P_3 发现第 3 期国际原油现货价格为 P_3，进而根据式（4.11），第 3 期降低的国际原油现货价格 P_3 决定第 4 期国际原油便利收益为 cy_4，其值小于第 2 期国际原油便利收益 cy_2，从而更加向均衡方向趋近，……

如此循环，以国际原油便利收益为中介，样本阶段 2 和样本阶段 6 的国际原油期货与现货价格互动结果是国际原油现货价格波动幅度不断降低，并最终趋近于均衡价格水平（E 点）所代表的国际原油内在价值，但是在互动过程中也会因国际原油现货价格高于国际原油内在价值而出现价格泡沫。

总之，相对于国际原油便利收益，当样本阶段 2 和样本阶段 6 的国际原油期货价格曲线较现货价格曲线陡峭时，如果外部因素使得国际原油价格与便利收益偏离均衡状态，国际原油市场的供求力量能够自发稳定市场，使国际原油便利收益进而国际原油期货与现货价格恢复均衡，最终出现国际原油期货与现货价格蛛网互动模型的收敛结果，所以在全部样本六个阶段中，虽然阶段 2 的国际原油现货价格也含有泡沫，但其样本中含有价格泡沫的数量比例低于具有金融属性的阶段 1 和阶段 3，而这也是这个阶段国际原油商品实物属性所决定的。但是同为实物属性的样本阶段 6，其样本含有价格泡沫的数量比例却最高，其原因在于同期众多极端事件导致国际原油市场严重供给过剩，决定了国际原油内在价值的骤减，所以尽管该阶段国际原油现货价格在显著降低，但仍因其高于暴跌的国际原油内在价值而含有泡沫。

7.5.2.3 国际原油市场供求双失衡，市场自发调节恢复均衡的蛛网互动模型

由表 7-5 还可知，样本阶段 4 的国际原油便利收益对期货价格回归系数的绝对值与国际原油便利收益对现货价格回归系数基本相等，满足 4.4 节国际原油期货与现货价格蛛网互动模型中封闭性蛛网条件，其具体互动机理过程如下，

并见图 7 – 11。

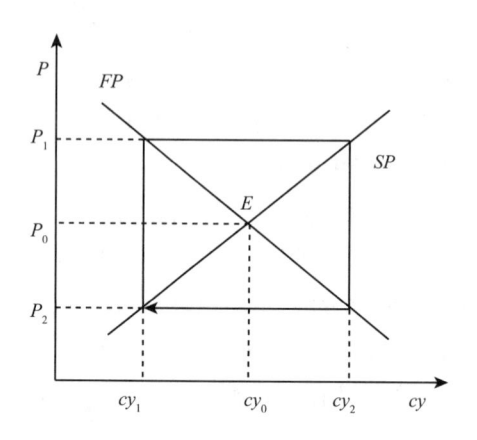

图 7 – 11　国际原油期货现货价格互动封闭性蛛网模型

图 7 – 11 中，当外部冲击打破国际原油市场均衡时，国际原油期货与现货价格关于国际原油便利收益的互动过程在第 1 期、第 2 期与上述发散性和收敛性蛛网模型的互动过程相同。但在第 3 期，由于在样本阶段 4 中，相对于国际原油便利收益，国际原油期货价格曲线与现货价格曲线具有相近的倾斜程度，说明操纵国际原油价格上涨的金融投机力量与推动国际原油价格恢复均衡的供求力量对国际原油价格的影响程度大体相当，但因为它们的影响方向相反，于是这两种因素对国际原油期货与现货价格的影响维持一种均衡。从而在第 3 期，国际原油市场仍然更多受初始外部因素的影响，且持续。相应地，第 2 期的国际原油现货价格决定了第 3 期的国际原油便利收益仍恢复为 cy_1，进一步，第 3 期的国际原油期货价格也调整为 P_1，于是国际原油期货与现货价格互动形成了上述封闭状态，并且该状态还将循环下去。其结果是当样本阶段 4 的国际原油市场受到外部冲击而打破原有均衡状态时，国际原油便利收益以及国际原油期货、现货价格将按照相同幅度围绕均衡价格水平（E 点）所代表的国际原油内在价值在价格 P_1 与 P_2 区间波动，既不偏离，也不趋近，最终出现国际原油期货与现货价格蛛网互动模型的封闭结果。样本阶段 4 的国际原油现货价格大多在 40 ~ 60 美元/桶的范围内波动即为该模型例证。当然，互动过程中也会因国际原油现货价格高于国际原油现货内在价值而出现价格泡沫。

结合本书前几章结论，并比较本章 TAR 模型实证样本六个阶段的国际原油现货价格泡沫存在性结果，以及国际原油现货价格泡沫产生的蛛网互动模型结论，本书认为在样本区间内，国际原油期货市场都存在金融投机行为，从而样本区间的国际原油现货价格都有泡沫存在。但是，不同样本阶段的国际原油期货与现货价格蛛网互动机制不同，相应每个样本阶段内金融投机与供求因素对国际原油价格影响程度也不一致，从而样本不同阶段的国际原油现货价格含有泡沫的数量比例和严重程度有所差异。其中，如果金融投机能主导国际原油价格从而使得国际原油具有金融属性越明显，相应这些阶段的国际原油现货价格样本中含有价格泡沫不但数量比例高而且泡沫程度严重。

本书第 5～7 章的结论较多，且结论间具有逻辑联系，因此通过表 7－5 汇总上述三章的结论，以便清晰表达本书的观点。

表 7-5　本书第 5~7 章结论汇总

样本阶段	国际原油现货市场供求状态	国际原油便利收益影响因素	国际原油价格主导方式	国际原油属性	国际原油现货内在价值	国际原油现货价格样本含有泡沫数量比例	国际原油期货现货价格蛛网互动类型
2006.7.1 ~ 2008.10.3	供不应求	非国际原油供给需求影响	理性投机者主导（消极投资者数量小于临界值）	金融属性	超额收益率 μ = 0.016	59.3%	发散性蛛网
2008.10.10 ~ 2010.10.8	略微供求失衡交替	国际原油供给需求与其他因素	套期保值者（供给需求）主导（消极投资者数量大于临界值）	脆弱实物属性	超额收益率 μ = 0.0332	43.8%	收敛性蛛网
2010.10.15 ~ 2015.1.2	供求脆弱均衡	非国际原油供给需求影响	理性投机者主导（消极投资者数量小于临界值）	金融属性	超额收益率 μ = 0.0083	67%	发散性蛛网
2015.1.9 ~ 2017.1.6	供求双失衡，市场自发调节	国际原油供给需求	套期保值者（供给需求）主导（消极投资者数量大于临界值）	实物属性	超额收益率 μ = 0.0136	42.9%	封闭性蛛网
2017.1.13 ~ 2019.12.27	减产干预，供求失衡降低	其他因素与国际原油供给需求	理性投机者微弱主导（消极投资者数量微弱小于临界值）	脆弱金融属性	超额收益率 μ = 0.0154	30.3%	发散性蛛网

续表

样本阶段	国际原油现货市场供求状态	国际原油便利收益影响因素	国际原油价格主导方式	国际原油属性	国际原油现货内在价值	国际原油现货价格样本含有泡沫数量比例	国际原油期货现货价格蛛网互动类型
2020.1.3~2020.6.26	严重供过于求	国际原油供给需求	套期保值者（供给需求）主导（消极投资者数量大于临界值）	实物属性	超额收益率 $\mu=0.2591$	72%	收敛性蛛网

第8章 国际原油现货价格泡沫对我国经济增长影响与对策

8.1 国际原油现货价格泡沫与我国经济增长关系理论分析

由于一方面国际原油现货价格泡沫是国际原油现货价格高于国际原油内在价值的一种经济现象,所以国际原油现货价格上涨是国际原油现货价格泡沫形成的一种主要类型。另一方面,见本书第7章实证结果,具体的国际原油现货价格泡沫是分散在不同时间点上,从而不能形成连续的价格泡沫时间序列。因此,学者们大多是从价格上涨角度研究国际原油现货价格泡沫对经济增长的影响。

汉密尔顿(Hamilton,1983)利用 VAR 模型最早检验了国际原油价格与美国经济增长的关系,发现第二次世界大战后国际原油价格大幅上涨几乎诱发了同期美国的历次经济衰退,从而认为国际原油价格上涨会负向冲击经济增长。布朗和于塞尔(Brown &Yucel,1999)从国际原油价格的供给冲击角度研究认为,国际原油价格上涨会导致潜在产出下降并最终降低经济增长率。但是 2003 年以后,虽然国际原油价格显著上涨,但是全球经济却呈现出新的增长,于是一些学者对国际原油价格上涨会负向影响经济增长的结论提出质疑。布兰查德和盖力(Blanchard & Gali,2007)、布兰查德和里吉(Blanchard & Riggi,2013)利用脉冲响应函数分别研究了多个工业化国家在 1983 年前后两个时期的国际原油价格对经济增长的影响,却发现在后一个时期的国际原油价格的负向冲击效果显著下降。因此,他们认为随着时间推移,国际原油价格变化对经济增长的影响正在发生变化。

目前,国内学者对该问题研究主要从宏观经济分析和计量经济检验两个方向展开。其中在宏观经济分析方面,林伯强和牟敦国(2008)采用可计算一般均衡分析、魏巍贤等（2014）利用动态可计算一般均衡模型、曹飞（2015）在开放经济视角下，根据实际经济周期模型等方法分别展开研究，并都得出国际原油价格上涨会负向影响我国经济增长的结论。

由于上述宏观经济分析方法一方面要构建多个复杂的方程，从而需设置大量参数，另一方面所建立模型的假设太强，这些都导致理论分析与经济现实之间有很大差距。所以，目前学者对国际原油价格上涨对我国经济增长影响研究更多采用经济计量方法展开。如张斌和徐建炜（2010）通过构建包括国际原油价格、经济增长、物价水平、货币供给、投资五个变量的 VAR 模型进行实证，结果认为国际原油价格上涨带来了我国相对价格变化以及产出下降。可是，因为多变量 VAR 模型往往对经济理论考虑不足，从而会导致脉冲响应函数的经济含义不清晰，所以学者更多用结构向量自回归模型（SVAR）展开研究。如段继红等（2012）采用 SVAR 模型研究认为，由于我国经济快速增长、消费和出口显著提高等原因，削弱了国际原油价格上涨对我国经济的不利影响。陈学胜和张建波（2013）认为，虽然国际原油价格上涨会带来我国物价水平提高，但由于消费在我国 GDP 中所占比例较低，从而最终国际原油价格上涨不会负面影响我国经济增长。但许欣欣等（2015）采用 SVAR 模型研究后认为，国际原油价格上涨对我国经济增长会形成短期的负向冲击，并且随着我国原油对外依存度上升，这种负向影响程度还会加强。虞文微和曹强（2017）使用 SVAR 模型则认为国际油价波动对我国工业增加值影响较小，但对物价水平有显著影响。程立燕和李金凯（2018）利用时变参数向量自回归（TVP-VAR）模型实证了国际原油价格波动对我国经济增长影响具有显著时变特征，其中，国际原油价格的上涨对我国经济增长具有正向影响，且体现出速度快、时间短的特征。但是国际原油价格下跌对我国经济增长具有负向影响，以及时间久的特征。此外，唐运舒和焦建玲（2012）从货币冲击角度研究认为，我国为了应对由于国际原油价格上涨而输入的通胀风险，所采取的紧缩货币政策会导致宏观经济衰退。

由以上研究可知，目前学者关于国际原油价格波动进而国际原油价格泡沫对我国经济增长影响研究的结论并不一致。这主要是，首先不同学者选取的样本时期不同，相应国际原油价格波动特征有差异所致；其次，不同计量经济模型的算法不同，导致实证结果有出入；最后，即使是使用同一种计量模型，但由于模型所包含的变量不同，最终结果也会有所差异。

另外，图 8-1 定性描述了本书研究样本期间国际原油现货价格与我国经济增长率季度数据之间的关系。第一，国际原油现货价格从 2006 年第三季度到 2009 年第一季度经历了暴涨暴跌，期间在 2008 年第二季度曾涨至历史最高价 123.96 美元/桶，同期，我国 GDP 增长率也经历了先上升后下降的类似波动，其中，在 2007 年第二季度还出现了 GDP 增长率的样本最高值 15%。第二，2009 年第二季度至 2014 年第二季度国际原油现货价格逐渐上升，并在 2011 年第二季度至 2014 年第二季度其长期维持在 90~100 美元/同区间波动。在该阶段初期，我国 GDP 增长率也升至 2010 年第二季度的 12.2%，但此后增长率逐渐下降，并在该阶段后期维持在 7%~8% 的水平。第三，2014 年第三季度至 2016 年第一季度，尽管国际原油现货价格从 97.78 美元/桶大幅下跌至 33.18 美元/桶，但同期我国 GDP 增长率虽略有下降，但基本仍维持在 7% 左右水平。第四，2016 年第二季度到 2019 年第四季度国际原油市场经历了自我修复以及供给寡头干预，国际原油现货价格逐渐恢复上涨，并升至 60 美元/桶价位附近的水平，同期我国 GDP 增长率在该阶段前期长时间维持在 7% 左右，只是在 2018 年第四季度开始略有降低，至 2019 年第四季度降至 5.8%。第五，受新冠肺炎疫情影响，国际原油现货价格在 2020 年前两个季度显著下跌，降至同年第二季度的 27.81 美元/桶的样本最低值，疫情冲击同样使我国 GDP 增长率在 2020 年第一季度骤降至 -6.8%，但是随着我国政府对疫情迅速、及时、有效、强有力的控制和治理，我国 GDP 增长率在 2020 年第二季度转正，并升至 3.2%。

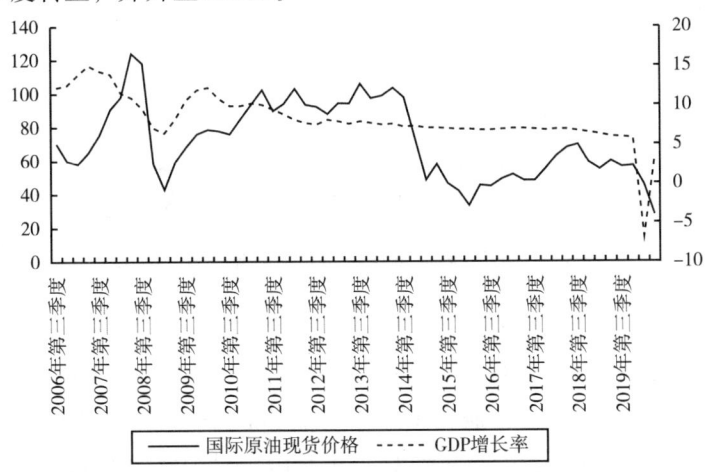

图 8-1　国际原油现货价格与我国经济增长趋势

资料来源：中国国家统计局网站，www.stats.gov.cn，2020 年 7 月 20 日。
美国能源信息署网站数据整理，www.eia.gov，2020 年 7 月 22 日。

由上可知，虽然国际原油现货价格与我国 GDP 增长率在大多数样本区间，基本存在同向变动关系，但是在 2016 年第二季度到 2019 年第四季度，上述两者的这种变动关系不是很明显，这可能源自同期我国经济进入了新常态以及实施供给侧结构性改革，使得国际原油现货价格对我国经济影响的传导机制及其效果或多或少发生了一些变化所致。

因此，对于国际原油现货价格进而国际原油现货价格泡沫与我国经济增长的这种复杂关系，不能仅依靠国际原油现货价格这一个变量分析其对我国经济增长影响，还应考虑是否有其他因素主导这两者之间关系，并实证检验。

此外，由图 8-2 可知，国际原油现货价格上涨会先后通过总供给、总需求两条途径，对我国经济增长分别带来直接和间接双重影响。直接影响体现在总供给方面，即国际原油现货价格上涨首先会引起我国国内物价水平、生产成本变化，从而影响我国经济增长。间接影响体现了总需求的变化，即针对国际原油现货价格上涨对我国经济增长与物价水平的直接影响，并为了实现宏观经济政策目标，我国会从总需求侧调整货币政策和财政政策，从而再次引起我国经济增长新的变化。由此可见，国际原油现货价格上涨以致出现泡沫对我国经济增长影响的最终结果，取决于上述直接、间接两种影响的共同作用。

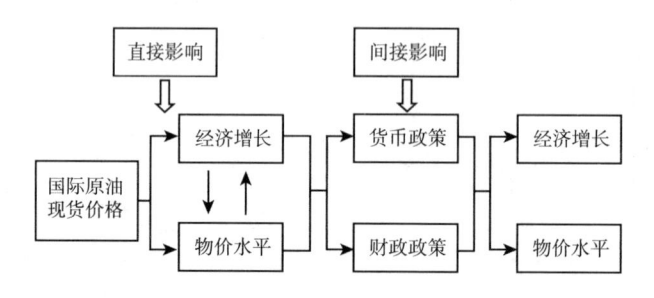

图 8-2　国际原油现货价格对经济增长影响机制

综上所述，本章拟结合上述国际原油现货价格对我国经济增长影响机制，建立包含国际原油现货价格、经济增长、物价水平、货币政策、财政政策五方面内容的计量模型，实证研究国际原油现货价格上涨进而价格泡沫对我国经济增长的影响，最后结合实证结果提出我国应对国际原油现货价格泡沫的对策建议。

8.2 结构向量自回归模型（SVAR）

在引入多个变量的时间序列模型中，向量自回归模型（VAR）通过把系统中每一个内生变量作为系统中所有内生变量的滞后值的函数的思路来构造模型，以解释相关变量的冲击影响。但是由于三个变量以上的 VAR 模型既没有考虑经济理论，又没有给出变量之间当期相关关系的确切形式，从而使得模型误差项中存在一些无法解释的现象，以至于模型响应函数的经济含义不清晰，而这对模型的解释又是非常关键。

针对 VAR 模型的不足，布兰查德和柯（1989）提出了结构向量自回归模型（Structural VAR，SVAR）。SVAR 模型首先以经济理论为支撑，通过设置变量当期之间的相互关系，避免了在模型误差中隐藏着无法解释的相关结构。其次，通过对参数空间施加约束，减少了估计参数数量，避免了自由度损失，解决了 VAR 模型在无约束条件下分析结果不足的问题。

VAR 模型具体形式如下：

$$y_t = A_1 y_{t-1} + \cdots + A_p y_{t-p} + \varepsilon_t \tag{8.1}$$

式（8.1）中，ε_t 为白噪声向量。为了解决 VAR 模型存在的问题，通过将基于经济理论的变量之间结构性关系引入模型，可以捕捉模型系统内各个变量之间即时的结构性关系，于是将式（8.1）两边同时左乘以内生变量之间的同期关系矩阵 A，得式（8.2）：

$$AA(L)y_t = A\varepsilon_t, \quad t = 1, 2, 3 \cdots, T \tag{8.2}$$

如果式（8.2）满足下列条件：$A\varepsilon_t = Bu_t$，$E(u_t) = O_k$，$E(u_t u_t') = I_k$，则称式（8.2）为 AB 型 SVAR 模型，其中 A、B 都是 $k \times k$ 的可逆矩阵。该模型既可反映内生变量之间的同期关系，也可反映模型系统对独立随机扰动冲击的响应（高铁梅，2008）。

SVAR 模型的首要任务就是识别同期关系矩阵 A，但要保证模型能够被识别，需要对同期关系 A 矩阵施加约束条件。对于具有 k 个内生解释变量的 SVAR 模型，矩阵 A 要施加 $k(k+1)/2$ 个约束条件才能恰好被识别。矩阵识别后，便可得到其他系数矩阵之间的关系。

8.3 国际原油现货价格泡沫对我国经济增长影响 SVAR 模型检验

8.3.1 变量选取与数据来源

为定量分析国际原油现货价格泡沫对我国经济增长的影响，根据图 8-2，本章具体选取国际原油现货价格、经济增长、物价水平、货币供给量和固定资产投资五个变量，它们定义如下：

国际原油现货价格（OILP）。该变量选取同本书前文，并且取对数形式。

经济增长（GDP）。因为国家统计局不公布经济增长的月度数据，于是采用张斌和徐建炜（2010）的方法，以我国工业增加值的月度增长率作为衡量经济增长的变量。

物价水平（CPI）。用居民消费价格指数衡量。

货币供给（M2）。货币供给量变化能直接反映我国货币政策调整，因此，以广义货币供给量增长率作为衡量我国货币政策变化的变量。

固定资产投资（TZ）。因为我国财政政策的调整会直接反映在固定资产投资的变化，因此采用全社会固定资产投资完成额增长率作为衡量我国财政政策变化的变量。

与本书前文的样本区间一致，但本模型为月度数据，共 168 个观察样本。此外，本模型对变量均采用 CensusX-12 方法进行季节调整。数据来源：国家统计局网站、美国能源信息署网站。

8.3.2 实证检验

(1) 平稳性检验

对上述五个变量的水平值进行 ADF 单位根检验，发现在 10% 显著性水平下，它们不全为平稳序列。于是对这五个变量的一阶差分序列进行 ADF 单位根检验，发现在 1% 显著性水平下，它们全为平稳序列。检验结果见表 8-1，其中，ΔGDP、ΔCPI、$\Delta M2$、ΔTZ 和 $\Delta OILP$ 分别是对应变量的一阶差分。

表 8-1　　　　　　　　　SVAR 模型 ADF 单位根检验结果

变量	检验形式 (c, t, L)	ADF 统计量	1% 显著性水平	5% 显著性水平	10% 显著性水平	Prob 值
GDP	(c, 0, 2)	-1.6443	-3.4702	-2.8789	-2.5761	0.4577
ΔGDP	(c, 0, 1)	-12.3076	-3.4702	-2.8789	-2.5761	0.0000
CPI	(c, 0, 12)	-2.7787	-3.4728	-2.8801	-2.5767	0.0637
ΔCPI	(c, 0, 11)	-5.9003	-3.4728	-2.8801	-2.5767	0.0000
M2	(c, 0, 3)	-1.9261	-3.4704	-2.8790	-2.5762	0.3197
$\Delta M2$	(c, 0, 2)	-5.1130	-3.4704	-2.8790	-2.5762	0.0000
TZ	(c, 0, 5)	1.1857	-3.4709	-2.8793	-2.5763	0.9980
ΔTZ	(c, 0, 4)	-3.3708	-3.4709	-2.8793	-2.5763	0.0134
OILP	(c, 0, 1)	-2.9000	-3.4699	-2.8788	-2.5761	0.0475
$\Delta OILP$	(c, 0, 0)	-9.3361	-3.4699	-2.8788	-2.5761	0.0000

（2）滞后阶数选择

SVAR 模型的滞后阶数是由对应 VAR 模型的滞后阶数所决定。于是对上述五变量构建含有不同滞后阶数的 VAR 模型，其对应的 Loglikehood、AIC、SC 值见表 8-2。经过综合考虑各信息值的大小，最终选取 VAR 模型的最优滞后阶数 P=4，从而可构建上述 5 个变量的 SVAR（5）模型。

表 8-2　　　　　　　　　VAR 模型滞后期数选择

	Loglikehood	AIC	SC
VAR(1)	-836.9684	10.4454	11.0078
VAR(2)	-744.5412	9.6914	10.7267
VAR(3)	-706.8290	9.5955	11.1076
VAR(4)	-672.1106	9.5310	11.5280
VAR(5)	-648.5439	9.6117	12.0894
VAR(6)	-623.0632	9.6654	12.6320

（3）协整检验

对上述五个变量进行 Johansen 协整检验，结果显示上述五个变量在 5% 显著性水平下存在 5 个协整关系，见表 8-3，说明拟构建的 SVAR（5）模型的五个变量存在长期均衡关系。

表 8-3　　　　　　　　　　SVAR 模型协整检验结果

原假设	特征值	迹统计量	5% 显著性水平	Prob 值
0 个协整向量（$r=0$）	0.4153	258.2102	69.8189	0.0000
至多 1 个协整向量（$r\leqslant 1$）	0.3208	170.7392	47.8561	0.0000
至多 2 个协整向量（$r\leqslant 2$）	0.2708	107.6893	29.7971	0.0000
至多 3 个协整向量（$r\leqslant 3$）	0.2281	56.2230	15.4947	0.0000
至多 4 个协整向量（$r\leqslant 4$）	0.0824	14.0125	3.8415	0.0002

（4）模型识别

先建立包含 $Oilp$、GDP、CPI、$M2$、TZ 五个变量的 SVAR（5）模型，其 A、B 矩阵满足：

$$A\varepsilon_t = Bu_t, \quad t=1,2,\cdots,T \tag{8.3}$$

其中：

$$\varepsilon_t = (\varepsilon_{1t},\varepsilon_{2t},\varepsilon_{3t},\varepsilon_{4t},\varepsilon_{5t})', \mu_t = (\mu_{1t},\mu_{2t},\mu_{3t},\mu_{4t},\mu_{5t})' \tag{8.4}$$

并且，$E(u_t) = O_5$，$E(u_t u_t') = I_5$。

此外，矩阵 A 和 B 的具体形式如下：

$$A = \begin{pmatrix} a_{11} & a_{12} & a_{13} & a_{14} & a_{15} \\ a_{21} & a_{22} & a_{23} & a_{24} & a_{25} \\ a_{31} & a_{32} & a_{33} & a_{34} & a_{35} \\ a_{41} & a_{42} & a_{43} & a_{44} & a_{45} \\ a_{51} & a_{52} & a_{53} & a_{54} & a_{55} \end{pmatrix} \quad B = \begin{pmatrix} 1 & 0 & 0 & 0 & 0 \\ 0 & 1 & 0 & 0 & 0 \\ 0 & 0 & 1 & 0 & 0 \\ 0 & 0 & 0 & 1 & 0 \\ 0 & 0 & 0 & 0 & 1 \end{pmatrix}$$

式（8.4）中，ε_t 为 VAR 模型的扰动项，μ_t 为分别作用在 OILP、GDP、CPI、M2、TZ 上的结构式冲击，也就是结构扰动项。

由于该 SVAR 模型包含 5 个内生变量，因此需要对其结构施加 $k(k-1)/2 = 10$ 个限制条件才能使得 SVAR 模型满足可识别条件。于是，根据现阶段我国经济运行的实际情况作出如下假设：

①当期国际原油现货价格不受模型中当期其他任何变量的影响，即 $a_{12} = a_{13} = a_{14} = a_{15} = 0$。

②除了国际原油现货价格外，当期经济增长不受模型其他变量的影响，即 $a_{23} = a_{24} = a_{25} = 0$。

③当期通货膨胀只受国际原油现货价格以及经济增长的影响，不受当期

货币供给与固定资产投资的影响,即 $a_{34} = a_{35} = 0$。

④当期国际原油现货价格、经济增长、通货膨胀都对当期货币供给有影响,但当期投资对当期货币供给无影响,所以 $a_{45} = 0$。

⑤当期国际原油现货价格、经济增长、通货膨胀、货币供给都影响当期投资。

在施加了上述约束条件后,拟建立的SVAR(5)模型的参数矩阵A变成了一个下三角矩阵。

(5)模型参数估计

在满足上述模型可识别条件的情况下,对所建立的SVAR(5)模型及其参数进行估计,从而得到矩阵 A 及 ε_t 和 μ_t 的线性组合的估计结果见式(8.5)。

$$A\varepsilon_t = \begin{pmatrix} 1 & 0 & 0 & 0 & 0 \\ -1.8493 & 1 & 0 & 0 & 0 \\ -0.7853 & -0.0352 & 1 & 0 & 0 \\ -2.2480 & -0.0011 & -0.0975 & 1 & 0 \\ -4.1467 & -0.1638 & 0.5019 & 0.0004 & 1 \end{pmatrix} \begin{pmatrix} \varepsilon_{1t} \\ \varepsilon_{2t} \\ \varepsilon_{3t} \\ \varepsilon_{4t} \\ \varepsilon_{5t} \end{pmatrix} = \begin{pmatrix} \mu_{1t} \\ \mu_{2t} \\ \mu_{3t} \\ \mu_{4t} \\ \mu_{5t} \end{pmatrix}$$

(8.5)

(6)脉冲响应分析

图8-3~图8-6分别为经济增长、物价水平、货币供给和固定资产投资对国际原油现货价格冲击的响应。由图8-3可知,当面对国际原油现货价格冲击时,我国经济增长率对其反应是正向的,并在第2期上升至最高点,随后下降,在第3期后,慢慢上下波动向零值回归,并最终在第9期后,国际原油现货价格冲击影响基本消失。这说明,首先,国际原油现货价格对我国经济增长率的短期正向影响还是较显著的。这可能来源于国际原油现货价格上涨,在短期会刺激石油类企业扩大投资,从而拉动经济增长所致。其次,在长期,国际原油现货价格对经济增长的影响逐渐减弱并消失。这是因为,以国际原油现货价格上涨为例,面对国际原油现货价格这种输入性通胀风险,国家会采取紧缩型货币和财政政策,减少货币供给量,压缩固定资产投资,以抑制因国际原油现货价格上涨所引起的供给推动型通货膨胀,从而在长期抑制了总需求增加来自国际原油现货价格上涨的成分。如图8-5和图8-6所示,面对国际原油现货价格冲击,货币供给以及固定资产投资对其反映都是负向的

检验结果也验证了上述结论。此外，货币供给是在第 5 期达到负向最大值，固定资产投资是在第三期达到了负向最大值，说明相比于紧缩性货币政策，紧缩性财政政策对冲国际原油现货价格上涨影响的力度更大、更及时。

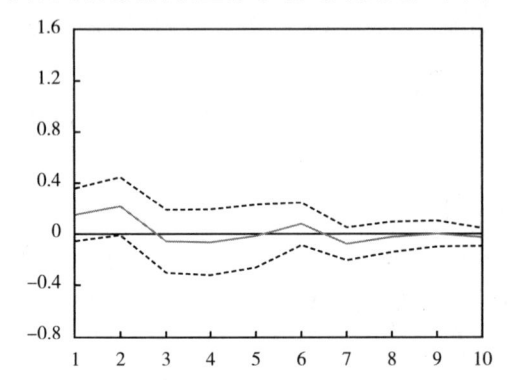

图 8-3　经济增长对国际原油现货价格冲击的响应

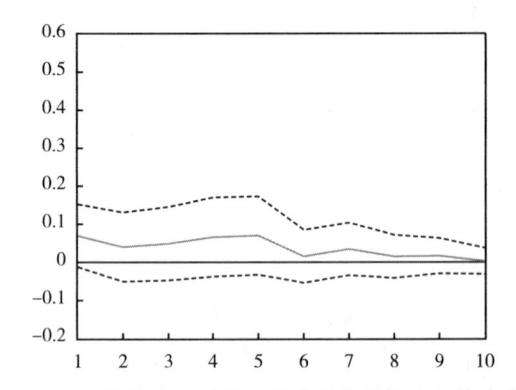

图 8-4　物价水平对国际原油现货价格冲击的响应

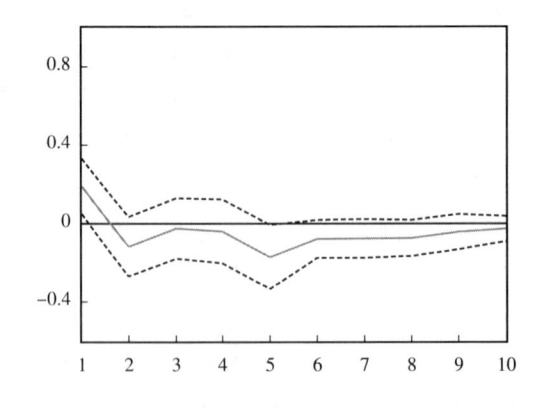

图 8-5　货币供给对国际原油现货价格冲击的响应

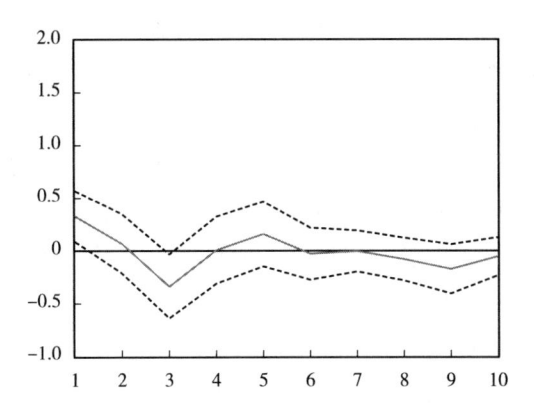

图 8-6　固定资产投资对国际原油现货价格冲击的响应

由图 8-4 可知，面对国际原油现货价格的冲击，我国物价水平的反应一直是正向的。尽管在第 2 期略有下降，但此后至第 5 期却在逐渐升高至最高值。随后，我国物价水平对国际原油现货价格冲击的响应才开始下降，并在第 10 期逐渐接近于零。这说明，因为我国的原油对外贸易依存度极高，所以国际原油现货价格的上涨风险会传递至我国形成较长时期的显著供给推动型通货膨胀。其次，国内抑制国际原油现货价格上涨引起的通胀风险而采取的紧缩型货币和财政政策具有滞后性，结果在第 6 期才能减弱国际原油现货价格对我国物价水平的冲击影响。

由上可知，国际原油现货价格波动会短期正向影响我国经济增长和物价水平，相应为了恢复宏观经济均衡而采取的紧缩型货币和财政政策对经济增长的负向影响具有即时性，但对物价水平抑制具有滞后性。总之，国际原油现货价格波动这一外源性风险打破了我国宏观经济均衡，成为我国宏观经济波动影响因素之一。

国际原油现货价格泡沫是放大了的国际原油现货价格剧烈波动，所以，国际原油现货价格泡沫风险是影响我国经济增长起伏、推高物价水平长期升高的诱因之一，从而给我国微观主体的经济决策带来了不确定性。

8.4　我国应对国际原油现货价格泡沫对策建议

目前，国际原油现货价格在 40 美元/桶左右的低价位运行，从国际原油现货价格的周期性波动历史看，其是过去非理性的国际高油价回落的结果，也是曾经的国际原油现货价格大幅上涨而产生显著价格泡沫破裂后，国际原油现货价格回归理性。国际原油现货的低油价，一方面会给我国经济带来积极影响，如减少我国进口国际原油的外汇支出，减轻我国国内的通货膨胀压力、从而能降低我国国内企业生产成本和刺激居民消费，增强我国在国际原油市场的话语权。另一方面低油价也会造成消极影响。例如，首先会将国际原油市场的通货紧缩因素输入到我国、不利于我国经济增长，其次显著降低国内石油企业的利润，抑制其投资需求。

由本书前述内容可知，整个样本期间，国际原油现货价格各阶段都含有严重程度不一的泡沫，从而同期我国时刻考虑防范这种外源性价格泡沫风险的输入。因此，面对当前低油价对我国经济既有积极又有消极影响的现实，要最终实现其有利于我国经济增长的目标，降低国际原油现货价格泡沫的负向影响，根据本书研究结论，需要结合国际原油现货价格泡沫对我国经济增长的直接和间接影响，分别从以下几方面采取对策。

①适度增加总需求，创造国际低油价利于经济增长的条件。当前国际原油市场正处于对过去供求失衡状态的一种周期性调整恢复状态，其结果是国际原油现货低油价水平还将持续。理论上，这将通过总供给直接利好我国经济增长。但因为我国当前总需求减弱，抑制了国际原油现货低油价对我国经济增长的积极影响。因此，在防止显著通货膨胀前提下，应通过积极的财政政策和稳健的货币政策增加固定资产投资和货币供给量，从而适度增加总需求，这样可增加GDP，从而实现当前国际原油现货低油价有利我国经济增长的预期目标。

②扩大原油储备规模，完善原油储备体系。原油储备是我国原油供给安全的重要保障。国际公认的最低原油储备安全标准是，储备规模应达到该国90天的原油需求量。但是由于我国原油储备建设起步迟，开始于2003年，且已规划的储备规模落后于原油需求增长。目前，我国已完成了辽宁大连、山东黄岛、浙江舟山和镇海等四个沿海原油储备建设的一期工程，但其储备量仅为1243万吨，只相当于目前我国15天左右的原油消费量，而这与上述安全标准差距较大。由于当前低油价时期，扩大原油储备规模可节约国际原油进口成本。因此，应抓住当前有利机遇加快提高我国原油储备能力，从而确保我国的原油供给安全。但由于原油储备基地建设周期较长，所以应当有效解决当前原油储备能力不足与大规模进口国际原油的矛盾。这就需要一方面合理规划国际原油的进口规模和速度，注重进口原油短期合约和长期合约

的平衡。另一方面,在新的原油储备建设中,应不同于过去仅仅关注国家战略储备,而应从国家战略储备和商业储备两方面考虑,从而吸引国内优质合格企业参与建设,这样既可加快原油储备建设进度,又能降低建设成本。

此外,在原油储备建设中,还应实现进口原油供给来源多元化。2019年我国原油进口总量有48%来自中东、18%来自非洲、16%来自俄罗斯、13%来自南美地区。原油进口来源中东地区的过分集中会给我国原油供给安全带来很大风险。当前,国际原油市场供给过剩背景下,原油供给者之间的竞争加剧有利于扩大我国与俄罗斯、中亚等国的原油贸易合作,从而改变我国原油进口过度依赖中东且以海上运输为主的局面,相应构建多元化的国际原油供给保障体系。总之,原油储备的建设,是从供给角度降低国际原油现货价格泡沫对我国的不利影响的关键。

③适应国际原油市场新常态,转变石油企业经营观念。目前,国际原油现货低油价对我国石油企业发展已带来了极大不利影响,表现在,国际原油现货低价格背景下,我国石油企业出现了原油价格意义上的产量相对过剩。因此,国内石油企业要适应国际原油市场这种新常态,一方面必须通过科技创新降低生产成本。另一方面,调整经营战略目标,变追求产量规模为追求效益利润,相应适当减少国内企业的原油供给量,并通过增加低价进口原油满足国内原油需求,这样既降低国内石油开采企业的生产成本,又可提高国内原油资源的储采比,符合石油企业的长远利益。

此外,国际原油低油价时期也是国内石油企业在国际原油市场实施收购兼并的机遇期,因此在资源评估和政治风险分析基础上,可采取多种方式"走出去",创新海外合作模式,健全我国的海外原油供应保障体系。总之,国内石油企业经营能力的提高是我国从供给角度应对国际原油价格泡沫的坚实基础。

④加强原油期货市场建设,构建国际原油金融体系。目前,国际原油价格是期货市场定价,且其定价权被美国和英国的国际原油期货市场垄断。我国虽然已于2018年3月在上海推出了原油期货交易,但是由于建设时期短,交易规模相对较小等原因,该原油期货交易在国际原油市场的影响相对有限。从而即使我国作为全球第一大原油进口国和第二大原油消费国,但由于仍然缺少国际原油定价话语权,这使得我国只能被动接受国际原油价格,而不能参与制定国际原油价格,相应我国的原油价格安全会面临很大风险。所以,很有必要加快建设并壮大我国自己的国际原油期货市场。因为,这将一方面能形成反

映我国国内原油实际供求状态的价格,另一方面有利于国内原油相关企业积极参与国内原油期货市场进行套期保值操作,化解原油现货价格波动风险,从而将国际原油现货价格泡沫对我国经济增长的直接影响减弱。

此外,如果我国通过已建立的原油期货市场拥有国际原油定价权,那么可以通过加强监管,抑制原油期货市场的金融投机行为,从而在很大程度上能避免因金融投机导致国际原油现货价格出现泡沫,结果使原油期货真正起到价格发现现货价格的功能。由于我国已拥有开展燃料油期货交易的经验,并且目前国际原油低油价时期建设原油期货市场可降低原油期货交易风险,所以当前应加强国内原油期货市场建设,从而在长期,在原油价格机制形成方面,降低国际原油现货价格泡沫对我国经济增长的影响。

此外,针对国际金融机构操纵国际原油期货价格而使国际原油现货价格出现泡沫的现象,我国除了建设原油期货市场外,还应组建原油银行、原油基金等与国际原油产业相关的金融机构,构建自己的国际原油金融体系,从而在国际原油贸易中,增加应对国际原油现货价格泡沫风险的手段。

⑤实施成品油市场化改革,降低国际油价泡沫冲击。我国成品油定价虽然与国际原油市场挂钩,但成品油价格是由国家制定。另外,我国的成品油供给又是由三大国有石油公司垄断。因此,国内成品油价格并不能真正反映国际原油市场的实际,从而国际原油现货价格泡沫对国内非石油企业和消费者的不利影响会更加突出。因此,应结合当前低油价的机遇,以及我国建立国际原油期货市场的实际,相对应在国内成品油市场,调整过去国际高油价时期制定的价格政策,进行国内成品油市场化改革,放开成品油价格,并取消调价的时间周期限制,最终通过国内成品油市场调节来消除国际原油现货价格泡沫的影响。

⑥转变能源消费结构,降低原油依赖度。国际原油现货价格泡沫对我国经济的不利影响,根本在于原油消费在我国高涨的能源消费中所占比例较高,在20%左右,结果导致我国原油进口依存度逐年提高。因此,应将转变能源消费结构,降低原油依赖度的认识提高到确保我国原油供给安全战略角度。具体在供给方面进行传统产业升级和结构优化,提高原油利用效率,并且大力发展原油替代能源,如太阳能、风能。在能源需求方面,应通过制定积极的政策,鼓励对新能源的使用,降低原油在能源消费中所占比例。这样从长期可化解国际原油现货价格泡沫的冲击。

第9章 结论与展望

9.1 结 论

国际原油有期货和现货两类市场，前者进行合约交易，后者从事实物商品交易。推出国际原油期货交易的目的是利用国际原油期货价格发现功能，引导和发现未来国际原油现货价格，从而使国际原油交易者能采取措施规避国际原油现货价格波动风险，并最终实现稳定国际原油价格的目的。虽然历史上，国际原油期货价格发现功能成功地将国际原油现货价格较长时间维持在30美元/桶以下，达到了国际原油期货价格发现的目的。但近十年来，国际原油现货价格却大涨大跌，并长期在高价位水平运行。所以，针对国际原油现货价格大幅波动的实际，本书研究国际原油期货市场是否仍然具有价格发现功能，并反思国际原油期货价格发现的现货价格的结果是否合理，是否含有价格泡沫。

本书首先不同于已有研究仅涉及单一市场，即要么只研究国际原油期货市场，要么只关注国际原油现货市场，而是在期货仓储理论基础上，通过国际原油便利收益这一变量的引入，使研究对象既包括国际原油期货市场又涉及国际原油现货市场，从而更符合国际原油市场实际。

其次，选取了2006年7月1日到2020年6月30日的国际原油期货和现货价格数据，并根据国际原油现货价格水平及其波动特点将样本划分为六个子阶段，分别包含了国际原油现货价格暴涨、暴跌、复苏、高涨、平稳、持续下降等多个不同场景，从而使研究更具有针对性，结论更具有可信性。

再次，从内容上，综合运用期货仓储理论和原油金融理论，以国际原油便利收益作为国际原油期货与现货价格互动关系的衡量变量以及国际原油金融属性的检验标准，并从原油金融视角展开研究，利用金融学理论和金融计量分析工具，探讨了在国际原油期货和现货价格互动背景下，国际原油金融属性、国际原油现货价格泡沫存在性，并结合国际原油期货市场的行为金融理论与国际原油期货现货价格蛛网互动机理分析了国际原油现货价格泡沫产生原因，从而审视国际原油期货价格发现结果的合理性。

最后，实证了国际原油现货价格泡沫对我国经济增长影响。

总之，本书研究认为，虽然国际原油期货市场仍然具有价格发现功能，并且国际原油期货与现货价格存在互动关系，但是由于国际原油期货定价的特点，容易吸引金融资本进入国际原油期货市场从事金融投机交易，从而使得整个样本区间内的每个子阶段，价格发现的国际原油现货价格都有泡沫，并且由于样本各阶段的金融投机与国际原油供求决定国际原油现货价格的力量对比结果相异，从而使得每个样本子阶段的国际原油现货价格泡沫数量和严重程度不一。其中，金融投机导致样本阶段1和样本阶段3的国际原油具有显著金融属性，结果这两个阶段国际原油现货价格含有泡沫的数量比例较高，但是国际原油具有脆弱金融属性的样本阶段5含有现货价格泡沫的比例最低。另外，虽然国际原油供给与需求决定样本阶段2和样本阶段4的国际原油具有程度不一的实物属性，但这两个阶段的国际原油现货价格含有泡沫的数量比例相近，仅次于样本阶段1和样本阶段3。虽然样本阶段6的国际原油具有实物属性，但是同期的新冠肺炎疫情史诗般重创了国际原油市场，导致国际原油现货价格以及国际原油现货内在价值双双极端失常，结果同期的国际原油现货价格泡沫比例最高。

如果国际原油现货价格单纯由国际原油市场供给需求决定，那么国际原油现货供求失衡导致的国际原油现货价格波动将在国际原油市场自发调节下趋于均衡。但是金融资本进入国际原油市场从事投机交易，放大了这种供求失衡带来的价格效应，并在正反馈交易机理以及国际原油期货与现货价格蛛网互动机制作用下，使得国际原油期货市场价格发现的现货价格与国际原油现货内在价值出现偏离，并且这种偏离，也即价格泡沫的程度与国际原油市场金融投机的强弱正相关，从而当国际原油现货具有金融属性时，其价格泡沫现象更突出。由于目前，国际金融资本进入国际原油市场从事投机交易已成为常态，所以国际原油期货价格发现的结果不能很好地反映国际原油现货市场供给与需求，相应国际原油现货价格波动风险较大。因为，国际原油现货价格泡沫风险会从总需求与总供给两方面传递至我国，干扰我国宏观经济平稳运行，所以，我国应关注国际原油现货价格泡沫现象，并多方面采取应对措施，以确保我国原油价格安全。

9.2　研究不足与展望

本书在研究过程中存在以下不足，并且这些不足将在以后的研究中需要进一步得到完善。

首先，本书根据期货仓储理论将商品便利收益看作商品期货与现货价格互动关系的简化变量，并且采用金融时间序列的研究方法展开国际原油便利收益的相关研究。由于期货定价的两因素模型已将商品现货价格与商品便利收益视为影响商品期货价格的两个状态变量，并利用微观金融理论建立商品便利收益动态变化模型，而这一点在本书中未涉及。因此在今后的研究中，可以将商品便利收益作为随机变量，并利用微观金融理论构建数理模型进一步揭示国际原油期货与现货价格互动关系。

其次，尽管本书将行为金融的正反馈交易模型引入国际原油期货市场，并通过四个动态时期揭示了微观交易者的互动行为导致国际原油期货价格波动，以及理性投机者操纵价格上涨的机理。但是在现有的金融市场操纵研究中，已将正反馈交易模型从最初的四个时期扩展到更多时期，模型复杂且更贴近实际。所以在未来的研究中，可针对国际原油市场实际，将本书的正反馈模型进一步扩展，从而使研究更加深入。

最后，本书仅是从国际原油期货价格发现的角度研究国际原油现货价格泡沫存在性，没有对国际原油期货价格发现的结果从套期保值角度进行比较。如果从这方面进一步展开研究，则会更好地衡量国际原油期货价格发现结果的合理性。

参考文献

[1] 爱波斯坦. 金融化与世界经济 [J]. 国外理论动态, 2007 (7): 14-17.

[2] 安宁, 刘志新. 商品期货便利收益的期权定价及实证检验 [J]. 中国管理科学, 2006 (6): 119-123.

[3] 卜林, 李晓艳, 朱明皓. 上海原油期货的价格发现功能及其国际比较研究 [J]. 国际贸易问题, 2020 (9): 160-174.

[4] 曹飞. 石油价格冲击与中国实际经济波动研究——基于开放 RBC 模型的分析 [J]. 中国管理科学, 2015 (7): 45-52.

[5] 曹剑涛. 上海原油期货价格变动传导效应研究 [J]. 价格理论与实践, 2019 (6): 107-111.

[6] 常凯, 王苏生, 徐民成. 国际碳排放便利收益驱动因素研究 [J]. 金融与经济, 2011 (11): 46-49.

[7] 陈洪涛, 陈良华. 中外石油期货价格发现功能对比研究 [J]. 价格理论与实践, 2014 (9): 92-94.

[8] 陈洪涛, 周德群, 王群伟. 石油金融理论研究评述 [J]. 经济学动态, 2008 (7): 99-105.

[9] 陈柳钦. 新形势下中国石油金融战略研究 [J]. 金融理论与实践, 2011 (7): 36-41.

[10] 陈明华, 陈蔚. 国际石油期货市场价格发现功能研究—基于 WTI 的实证分析 [J]. 世界经济与政治论坛, 2010 (4): 47-61.

[11] 陈明华, 张彦, 徐银良, 刘华军. 金融投机因素对国际油价波动的动态影响分析——基于动态随机一般均衡（DSGE）视角 [J]. 宏观经济研究, 2014 (11): 119-126, 148.

[12] 陈蓉, 郑振龙. 无偏估计、价格发现与期货市场效率 [J]. 系统工

程理论与实践，2008（8）：2-11.

［13］陈双，冯成骁．基于 GARCH 族模型的国际石油价格波动性分析［J］．统计与决策，2014（9）：139-143.

［14］陈学胜，张建波．国际石油价格波动对中国宏观经济的影响分析［J］．统计与决策，2013（14）：122-126.

［15］陈志英．我国燃料油期货与现货市场价格发现和波动溢出效应研究［J］．金融理论与实践，2013（10）：84-89.

［16］程立燕，李金凯．国际石油价格对经济波动的差异化与多时点冲击效应——基于 TVP-VAR 模型的检验［J］．系统工程，2018（9）：101-110.

［17］董秀良，曹凤岐．国内外股市波动溢出效应—基于多元 GARCH 模型的实证研究［J］．数理统计与管理，2009（11）：1091-1099.

［18］董秀良，帅雯君，赵智丽．石油价格变动对我国粮食价格影响的实证研究［J］．中国软科学，2014（10）：129-143.

［19］董莹，李素梅．我国石油期货市场价格发现功能及波动溢出效应研究［J］．价格月刊，2017（7）：19-24.

［20］段继红，朱启贵，吴开尧．基于 SVAR 模型的国际油价冲击与中国的宏观经济［J］．系统管理学报，2012（1）：56-61.

［21］高鸿业．西方经济学-微观部分［M］．北京：中国人民大学出版社，2014.

［22］高丽，高世宪．价格联动与价格发现：上海原油期货市场运行的研究［J］．价格月刊，2019（6）：22-29.

［23］高铁梅．计量经济分析方法与建模［M］．北京：清华大学出版社，2008.

［24］韩立岩，甄贞，蔡立新．国际油价的长短期影响因素［J］．中国管理科学，2017，25（8）：68-78.

［25］侯明扬．原油金融化的定义、特征及潜在风险研究［J］．金融理论与实践，2013（6）：31-34.

［26］扈文秀，席酉民．经济泡沫向泡沫经济的演变机理［J］．经济学家，2001（4）：107-112.

［27］华仁海、钟伟俊．对我国期货市场价格发现功能的实证分析［J］．南开管理评论，2002（5）：57-59.

[28] 黄运城. 中国石油金融战略体系构建及风险管理 [M]. 北京：经济科学出版社，2007

[29] 姜永宏，穆金旗，聂禾. 国际石油价格与中国行业股市的风险溢出效应研究 [J]. 经济与管理评论，2019（5）：99 – 112.

[30] 金洪飞，金荦. 石油价格与股票市场的溢出效应——基于中美数据的比较分析 [J]. 金融研究，2008（2）：83 – 97.

[31] 李海英，唐衍伟，罗婷. 中国燃料油价格国际市场相关性的实证研究 [J]. 资源科学，2007（1）：196 – 202.

[32] 李治国，周得田. 燃料油期货市场价格发现功能的研究—基于2005~2012年的数据 [J]. 中外能源，2013（9）：14 – 19.

[33] 李智，路思远. 从石油金融化进程看我国石油价格与国际接轨 [J]. 价格理论与实践，2009（7）：43 – 44.

[34] 郦博文，巴曙松，韦伟. 石油价格与股票市场的动态相关性分析 [J]. 大连理工大学学报（社会科学版），2017（4）：40 – 45.

[35] 林伯强，牟敦国. 能源价格对宏观经济的影响—基于可计算一般均衡的分析 [J]. 经济研究，2008（11）：88 – 101.

[36] 刘拓，刘毅军. 石油金融知识 [M]. 北京：中国石化出版社，2007.

[37] 柳松，刘号，杨梦媛. 结构性转变下国际原油期货市场异质投资者情绪的冲击效应 [J]. 国际商务——对外经济贸易大学学报，2017（3）：124 – 137.

[38] 吕永琦. 商品期货市场价格发现与投机泡沫研究 [D] 华中科技大学博士论文，2010.

[39] 吕永琦. 商品日便利收益的期权定价及实证分析 [J]. 管理科学，2009（4）：107 – 114.

[40] 马超群，李科. 基于协整和GRACH模型分析—中国油价波动特征 [J]. 求索，2004（12）：8 – 10.

[41] 马登科，张昕. 基于基金持仓头寸的国际油价动荡研究：1994 – 2009 [J]. 世界经济研究，2010（3）：8 – 14.

[42] 美国联邦储备委员会网站：www.fed.gov

[43] 美国能源信息署网站：www.eia.doe.gov

[44] 美国商品期货交易委员会网站：www.cftc.gov

[45] 孟庆斌, 周爱民, 靳晓婷. 基于 TAR 模型的中国股市价格泡沫检验 [J]. 南开经济研究, 2008 (4): 46-55.

[46] 欧阳志刚, 张林军, 崔文学, 刘燕萍. 我国股市价格泡沫的识别与动态特征研究 [J]. 上海经济研究, 2018 (5): 72-80.

[47] 潘国陵. 股市泡沫研究 [J]. 金融研究, 2000 (7): 71-79.

[48] 潘慧峰, 周建, 张金水. 石油市场波动溢出模型研究 [J]. 中国软科学, 2005 (8): 152-157.

[49] John C. Hull. 期货与期权市场导论 [M]. 北京: 北京大学出版社, 2006.

[50] 三木谷良一. 日本泡沫经济的产生、崩溃与金融改革 [J]. 金融研究, 1998 (6): 1-4.

[51] 石油输出国组织网站: www.opec.gov

[52] 宋玉华, 林治乾. 国际石油期货价格与现货价格动态关系的实证研究 [J]. 中国石油大学学报 (社会科学版), 2007 (5): 1-5.

[53] 宋玉华, 林治乾, 孙泽生. 期货市场、对冲基金与国际原油价格波动 [J]. 国际石油经济, 2008 (4): 9-17.

[54] 隋颜休, 郭强. 期货市场的投机因素对国际油价波动的影响 [J]. 宏观经济研究, 2014 (8): 100-113.

[55] 谭小芬, 张峻晓, 李玥佳. 国际原油价格驱动因素的广义视角分析: 2000-2015 [J]. 中国软科学, 2015 (10): 47-59.

[56] 唐齐鸣, 任培政, 孙文松. 中国商品期货回报与现货价格变化测度研究——基于便利收益模型的视角 [J]. 中国管理科学, 2015 (9): 80-86.

[57] 唐运舒, 焦建玲. 油价冲击、货币政策调整与产出波动——基于中国的经验证据 [J]. 经济理论与经济管理, 2012 (7): 17-27.

[58] 田利辉, 谭德凯. 原油价格的影响因素分析: 金融投机还是中国需求? [J]. 经济学 (季刊), 2015 (3): 961-982.

[59] 王群勇, 张晓桐. 原油期货市场的价格发现功能—基于信息份额模型的分析 [J]. 统计与决策, 2005 (12): 77-79.

[60] 王苏生, 常凯, 刘艳, 李志超. 碳排放便利收益与期权价值分析 [J]. 系统管理学报, 2012 (4): 552-558.

[61] 王喜爱. 从石油的金融属性看我国石油价格与国际接轨 [J]. 经济

经纬,2009(2):45-48.

[62] 王湘.国际原油价格与国内成品油价格互动关联的统计检验[J].统计与决策,2014(4):162-164.

[63] 王晓宇,孙竹,袁长剑.国际原油期货市场价格发现能力的差异分析——基于WTI和Brent国际油价走势的比较[J].价格理论与实践,2015(8):73-75.

[64] 危慧惠,樊承林,朱新蓉.基于随机便利收益的不完全市场商品期货定价研究[J].中国管理科学,2012(4):37-44.

[65] 魏宏杰,刘锐金.基于便利收益视角的投机与大宗商品价格波动分析—以天然橡胶为例[J].数学的实践与认识,2016(1):1-11.

[66] 魏巍贤,高中元,马喜立.国际油价波动对中国经济影响的一般均衡分析[J].统计研究,2014(8):46-51.

[67] 吴世农,许年行.股市泡沫的生成机理和度量[J].财经科学,2002(4):6-11.

[68] 徐鹏,刘强.国际原油价格的驱动因素:需求、供给还是金融—基于历史分解法的分析[J].宏观经济研究,2019(7):84-97.

[69] 许欣欣,曾自强,马胜.国际油价上升对宏观经济影响的SVAR模型分析[J].亚太经济,2015(4):83-89.

[70] 薛庆,葛丽娜,王震.美国汽油期货价格发现功能实证研究及对我国的启示[J].价格理论与实践,2014(12):88-90.

[71] 严佳佳,朱隽文,蔡聚萍.我国原油期货价格发现功能研究—上海原油期货与阿曼原油现货关系的分析[J].价格理论与实践,2019(10):91-94.

[72] 严敏,巴曙松,吴博.我国股指期货市场的价格发现与波动溢出效应[J].系统工程,2009(10):32-37.

[73] 易宪容.当前国际市场油价暴跌的成因、影响及应对—基于金融视角的分析[J].江海学刊,2015(3):72-78.

[74] 虞文微,曹强.国际油价波动对中国宏观经济变量的影响——基于油价冲击分解的SVAR视角[J].宏观质量研究,2017(4):85-98.

[75] 张斌,徐建炜.石油价格冲击与中国的宏观经济:机制、影响与对策[J].管理世界,2010(11):18-27.

[76] 张程,范立夫.大宗商品价格影响与货币政策权衡——基于石油

的金融属性视角［J］. 金融研究，2017（3）：72 – 85.

［77］张宏民. 石油市场与石油金融［M］. 北京：中国金融出版社，2009.

［78］张茂军，王文华，王庆辉. 基于便利收益的商品期货套期保值策略研究［J］. 运筹与管理，2016（3）：232 – 238.

［79］张晓蓉. 资产价格泡沫——理论与实证研究［D］. 复旦大学博士论文，2004.

［80］赵留彦，王一鸣. A、B 股之间的信息流动与波动溢出［J］. 金融研究，2003（10）：37 – 52.

［81］郑尊信，唐明琴. 商品便利收益问题研究进展［J］. 经济学动态，2013（2）：136 – 139.

［82］中国经济网：www.ce.cn

［83］周爱民. 股市泡沫及其检验方法［J］. 经济科学，1998（5）：44 – 49，84.

［84］周慧羚，唐葆君，胡玉杰. 中国石油期货市场的价格发现功能研究［J］. 中国能源，2016，38（9）：26 – 31，15.

［85］周少甫，周家生. 国内与国际原油市场波动溢出效应研究［J］. 中国石油大学学报（社会科学版），2006（3）：8 – 11.

［86］Wind 资讯数据库.

［87］邹绍辉. 便利收益对煤炭资源采矿权价值的影响分析［J］. 管理学报，2008（5）：725 – 728.

［88］邹绍辉，张甜. 煤炭便利收益的期权价值研究［J］. 价格理论与实践，2017（11）：130 – 133.

［89］Abdullah Almansour. Convenience yield in commodity price modeling：A regime switching approach［J］. Energy Economics，2016，53（1）：238 – 247.

［90］Adelman M A. International oil agreements［J］. Energy Journal，1984，5（1）：1 – 9.

［91］Ahmet E K. Optionality and daily dynamics of convenience yield behavior：an empirical analysis［J］. The Journal of Financial Research，2004，27（1）：143 – 158.

［92］Aloui C，Mabrouk S. Value-at-risk estimations of energy commodities via long memory，asymmetry and fat-tailed GARCH models［J］. Energy Policy，

2010, 38: 2326 - 2339.

[93] Andrea Coppola, Forecasting oil price movements: Exploiting the information in the future market [J]. The Journal of Futures Markets, 2008, 28: 34 - 56.

[94] Avery C., P. Zemsky. Multidimensional Uncertainty and Herd Behavior in Financial Markets [J]. American Economic Review, 1998, 88: 724 - 748.

[95] Bahattin Büyüksahin, Michel A. Robe. Speculators, commodities and cross-market linkages [J]. Journal of International Money and Finance, 2014, 42 (4): 38 - 70.

[96] Baillie R T, Bollerslev T, Mikkelsen H O. Fractionally integrated generalized autoregressive conditional heteroskedasticity [J]. Journal of Econometrics, 1996, 74: 3 - 30.

[97] Beckmann. J, Belke. A, Czudaj. R. Regime-dependent adjustment in energy spot and futures market [J]. Economics Model, 2014, 40: 400 - 409.

[98] Benoît Sévi. Explaining the convenience yield in the WTI crude oil market using realized volatility and jumps [J]. Economic Modelling, 2015, 44 (1): 243 - 251.

[99] Bigman D, Goldfrab D. Futrues markets efficiency and the time content of the informationsets [J]. The Journal of Futures markets, 1983, 3 (3): 321 - 334.

[100] Blanchard O, Gali J. the macroeconomic impact effects of oil shocks: why are the 2000s so different from 1970s? [R]. Cambridge: National Bureau of Economic Research, 2007, working paper №13368.

[101] Blanchard Olivier, Danny Quah. The Dynamic Effects of Aggregate Demand and Supply Disturbances [J]. American Economic Review, 1989, 79: 655 - 673.

[102] Blanchard O, Riggi M. Why are the 2000s so different from the 1970s? A structural interpretation of changes in the macroeconomic effects of oil prices [J]. Journal of the European Economic Association, 2013, 11 (5): 1032 - 1052.

[103] Blanchard O, Watson M. Bubble, Rational Expectations and Financial Markets [M]. Lexington MA, 1982.

[104] Blanchard O, Watson M. Speculative Bubbles, Crashes and Rational

Expectations [J]. Economic Letter, 1979, 3: 387-389.

[105] Bollerslev T. Generalized autoregressive conditional heteroskedasticity [J]. Journal of Econometrics, 1986, 31: 307-327.

[106] Brennan M J, E S Schwartz. Evaluating natural resource investments [J]. Journal of Business, 1985, 58: 135-157.

[107] Brennan M. J. The supply of storage [J]. American Economics Review, 1958, 48 (1): 50-72.

[108] Brenner, Robin J, Korner, Kenneth R, Freneh. arbitrage, cointegration, and testing the unbiasedness hypothesis in finaneial markets [J]. Joumal of Finaneial and Quantitative Analysis, 1995, 30 (1): 23-56

[109] Brown S, Yucel M. Oil prices and U S. Aggregate economic activity: a question of neutrality [J]. Economic and Financial Review, 1999 (2): 16-23.

[110] Bwo-Nung huang, C. W. Yang, M. J. Hwang. The dynamics of a nonlinear relationship between crude oil spot and futures prices: A multivariate threshold regression approach [J]. Energy Economics, 2009, 31 (1): 91-98.

[111] Chan K, McQueen G, Thorley S. Are there rational speculative bubbles in Asian stock market? [J]. Pacific-Basin Finance Journal, 1998, 6 (1): 125-151.

[112] Charles F. Mason, Neil A. Wilmot. Jumps in the convenience yield of crude oil [J]. Resource and Energy Economics, 2020, 60 (5): 1-18.

[113] Chen Lei, Zeng Yong. The properties and cointegration of oil spot and futures prices during financial crisis [J]. Energy Procedia, 2011 (5): 353-359.

[114] Cheong C W. Modeling and forecasting crude oil markets using ARCH-type models [J]. Energy Policy, 2009, 37: 2346-2355.

[115] Chia-lin Chang, Michael Mcaleeo, Roengchai Tansuchat. Analysing and forecasting volatility spillovers, asymmetries and hedging in major oil market [J]. Energy Economics, 2010, 32 (6): 1445-1455.

[116] Chien-Chiang Lee, Jhih-Hong Zeng. Revisiting the relationship between spot and futures oil prices: Evidence from quantile cointegrating regression [J]. Energy economics, 2011, 33 (5): 924-935.

[117] Chi-Wei Su, Zheng-Zheng Li, Hsu-Ling Chang, Oana-Ramona Lo-

bont. When Will Occur the Crude Oil Bubbles? [J]. Energy Policy, 2017, 102 (3): 1 - 6.

[118] Christian Stepanek, Matthias Walter, Andreas Rathgeber. Is the convenience yield a good indicator of a commodity's supply risk? [J]. Resources Policy, 2013, 38 (3): 395 - 405.

[119] Chun-ping chang, Chien-chiang lee. Do oil spot and futures prices move together? [J]. Energy Economics, 2015, 50: 379 - 390.

[120] Citigroup. Commodity heap. https://www.citigroupgeo.com/pdf/SZB 180995.pdf; 2006 [cited 10.12.11].

[121] David C. Broadstock, George Filis. Oil price shocks and stock market returns: New evidence from the United States and China [J]. Journal of International Financial Markets, Institutions and Money, 2014, 33 (11): 417 - 433.

[122] Delong J B, shleifer A, Positive feedback investment strategies and destabilizing rational speculation [J]. Journal of Finance, 1990b (45): 375 - 395.

[123] Delong J B, Shleifer A, Summers L H, Waldmann R. Noise trader risk in financial markets [J]. Journal of Political Economy, 1990a, 98 (4): 703 - 738.

[124] Diba B T, Grossmann H I. On the Inception of Rational Bubbles In Stock Process [D]. NBER Working Paper, 1986.

[125] Diba B T, Grossmann H I. Theory of Rational Bubbles in Stock Price [J]. The Economic Journal, 1988, 98: 746 - 754.

[126] Drozdz S, Kwapien J, Oswiecimka P. Criticality characteristics of current oil price dynamics [J]. Act Physica Polonica A, 2008, 114 (4): 699 - 702.

[127] Eckaus R S. The oil price really is a speculative bubble [D]. 2008, Working paper, MIT.

[128] Engle R F, Granger C W. Cointegration and error correction: representation, estimation and testing [J]. Econometrica, 1987, 55 (2): 251 - 276.

[129] Engle R F, Kroner K F. Multivariate simultaneous generalized ARCH [J]. Econometric Theory, 1995, 11 (1): 122 - 150.

[130] E S Schwartz. The stochastic behavior of commodity prices: Implica-

tions for valuation and hedging [J]. Journal of Finance, 1997, 52 (3): 923 – 973.

[131] Eugene F Fama, Kenneth R French. Commodity Futures Prices: Some Evidence of Forecast Power, Premiums, and the Theory of Storage [J]. Journal of Business, 1987, 60 (1): 55 – 73.

[132] Evans G. Pitfalls in testing for explosive bubbles in asset prices [J]. American Economic Review, 1991, 81 (4): 922 – 930.

[133] Fattouh B, Kilian L, Mahadeva L. The role of speculation in oil markets: what have we learned so far? [J]. Energy Journal, 2013, 34 (3): 7 – 33.

[134] Fenghua Wen, Minzhi Zhang, Mi Deng, Yupei Zhao, Jian Ouyang. Exploring the dynamic effects of financial factors on oil prices based on a TVP-VAR model [J]. Physica A, 2019, 532 (10): 1 – 12.

[135] Fernando Antonio Lucena Aiube, Winicius Botelho Faquieri. Can Gaussian factor models of commodity prices capture the financialization phenomenon? [J]. North American Journal of Economics and Finance, 2019, 50: 1 – 10.

[136] Froot K A, Obstfeld M. Intrinsic Bubbles: The Case of Stock Price [J]. American Economic Review, 1991, 81: 1189 – 1214.

[137] Garbade K D, Silber W L. Price movement and price discovery in futures and cash markets [J]. Review of Economics and Statistics, 1983, 65: 289 – 297.

[138] Garbe Peter. Famous First Bubble [M]. MIT Perss, 2000.

[139] Gifarelli G, Paladino G. Oil price dynamics and speculation: a multivariate financial approach [J]. Energy Economics, 2010, 32 (2): 363 – 372.

[140] Gilbert C L. Speculative influences on commodity futures prices 2006 – 2008 [D]. United Nations Conference on Trade and Development (UNCTAD) Discussion Papers, 2010, No. 197

[141] Giulio Cifarelli. Smooth transition regime shifts and oil price dynamics [J]. Energy Economics, 2013, 38 (c): 160 – 167.

[142] Gonzalo Cortazar, E S Schwartz. Implementing a stochastic model for oil futures prices [J]. Energy Economics, 2003, 25 (3): 215 – 238.

[143] Granger C, N Swason. An Introduction to Stochastic Unit Root Process

[D]. Working Paper, University of California, 1994.

[144] Gregory, Hansen. Residual-based tests for cointegration in models with regime shifts [J]. Journal of Econometrics, 1996, 70: 99 – 126.

[145] Haiqi Li, Hyung-Gun Kim, Sung Y. Park. The role of financial speculation in the energy future markets: A new time-varying coefficient approach [J]. Economic Modelling, 2015, 51 (12): 112 – 122.

[146] Haizhong An, Xiangyun Gao, Wei Fang, Yinghui Ding, Weiqiong Zhong. Research on patterns in the fluctuation of the co-movement between crude oil futures and spot prices: A complex network approach [J]. Applied Energy, 2014, 136 (12): 1067 – 1075.

[147] Hamilton J D. Oil and the Macroeconomy Since World War II [J]. Journal of Political Economy, 1983, 91 (2): 228 – 248.

[148] Hansen B E. Inference in TAR Model [J]. Studies in Nonlinear Dynamics and Econometrics, 1997, 2 (1): 1 – 14.

[149] Haoyuan Ding, Hyung-Gun Kim, Sung Y. Park. Do net positions in the futures market cause spot prices of crude oil? [J]. Economic Modelling, 2014, 41 (8): 177 – 190.

[150] Hasbrouck. One Security, Many Markets Detemining the Contributions to Price Discovery [J]. Journal of Finance, 1995, 50: 1175 – 1199.

[151] Heaney, R. An Empirical Analysis of Commodity Pricing [J]. Journal of Futures Markets, 2006, 26 (4): 391 – 415.

[152] Heinkel R, Howe M, Hughes J S. Commodity convenience yields as an option profit [J]. The Journal of Futures Markets, 1990, 10 (5): 519 – 533.

[153] Homm U, Breltung J. Testing for speculative bubbles in stock markets: a comparison of alternative methods [J]. Journal of Financial Econometrics, 2012, 10 (1): 198 – 231.

[154] Imad A Moosa. Price discovery and Risk Transfer in the crude oil futures markets: Some Structural Time Series Evidence [J]. Economic Notes, 2002, 31: 155 – 165.

[155] Isabel Figuerola-Ferretti, J. Roderick McCrorie, Ioannis Paraskevopoulos. Mild explosivity in recent crude oil prices [J]. Energy Economics, 2020, 87 (3): 1 – 25.

[156] Jaime Casassus, Pierre Collin. Stochastic Convenience Yield Implied from Commodity Futures and Interest Rates [J]. The Journal of Finance, 2005, 60 (5): 2283 – 2331.

[157] Johansen S, Juselius K. Maximum Likelihood Estimation and Inference on Cointegration with Applications to the Demand for Money [J]. Oxford Bulletin of Economics and Statistics, 1990, 52: 169 – 210.

[158] John Elder, Hong Miao, Sanjay Ramchander. Price discovery in crude oil futures [J]. Energy Economics, 2014, 46: S18 – S27.

[159] Joshua C. C. Chan, Angelia L. Grant. Modeling energy price dynamics: GARCH versus stochastic volatility [J]. Energy Economics, 2016, 54 (2): 182 – 189.

[160] Kaldor. Speculation and Economic Stability [J]. The Review of Economic Studies, 1939 (7): 1 – 27.

[161] Kang S H, Yoon S M. Modeling and forecasting the volatility of petroleum futures price [J]. Energy Economics, 2013, 36 (3): 354 – 362.

[162] Kaufmann R K. The role of market fundamentals and speculation in recent price changes for crude oil [J]. Energy Policy, 2011, 39 (1): 105 – 115.

[163] Keshab Shrestha. Price discovery in energy markets [J]. Energy Economics, 2014, 45 (9): 229 – 233.

[164] Kesicki, F. The third oil price surge—what's different this time? [J]. Energy Policy, 2010, 38 (3): 1596 – 1606.

[165] Keynes J M. A Treatise on Money [M]. New York: Harcourt. Brace and Company, 1930.

[166] Khan M S. The 2008 Oil Price "Bubble", Peterson Institute for International Economics Policy Brief [D], 2009, Washington, DC.

[167] Kilian, L, Murphy, D. P. The role of inventories and speculative trading in the global market for crude oil [J]. Journal of Applied Econometrics, 2014, 29 (3): 454 – 478.

[168] Kilian, L. Not all oil price shocks are alike: disentangling demand and supply shocks in the crude oil market [J]. American Economic Review, 2009, 99 (3): 1053 – 1069.

[169] K J Singleton. Investor flows and the 2008 boom/bust in oil prices [J].

Management Science, 2014, 60 (2): 300 – 318.

[170] Korbinian Lang, Benjamin R. Auer. The economic and financial properties of crude oil: A review [J]. North American Journal of Economics and Finance, 2020, 52: 1 – 45.

[171] Krichene N. World crude oil markets: monetary policy and the recent oil shock [R]. IMF Working Paper, № 06/62.

[172] K Tang, W xiong. index investment and financialization of commodities [J]. Social Science Electronic Publishing, 2012, 68 (6): 54 – 74.

[173] Lazaros Symeonidis, Marcel Prokopczuk, Chris Brooks, Emese Lazar. Futures basis, inventory and commodity price volatility: An empirical analysis [J]. Economic Modelling, 2012, 29 (6): 2651 – 2663.

[174] Lean Yu, Shouyang Wang, Kin Keung Lai. Forecasting crude oil price with an EMD-based neural network ensemble learning paradigm [J]. Energy Economics, 2008, 30: 2623 – 2635.

[175] Li Liu, Jieqiu Wan. A study of correlations between crude oil spot and futures markets: A rolling sample test [J]. Physica A, 2011, 390 (21): 3754 – 3766.

[176] Liu P, Tang K. The stochastic behavior of commodity prices with heteroskedasticity in the convenience yield [J]. Journal of Empirical Finance, 2011, 18: 211 – 224.

[177] Longstaff, Francis A. How much can Marketability affect security values? [J]. The Journal of Finance, 1995, 50 (5): 1767 – 1774.

[178] Lu-Tao Zhao, Jin-Long Yan, Lei Cheng, Yi Wang. Empirical study of the functional changes in price discovery in the Brent crude oil market [J]. Energy Procedia, 2017, 142: 2917 – 2922.

[179] Malik F, Ewing B. Volatility transmission between oil prices and equity sector returns [J]. International Review of Financial Analysis, 2009, 18: 95 – 100.

[180] Mamatzakis. E, Remoundos. P. An interesting extension of this analysis is about the magnitude of testing for adjustment costs and regime shifts in Brent crude futures market [J]. Economics Model, 2011, 28: 1000 – 1008.

[181] Marc Gronwald. Explosive oil prices [J]. Energy Economics, 2016,

60 (11): 1-5.

[182] Marc L, Patrick S, Mark T, Bernd W. Speculative bubbles in recent oil price dynamics: Evidence from a Bayesian Markov-switching state-space approach [J]. Energy Economics, 2013, 36 (3): 491-502.

[183] Matteo Manera, Marcella Nicolini, Ilaria Vignati. Modelling futures price volatility in energy markets: Is there a role for financial speculation? [J]. Energy Economics, 2016, 53 (1): 220-229.

[184] Mcqueen G, Thorley S. Bubbles, Stock Return, and Duration Dependence [J]. Journal of Financial and Quantitative Analysis, 1994, 29: 379-401.

[185] Mehmet Balcilar, Hasan Gungor, Shawkat Hammoudech. The time-varting causality between spot and futures crude oil prices: A regime switching approach [J]. International Review of Economics and Finance, 2015, 40: 51-71.

[186] Mehmet Balcilar, Zeynel Abidin Ozdemir, Hakan Yetkiner. Are there really bubbles in oil prices? [J]. Physica A, 2014, 416: 631-638.

[187] Miller J I, Ratti R A. Crude oil and stock markets: stability, instability, and bubbles [J]. Energy Economics, 2009, 31 (4): 559-568.

[188] Milonas, N, T. Henker. Price Spread and Convenience Yield Behavior in the International Oil Market [J]. Applied Financial Economics, 2001 (11): 23-26.

[189] Milonas N T, Thomadakis S B. Convenience yields as call options: an empirical analysis [J]. The Journal of Futures Markets, 1997, 17 (1): 1-15.

[190] Mobert J. Dispersion in beliefs among speculators as a determinant of crude oil prices [D]. Research Notes, 2009, Deutsche Bank Res.

[191] Mohammadi H, Su L. International evidence on crude oil price dynamics: applications of ARIMA-GARCH models [J]. Energy Economics, 2010, 32: 1001-1008.

[192] Mongi Arfaoui. On the spot-futures relationship in crude-refined petroleum prices: New evidence from an ARDL bounds testing approach [J]. Journal of Commodity Markets, 2018, 11: 48-58.

[193] Neil Kallard, Paul newbold, Tony Rayner, Christine Ennew. The relative efficiency of commodity futures markets [J]. The Journal of Futures Markets,

1999 (19): 413 – 432.

[194] Nelson D B. Conditional heteroskedasticity in asset returns: A new approach [J]. Econometrica, 1991, 59: 347 – 370.

[195] Nielsen M J, Schwartz E S. Theory of storage and the pricing of commodity claims [J]. Review of Derivatives Research, 2004 (7): 5 – 24.

[196] Ohlson J A. Earning, book values, and dividends in equity valuation [J]. Contemporary Accounting Research, 1995, 11 (2): 661 – 687.

[197] Omur Saltik, Suleyman Degirmen, Mert Ural. Volatility Modelling in Crude Oil and Natural Gas Prices [J]. Procedia Economics and Finance, 2016, 38: 476 – 491.

[198] Phillips, Yu J. Dating the timeline of financial bubbles during the subprime crisis. [J] Quantitative Economics. 2011, 2 (3): 455 – 491.

[199] Pindyck Robert S. The Dynamics of Commodity Spot and Futures Markets: A Primer [J]. Energy Journal, 2001, 22 (3): 1 – 29.

[200] Qiang Ji, Ying Fan. Dynamic integration of world oil prices: A reinvestigation of globalisation vs. regionalization [J]. Applied Energy, 2015, 155: 171 – 180.

[201] Rajha Gibson, E S Schwartz, Stochastic convenience yield and the pricing of oil contingent claims [J]. The Journal of Finance, 1990, 45 (3): 959 – 976.

[202] Renan Silverio, Alexandre Szkio. The effect of the financial sector on the evolution of oil prices: Analysis of the contribution of the futures market to the price discovery process in the WTI spot market [J]. Energy Economics, 2012, 34 (6): 1799 – 1808.

[203] Richard Heaney, Approximation for convenience yield in commodity futures pricing [J]. The Journal of Futures Markets, 2002, 22 (10): 1005 – 1017.

[204] Robert Boyer. Greta R. Krippner Capitalizing on Crisis: The Political Origins of the Rise of Finance [J]. Contemporary Sociology: A Journal of Reviews, 2012, 10 (2): 403 – 418.

[205] Robert K. Kaufmann, Ben Ullman. Oil prices, speculation, and fundamentals: Interpreting causal relations among spot and futures prices [J]. Energy

Economics, 2009, 31: 550 - 558.

[206] Rodriguez A E, Williams M D. Is the world oil market "one great pool"? A test [J]. Energy Study Review, 1993, 5 (4): Article 4.

[207] Rosser. From Catastrophe to Chaos: A General Theory of Economic Discontinuities [M]. Kluwer Academic Publications, 2000.

[208] Ross, S A. Information and Volatility: the no-arbitrage martingale approach to timing and resolution irrelevancy [J]. Journal of Finance, 1989, 44: 1 - 17.

[209] Rıza Demirer, Román Ferrer, Syed Jawad Hussain Shahzad. Oil price shocks, global financial markets and their connectedness [J]. Energy Economics, 2020, 88 (5): 1 - 11.

[210] Saban Nazlioglu, Ugur Soytas, Rangan Gupta. Oil prices and financial stress: A volatility spillover analysis [J]. Energy Policy, 2015, 82 (7): 278 - 288.

[211] Samulson P A. Proof that properly anticipated prices fluctuate randomly [J]. Industrial Management Review, 1965, 6 (1): 41 - 49.

[212] S Gürcan Gülen. Efficiency in the crude oil futures market [J]. Journal of Energy Finance & Development, 1998, 3 (1): 13 - 21.

[213] Shahil Sharma, Diego Escobari. Identifying price bubble periods in the energy sector [J]. Energy Economics, 2018, 69 (1): 418 - 429.

[214] Sharon Xiaowen Lin, Michael N Tamvakis. Spillover effects in energy futures markets [J]. Energy Economics, 2001, 23 (1): 43 - 56.

[215] Shawkat Hammoudeh, Eisa Aleisa. Dynamic Relationships among GCC Stock Markets and Nymex Oil Futures [J]. Contemporary Economic Policy, 2004, 22 (2): 250 - 269.

[216] Shawkat Hammoudeh, Huimin Li, Bang jeon. Causality and volatility spillovers among petroleum prices of WTI, gasoline and heating oil in different locations [J]. North American Journal of Economic and Finance, 2003, 14 (1): 89 - 114.

[217] Shiller Robert. Do stock prices move too much to be justified by subsequent change in dividends? [J]. American Economic Review, 1981, 71 (3): 421 - 435.

[218] Silvapulle P, Moosa I A. The relationship between spot and futures prices: evidence from the crude oil market [J]. The Journal of Futures Markets, 1999, 19: 175 – 193.

[219] Song Zan, Chiou Wei, Zhen Zhu. Commodity convenience yield and risk premium determination: the case of the U. S. natural gas market [J]. Energy Economics, 2006, 28 (4): 523 – 534.

[220] Sornette D, Woodard R, Zhou W X. The 2006 – 2008 oil bubble: evidence of speculation, and prediction [J]. Physical A, 2009. 388 (8): 1571 – 1576.

[221] Stelios D Bekiros, Cees G H Diks, The relationship between crude oil spot and futures prices: Cointegration, linear and nonlinear causality [J]. Energy Economics, 2008, 30 (5): 2673 – 2685.

[222] Stiglitz Joseph. Symposium on Bubbles [J]. Journal of Economic Perspective, 1990, 4 (2): 13 – 18.

[223] Svetlana Maslyuk, Russell Smyth. Cointegration between oil spot and future prices of the same and different grades in the presence of structural change [J]. Energy Policy, 2009, 37 (5): 1687 – 1693.

[224] T Bollerslev, H Mikkelsen. Modeling and pricing long memory in stock market volatility [J]. Econometrics, 1996, 73 (1): 151 – 184.

[225] Telser L. Futures Trading and the Storage of Cotton and Wheat [J]. Journal of Political Economy, 1958, 66 (3): 233 – 255.

[226] Thomas A Knetsch. Forecasting the price of crude oil via convenience yield predictions [J]. Journal of Forecasting, 2007, 26 (7): 527 – 549.

[227] Tirles J. Asset Bubbles and Overlapping Generations [J]. Econometrica, 1985, 53: 1071 – 1100.

[228] Tirole J. On the Possibility of Speculation Under Rational Expectations [J]. Econometrica, 1982, 50 (9): 1163 – 1181.

[229] T Kanamura. Convenience Yield-Based Pricing of Commodity Futures [J]. SSRN, 2010, 7. 17.

[230] Toan Luu Duc Huynh, Tobias Burggraf, Muhammad Ali Nasir. Financialisation of natural resources & instability caused by risk transfer in commodity markets [J]. Resources Policy, 2020, 66: 1 – 9.

[231] Tokic D. The 2008 oil bubble: causes and consequences [J]. Energy Policy, 2010, 38 (10): 6009 - 6015.

[232] Tong H. Non-linear Time Series: A Dynamical System Approach [M]. Oxford: Oxford University Press, 1990.

[233] Tsvetanov D, Coakley J, Kellard N. Bubbling over! The behavior of oil futures along the yield curve [J]. Journal of Empirical Finance, 2015, 107 (5): 2813 - 2831.

[234] Volmer T. A robust model of the convenience yield in the natural gas market [J]. The Journal of Futures Markets, 2011, 31 (11): 1011 - 1051.

[235] Wang Chen, Feng Ma, Yu Wei, Jing Liu. Forecasting oil price volatility using high - frequency data: New evidence [J]. International Review of Economics & Finance, 2020, 66 (3): 1 - 12.

[236] Wang Y, Liu L. Is WTI crude oil market becoming weakly efficient over time?: new evidence from multiscale analysis based on detrended fluctuation analysis [J]. Energy Economics, 2010, 32: 987 - 992.

[237] Wang Y, Wu C. Are crude oil spot and futures prices cointegrated? Not always! [J]. Economics Model, 2013, 33: 641 - 650.

[238] Wei Y, Wang Y, Huang D. Forecasting crude oil market volatility: further evidence using GARCH-class models [J]. Energy Economics, 2010, 32: 1477 - 1484.

[239] Went P, Jirasakuldech B, Emekter R. Rational speculative bubbles and commodities markets: application of duration dependence test [J]. Applied Financial Economics. 2012, 22 (7): 581 - 596.

[240] West, Speculative Bubbles and Stock Price Volatility [D]. Princeton University Working Paper, 1984.

[241] William T L, Duan C W. Oil convenience yields estimated under demand/supply stock [J]. Review Quantitative Finance& Accounting, 2007, 28 (2): 203 - 225.

[242] Working H. The theory of inverse carrying charge in futures markets [J]. Journal of Farm Economics, 1948 (30): 1 - 28.

[243] Working H. The theory of the price of storage [J]. American Economic Review, 1949 (39): 1254 - 1262.

[244] Xiaoliang Jia, Haizhong An, Wei Fang, Xiaoqi Sun, Xuan Huang. How do correlations of crude oil prices co-move? A grey correlation-based wavelet perspective [J]. Energy Economics, 2015, 49 (5): 588 – 598.

[245] Ying Fang, Yue-jun zhang, Hsien-Tang Tsai, Yi-ming wei. Estimating "value at Risk" of crude oil price and its spillover effect using GED-GARCH approach [J]. Energy Economics, 2008, 30 (6): 3156 – 3171.

[246] Yue-Jun Zhang. Speculative trading and WTI crude oil futures price movement: An empirical analysis [J]. Applied Energy, 2013, 107 (7): 394 – 402.

[247] Yue-Jun Zhang, Jing Wang. Exploring the WTI crude oil price bubble process using the Markov regime switching model [J]. Physica A, 2015, 421 (3): 377 – 387.

[248] Yue-Jun Zhang, Julien Chevallier, Khaled Guesmi. "De-financialization" of commodities? Evidence from stock, crude oil and natural gas markets [J]. Energy Economics, 2017, 68 (10): 228 – 239.

[249] Yue-jun zhang, Ting Yao, Interpreting the movement of oil prices: Driven by fundamentals or bubbles? [J]. Economic Modeling, 2016, 55: 226 – 240.

[250] Yue-Jun Zhang, Yao-Bin Wu. The time-varying spillover effect between WTI crude oil futures returns and hedge funds [J]. International Review of Economics & Finance, 2019, 61 (5): 156 – 169.

[251] Yue-Jun Zhang, Zi-Yi Wang. Investigating the price discovery and risk transfer functions in the crude oil and gasoline futures markets: Some empirical evidence [J]. Applied Energy, 2013, 104: 220 – 228.